Direito Administrativo em perspectiva

OS TERMOS INDETERMINADOS
À LUZ DA HERMENÊUTICA

O37d Ohlweiler, Leonel
    Direito Administrativo em perspectiva: os termos indeterminados à luz da hermenêutica / Leonel Ohlweiler. — Porto Alegre: Livraria do Advogado, 2000.

    162p.; 16x23cm.

    ISBN 85-7348-135-8

    1. Direito Administrativo. I. Título.
            CDU 35

  Índice para catálogo sistemático
 Direito Administrativo

  (Bibliotecária responsável: Marta Roberto, CRB-10/652)

Leonel Ohlweiler

Direito Administrativo em perspectiva

OS TERMOS INDETERMINADOS À LUZ DA HERMENÊUTICA

livraria
DO ADVOGADO
editora

Porto Alegre 2000

© Leonel Ohlweiler, 2000

Capa, projeto gráfico e composição
Livraria do Advogado Editora

Revisão
Rosane Marques Borba

Gravura da capa extraída do livro
O Livro da Arte (Rafael, A escola de Atenas, 1508)

Direitos desta edição reservados por
Livraria do Advogado Ltda.
Rua Riachuelo, 1338
90010-273 Porto Alegre RS
Telefax 0800-51-7522
E-mail: info@doadvogado.com.br
Internet: www.doadvogado.com.br

Impresso no Brasil / Printed in Brazil

À minha esposa, Milene, pois se alguém pode dizer que possui o amor que pediu a Deus, felizmente, só posso falar: Deus me deu mais do que eu pedi.

Aos meus pais, que muito contribuíram para os meus estudos;

À Universidade do Vale do Rio dos Sinos, pela bolsa concedida, o que possibilitou a realização desta pesquisa;

Ao Dr. Lenio Luiz Streck, orientador da dissertação de mestrado, pelo incentivo e ensinamentos passados ao longo do curso;

E, finalmente, a todos os colegas que me incentivaram para a publicação desta obra, especialmente o Dr. Roberto Neumann, colega de Ministério Público.

Prefácio

O Direito é um fenômeno complexo e sofisticado. É uma ilusão pensar que é possível simplificá-lo. Por isso, em tempos de fragmentação pós-moderna, em que a estandardização da dogmática jurídica ganha corpo a cada dia, *é preciso resistir*. Nesse sentido, *Direito Administrativo em perspectiva - os termos indeterminados à luz da hermenêutica* é uma obra temperada com finas e sofisticadas essências interdisciplinares, mostrando a complexidade do Direito, do Estado e da função do Poder Judiciário na sociedade contemporânea.

Leonel Ohlweiler *des-cobre* o novo modelo de Direito exsurgente com o Estado Democrático de Direito. Sabe ele que não se poder olhar esse novo com os olhos do velho. Por isso, de pronto, *des-oculta* os obstáculos representados pela crise da dogmática jurídica. Afinal, se o Estado Democrático de Direito impõe novas tarefas ao Estado, como é possível continuar discutindo o Direito Administrativo com as ferramentas teóricas originárias de um Estado Liberal-Absenteísta?

Entendendo que no Estado Democrático de Direito o Judiciário tem uma função interventiva, o Direito Administrativo deve passar por uma revisão crítica. Nesse ponto, o autor descarta a vetusta visão (liberal - individualista) sobre as relações entre Poder Executivo, Poder Legislativo e Poder Judiciário, mostrando como a hermenêutica filosófica pode representar um decisivo contributo para a superação dos obstáculos representados pelo paradigma liberal-individualista-normativista predominante na dogmática jurídica.

Desse belvedere representado pela hermenêutica filosófica, Ohlweiler vai discutir o problema do controle jurisdicional dos "termos indeterminados". Denuncia, com vigor, o olhar conservador da doutrina e da jurisprudência sobre o tema. Critica a timidez do Judiciário e do Ministério Público, que ainda não se deram conta de sua (nova) feição (e função) no novo modelo de Direito. Afinal de contas, pode o Judiciário determinar que o Poder Executivo forneça remédios a uma pessoa doente, com base no art. 196 da Constituição Federal? Quais os limites da atuação do Judiciário? E do Poder Executivo?

Essas questões encontram eco na obra de Ohlweiler, onde demonstra qual é o papel do Direito Administrativo no modelo de Direito desenhado pela Constituição de 1988.

A perfeita imbricação que o autor faz da dogmática jurídica com a nova Hermenêutica, de matriz gadameriana, fornece um cunho absolutamente inovador na abordagem da temática relacionada ao Estado e ao Direito Administrativo. E faz consciente de sua *Wirkungsgeschichte* (história efectual), perfazendo uma fusão de horizontes, onde rompe com a tradição inautêntica do Direito Administrativo, prisioneira do sentido comum teórico, que (ainda) distingue, v.g., atos discricionários de atos vinculados (para dizer o mínimo...). Por tudo isso, o livro de Ohlweiler abre novas perspectivas no estudo do Direito Administrativo, tornando-se obra indispensável para os juristas preocupados com a efetividade do Direito e da sua função social.

Lenio Luiz Streck

Procurador de Justiça - RS
Mestre e Doutor em Direito, Professor
dos Cursos de Mestrado e Doutorado em
Direito da UNISINOS - RS

Sumário

Introdução 11
1. A POLÊMICA SOBRE OS TERMOS LEGAIS INDETERMINADOS 15
   1.1. Aspectos gerais: noções e aplicações no Direito Administrativo 15
   1.2. Os limites institucionalizados pela doutrina 20
   1.2.1. Aplicação como exercício de competência vinculada 21
   1.2.2. Termos indeterminados e competência discricionária 25
   1.3. O controle jurisdicional: amplitude e critérios 30
2. O DISCURSO DOGMÁTICO DO DIREITO ADMINISTRATIVO: UMA ANÁLISE CRÍTICA 45
   2.1. Dogmatismo e o sentido comum teórico dos juristas: verdades institucionalizadas 45
   2.2. Perspectivas da ideologia: a ilusão fetichista do conteúdo e a dogmática dos termos indeterminados 54
   2.3. Direito Administrativo e o monastério dos sábios 63
3. O CONTRIBUTO DA HERMENÊUTICA JURÍDICA: PARA UMA COMPREENSÃO LINGÜÍSTICA DO DIREITO (ADMINISTRATIVO) 71
   3.1. As práticas discursivas e a "imanência" significativa: a referência ontológica dos termos indeterminados 71
   3.2. A viragem lingüístico-pragmática da filosofia no Século XX 82
   3.2.1. O contributo de Wittgenstein: linguagem e práxis social 84
   3.2.2. O referente da pragmática existencial: linguagem e ontologia 89
   3.3. A construção de uma hermenêutica crítica: por uma compreensão dialógica 93
4. O CONTROLE DOS TERMOS INDETERMINADOS NO ESTADO DEMOCRÁTICO DE DIREITO: NOVAS POSSIBILIDADES SIGNIFICATIVAS ... 109
   4.1. A crise do Estado e o paradigma dogmático-jurídico: o simulacro da modernidade 109
   4.2. Controle dos termos indeterminados e democracia 121
CONCLUSÃO 139
REFERÊNCIAS BIBLIOGRÁFICAS 157

Introdução

O Direito Administrativo, hodiernamente, deve passar por um aprofundamento hermenêutico. O Estado Democrático de Direito impõe um novo questionamento dos diversos institutos deste ramo do Direito, possibilitando uma nova perspectiva para temas há muito tempo já tratados pela dogmática jurídica. No presente trabalho, busca-se examinar o controle jurisdicional a ser exercido sobre a atividade administrativa. Conforme será observado, há uma grande controvérsia em relação a esta atividade do Poder Judiciário quando funcionalizada no âmbito de um Estado Social e Democrático de Direito, em que a Administração Pública assume um papel nitidamente mais interventivo. Como refere Forsthoff, há uma modificação geral na estrutura da administração com a transformação do Estado garantidor da ordem para aquele que também, primordialmente, assume as funções de prestador de serviços.[1] De outra banda, há uma norma inserta em nosso texto constitucional de que nenhuma lesão ou ameaça de lesão poderá ser afastada do Poder Judiciário (art. 5º, XXXV, CF), restando assim instituído o princípio da tutela jurisdicional efetiva.

No exercício dos poderes administrativos, inevitavelmente, o administrador lança mão dos chamados "termos indeterminados" ou "conceitos legais indeterminados", como forma de concretização das normas jurídicas para que o Estado possa cumprir as suas finalidades constitucionais. Aliás, os próprios objetivos a serem buscados pelo ente público são construídos com signos jurídicos dotados de indeterminação significativa, como a construção de uma sociedade livre, justa e solidária (art. 3º, I, CF), a promoção do bem comum, a satisfação do interesse público, etc. Aqui reside a problemática específica destas reflexões, em que se vai questionar o controle do Poder Judiciário sobre a aplicação de tais signos jurídico-administrativos, considerando, como mencionava Cirne Lima, que a relação jurídica de

---

[1] FORSTHOFF, Ernst. *Tratado de Derecho Administrativo*, p. 65.

Administração é *"aquela que se estrutura sob o influxo de uma finalidade cogente"*.[2]

No entanto, busca-se fazer um questionamento do horizonte de sentido da dogmática jurídico-administrativa sobre a doutrina dos termos indeterminados, pois será que ainda faz sentido estruturar a questão do controle jurisdicional sobre a vetusta distinção entre atos discricionários e atos vinculados? Os critérios dogmáticos para o exercício do controle jurisdicional a ser exercido não estariam excessivamente impregnados de uma metodologia positivista, limitados por indagações conceituais e técnicas de uma ciência meramente formal?

Parece crível admitir que as doutrinas dominantes no âmbito do Direito Administrativo ainda apresentam o domínio do pensamento dogmático, caracterizadas por um formalismo procedimental, o que acaba ensejando uma postura excessivamente abstrata diante dos problemas concretos dos signos jurídicos. Aqui reside outro aspecto importantíssimo, pois a interpretação meramente conceitual e a veneração das autoridades portadoras da fala jurídica há muito já não apresenta resultados satisfatórios para a implementação de um Estado Democrático. O viés da hermenêutica filosófica vem assim como uma forma de indicar uma nova postura para o operador do direito, constituindo-se em possibilidade de superar as construções metafísicas e cerradas do Direito Administrativo. Mas, de que forma, obras como *Verdad y Método*, de Hans-Georg Gamader, podem contribuir para tal desiderato?

Outrossim, qual a razão pela qual os juristas não aprofundam a temática do controle jurisdicional dos signos jurídico-administrativos a partir do paradigma constitucional, onde há toda uma gama de normas, princípios e valores, necessitados de uma maior significação doutrinária, de modo a que venham incorporar-se nas práticas jurídicas? De plano, já se pode salientar o *deficit* de paradigma que sofre o Direito (Administrativo), predominando um *habitus* estruturado por um discurso liberal-individualista. A própria coisificação das relações jurídicas acaba por influenciar a forma como os operadores do Direito vêem as normas jurídicas, gerando uma ilusão fetichista do conteúdo significativo. De que modo, a viragem lingüístico-pragmática da filosofia pode contribuir para uma modificação da forma de ver o fenômeno jurídico e abrir as possibilidade de sentido dos signos jurídicos?

---

[2] CIRNE LIMA, Rui. *Princípios de Direito Administrativo*, p. 51.

Na medida em que o controle jurisdicional a ser exercido envolve uma tarefa de produção de sentido, como alocar no exercício deste labor jurídico a questão da democracia? Considerando que a dogmática jurídica exerce um papel de construção do sentido comum teórico dos juristas, esta pesquisa tem por finalidade evidenciar a necessidade de estruturar uma racionalidade democrática, em que os operadores do direito passem a ser sujeitos da fala jurídica, assumindo-se como responsáveis pela busca de uma democracia substancial e voltada cada vez mais para refletir sobre as possibilidades significativas de garantir os direitos fundamentais dos cidadãos.

Ao longo deste trabalho, há de privilegiar-se o método hermenêutico, quer dizer, aquele em que aparece o ideal da reflexão enquanto busca da racionalidade.[3] As construções abstratas a serem examinadas são vistas, conscientemente, dentro dos condicionamentos que determinam a posição que ocupam na constelação da dogmática jurídico-administrativa. Não se trata, portanto, simplesmente de desprezar o passado, com seus formalismos jurídicos, mas, através da compreensão, atingir os sentidos que nos vêm da tradição e que abrange aquele que compreende e aquilo que é compreendido.[4] Busca-se uma atividade de mediação, em que a relação entre ser e dever ser, teoria e práxis, deixa de ser estabelecida retoricamente a partir de uma pretensão do absoluto, pois o homem é colocado no centro de toda compreensão.[5] Ademais, parte-se do pressuposto de que nenhum texto legal contém um significado unívoco e independente do critério ou interrogante com que se tem acesso a ele; toda interpretação parte de uma circunstância e de um interrogante concreto e que sem esse ponto de partida não acontece a interpretação como tal. No trabalho de compreender, por sua vez, está empenhado o ser histórico do homem e a linguagem onde se encerra o mundo de infinitos significados possíveis.[6]

Inicialmente, busca-se fazer uma exposição do entendimento predominante no Direito Administrativo sobre a questão do controle jurisdicional dos "termos indeterminados", a conceituação, enquadramento doutrinário da atividade administrativa que os aplica, bem como os critérios a serem utilizados no controle. Aqui, a intenção foi elencar os principais entendimentos sobre o tema, obviamente, sem que haja concordância com alguns dos direcionamentos doutrinários

---

[3] Cf. STEIN, Ernildo. *Crítica da ideologia e Racionalidade*, p. 31.
[4] Cf. STEIN, Ernildo. *Ob. cit.*, p. 32.
[5] STEIN, Ernildo. *Ob. cit.*, p. 34.
[6] FERNANDEZ-LARGO, Antonio Osuna. *La hermenéutica jurídica de Hans-Georg Gadamer*, p. 12.

e jurispendenciais referidos. Na segunda parte, a dogmática jurídico-administrativa é vista sob uma perspectiva crítica, cujo trabalho foi direcionado para desvelar o universo de sentido das produções dominantes, além da referência à questão ideológica que permeia o sentido comum teórico dos juristas.

Posteriormente, na terceira parte do livro, a temática objeto desta pesquisa é estudada dentro de uma compreensão lingüística, em que a hermenêutica jurídica fornece importante contributo para uma (re)significação dos termos indeterminados e o respectivo controle a ser exercido sobre a atividade dos administradores públicos. Finalmente, na última parte, é examinada a crise do paradigma dogmático-jurídico e o necessário dar-se-conta dos operadores jurídicos do simulacro da modernidade, elementos estes indispensáveis para a busca de uma construção mais democrática do próprio Direito Administrativo. Ademais, há especial referência para a importância do Poder Judiciário, não apenas como um órgão formal e burocrático de controle dos atos administrativos, mas como um Poder que desenvolve uma atividade direcionada para a restauração da legitimidade substancial do ente estatal, em que o juiz é visto como agente criador de uma significação democrática.

Assim sendo, o tema em debate é de grande relevância, não apenas porque suscita um questionamento do papel do Poder Judiciário no Estado Social e Democrático de Direito, mas também em razão de possibilitar um trabalho de interrogação das práticas doutrinárias e jurisprudenciais que estruturam o sentido comum teórico do Direito Administrativo, colocando-o em uma nova perspectiva.

1. A polêmica sobre os termos legais indeterminados

1.1. Aspectos gerais: noções e aplicações no Direito Administrativo

A questão relativa à aplicação dos termos legais indeterminados[7] é algo que tem preocupado sobremaneira a doutrina jurídica e, mais especificamente, o Direito Administrativo, em razão das diversas dificuldades e polêmicas que enseja.

Conforme salientado por Sousa,[8] desde Bernatzik e Tezner, na Áustria, são travadas discussões sobre os termos legais indeterminados, especificamente, sobre o aspecto de haver, ou não, um poder discricionário na sua aplicação.

Enterría menciona que por sua referência à realidade, os conceitos utilizados pelas leis podem ser determinados ou indeterminados. Os conceitos determinados *"delimitam o âmbito da realidade a que se referem de uma maneira precisa e inequívoca"*, sendo que a sua aplicação fica limitada à pura constatação, sem que seja suscitada dúvida alguma com relação ao âmbito material a que tais conceitos se referem.[9]

De outra banda, no campo dos conceitos indeterminados, *"a lei refere uma esfera de realidade cujos limites não aparecem bem precisados em seu enunciado"*.[10] Outrossim, ainda menciona o autor:

---

[7] Inúmeras controvérsias doutrinárias surgem com relação à própria expressão a ser utilizada: "normas abertas", "conceitos indeterminados", "conceitos vagos", "conceitos discricionários", "conceitos de valor", "preceitos borracha", "conceitos jurídicos indeterminados", prevalecendo a preferência pela utilização de "conceitos legais indeterminados". Cf. SOUSA, Antônio Francisco de. *Conceitos Indeterminados no Direito Administrativo*, p. 19, n.6. Tal querela jurídica não possui maior importância no presente estudo, pois a finalidade da pesquisa, conforme será examinado, é outra.

[8] SOUSA, Antonio Francisco de. *Ob. cit.*, p. 19, n.5. Tb. COUTO e SILVA, Almiro do. *Poder Discricionário no Direito Administrativo Brasileiro*, RDA 179, p. 57.

[9] ENTERRÍA, Eduardo Garcia de. *Curso de Derecho Administrativo*, I, p. 446.

[10] ENTERRÍA, Eduardo Garcia de. *Ob. cit.*, p. 446.

"La ley no determina con exactitud los límites de esos conceptos porque se trata de conceptos que no admitem una cuantificación o determinación rigurosas, pero en todo caso es manifesto que se está referiendo a un supuesto de la realidad que, no obstante la indeterminación del concepto, admite ser precisado en el momento de la aplicación."[11]

Engisch entende por conceito indeterminado *"um conceito cujo conteúdo e extensão são em larga medida incertos"*,[12] aduzindo que conceitos jurídicos absolutamente determinados são muito raros no Direito, considerando como tais os conceitos numéricos.

Destarte, Sousa refere que, *"segundo o entendimento mais comum, a expressão 'conceito indeterminado', pretende referir aqueles conceitos que se caracterizam por um elevado grau de indeterminação"*.[13]

Tais posicionamentos, considerando que aqui se busca fazer uma breve descrição da doutrina dominante sobre o tema, são importantes para, posteriormente, focalizar a questão da aplicação e interpretação dos termos indeterminados e as conseqüências sobre o controle jurisdicional.

Eros Grau, examinando a questão sob outra perspectiva, entende não haver conceitos indeterminados, pois todo conceito, para ser tido como tal, deve ser determinado. Salienta ser a indeterminação uma característica dos "termos" que expressam os conceitos.[14] Estabelecida tal diferenciação, diz o jurista:

"Podemos, todavia, de modo amplo e sumário, mencionar que são indeterminados os conceitos cujos termos são ambíguos ou imprecisos - especialmente imprecisos - razão pela qual necessitam ser completados por quem os aplique. Neste sentido, talvez pudéssemos referi-los como conceitos carentes de preenchimento com dados extraídos da realidade."[15]

---

[11] ENTERRÍA, Eduardo Garcia de. *Ob. cit.*, Vale mencionar outra passagem do autor: "La Ley utiliza conceptos de experiencia (incapacidad para el ejercicio de sus funciones, premeditación, fuerza irresistible) o de valor (buena fe, estándar de conducta del buen padre de familia, justo precio), porque las realidades referidas no admitem otro tipo de determinación más precisa".
[12] ENGISH, Karl. *Introdução ao Pensamento Jurídico*, p. 173.
[13] SOUSA, Antônio Francisco de. *Ob. cit.*, p. 23. Tais espécies de conceitos opor-se-iam aos determinados, figurando entre estes, segundo esse administrativista, conceitos relativos a medidas, como o metro, o litro, etc., bem como os valores monetários. Assim como ENGISH, igualmente menciona que no Direito, em geral, os conceitos são indeterminados. Defende o posicionamento de que, nos termos indeterminados, o grau de indeterminação não é sempre o mesmo (SOUSA, Antônio Francisco de. *Ob. cit.*, p. 23).
[14] GRAU, Eros Roberto. *Direito, Conceitos e Normas Jurídicas*, p. 72 e ,do mesmo autor, *O Direito Posto e o Direito Pressuposto*, p. 146.
[15] GRAU, Eros Roberto. *Direito, Conceitos e Normas Jurídicas*, p. 72.

Além da conceituação dos termos legais indeterminados,[16] a dogmática jurídica tem realizado diversas análises sobre as categorias existentes, fato que, evidentemente, não possui maior interesse científico para o presente estudo. De qualquer sorte, faz-se mister mencionar o contributo mais importante na árdua tarefa classificatória.

Engisch, com base nas lições de Karnap, estabeleceu uma classificação onde aparecem os conceitos descritivos,[17] conceitos normativos[18] e os conceitos discricionários.[19] No entanto, ainda pode ser citada a classificação em que são referidos os conceitos empíricos[20] e os conceitos de valor.[21]

---

[16] Sobre noções de termos indeterminados, ver ainda: FELIPE, Miguel Beltrán de. *Discrecionalidad Administrativa Y Constitución*, p. 38; LINARES, Juan Francisco. *Poder Discrecional Administrativo*, p. 29; MORESCO, Celso Luiz. *Conceitos Jurídicos Indeterminados*, RDP, p. 78; FIGUEIREDO, Lucia Valle, *Curso de Direito Administrativo*, p. 121; MEDAUAR, Odete, *Direito Administrativo*, p. 127; MELLO, Celso Antônio Bandeira de, *Curso de Direito Administrativo*, p. 582.

[17] "...aqueles conceitos que mentam descritivamente objectos reais ou objectos que de certa forma participam da realidade, objectos, isto é, que são fundamentalmente perceptíveis pelos sentidos ou de qualquer outra forma percepcionáveis: homem, morte, cópula, escuridão, vermelho, velocidade, intenção" (ENGISCH, Karl. *Ob. cit.*, p. 174-5). Segundo SOUSA: "Trata-se pois de conceitos cujo conteúdo pode não se apresentar imediatamente ao intérprete, sendo, no entanto, possível fixá-lo objectivamente com recurso à experiência comum ou a conhecimentos científicos ou técnicos" (SOUSA, Antônio Francisco de. *Ob. cit.*, p. 26).

[18] O autor esclarece que tal conceito não é unívoco, podendo ser tomado em uma acepção ampla, onde todos os conceitos indeterminados seriam normativos, na medida em que "todo o conceito jurídico é elemento constitutivo de uma norma jurídica e dela recebe o seu sentido e o seu conteúdo..." (ENGISCH, Karl. *Ob. cit.*, p. 175). No entanto, mais estritamente, um primeiro significado de conceito normativo pode surgir, entendendo-se como tais "aqueles que, contrariamente aos conceitos descritivos, visam dados que não são simplesmente perceptíveis pelos sentidos ou percepcionáveis, mas que só em conexão com o mundo das normas se tornam representáveis e compreensíveis" (ENGISCH, Karl. *Ob. cit.*, p. 176). Um segundo significado é o que considera o conceito normativo como aquele que sempre precisa de uma valoração para ser aplicado no caso concreto. Como exemplos, são colocados os termos "licencioso", "vil", que, na ótica exposta, necessitam de uma valoração. Faz-se mister mencionar a seguinte passagem do autor: "Os conceitos normativos desta espécie chamam-se conceitos 'carecidos de um preenchimento valorativo'. Com esta honrosa expressão quer-se dizer que o volume normativo destes conceitos tem de ser preenchido de caso a caso, através de actos de valoração" (ENGISCH, Karl. *Ob. cit.*, p. 177).

[19] Estes últimos constituem uma categoria à parte *ao lado* dos conceitos indeterminados e dos conceitos normativos, "ou pelo menos dentro dos conceitos indeterminados e dos conceitos normativos" (ENGISCH, Karl. *Ob. cit.*, p. 183). Para ENGISCH há algo mais a ser acrescido para que se possa reconhecer a especificidade dos conceitos discricionários. Assim afirma: "Ora isso terá sentido quando se interprete a chamada 'livre discrição' em termos de significar que o ponto de vista pessoal daquele que faz a apreciação discricionária há-de valer como decisivo" (ENGISCH, Karl. *Ob. cit.*, p. 181). Logo, nos conceitos discricionários não se está diante de uma simples indeterminação e valoração, mas sim de uma valoração pessoal.

[20] Constitui uma categoria formada pelos conceitos que se referem a fatos, situações e circunstâncias empíricas, como refere FORSTHOFF, Ernst. *Tratado de Derecho Administrativo*, p. 124. Segundo COUTO E SILVA: "Alguns dos conceitos indeterminados são conceitos empíricos, pois referem-se a fatos, estados ou situações de natureza ou da realidade (p. ex. 'escuridão', 'noite', 'perigo', 'perturbação', 'ruído', 'velocidade', 'morte')". (COUTO E SILVA, Almiro do., *Ob. cit.*, p. 58).

[21] Tais conceitos, também chamados de normativos, "exigem do intérprete ou do aplicador da norma uma apreciação em termos valorativos (p. ex., 'conduta desonrosa', 'motivo torpe',

O Direito Administrativo lida, indubitavelmente, com a problemática dos termos indeterminados. Aliás, Gordillo já detectou tal dificuldade na própria definição de termos específicos, como o ato administrativo, função administrativa, etc.[22] Inclusive, trata-se de fenômeno da própria linguagem jurídica, sendo que é importante examinar alguns institutos típicos deste ramo do Direito Público, para ser melhor visualizada a questão.

A supremacia do interesse público sobre o privado é um dos princípios que informam o regime jurídico-administrativo, havendo o entendimento de que, com tal fórmula, está sendo proclamada a superioridade do interesse da coletividade.[23] Com o objetivo de melhor significar a expressão "interesse público", a doutrina costuma estabelecer a dicotomia entre *interesse primário* - seria o interesse da coletividade como um todo - e *interesse secundário* - aquele interesse do Estado como qualquer outra pessoa, ou seja, independentemente de sua qualidade de servidor de interesses de terceiros, sendo que a Administração Pública só deve atender os interesses secundários quando coincidirem com os interesses primários. Grande é a relevância deste termo indeterminado, havendo doutrina específica sobre os reflexos do interesse público no Direito Administrativo, sendo ele conceituado como:[24]

"el resultado de un conjunto de intereses individuales compartidos y conincidentes de un grupo mayoritario de individuos, que se asigna a toda la comunidad como consecuencia de esa mayoría, y que encuentra su origen en el querer axiológico de

'culpa grave', 'moralidade pública', 'interesse público', 'segurança nacional' (COUTO E SILVA, *Ob. cit.*, p. 58-9).

[22] GORDILLO, Agustín. *Tratado de Derecho Administrativo*, p. I-6: "Lo que acabamos de recordar tiene importancia fundamental para la futura definición de 'acto administrativo', 'derecho administrativo', etc., ya que estas palabras tienen - de acuerdo con el uso común de algunos autores (ni siquiera existe un uso común de todos los autores) - una gran vaguedad, al abarcar un dominio muy diverso de cosas".

[23] Cf. MELLO, Celso Antônio de. *Curso de Direito Administrativo*, p. 27. Para especificar tal princípio, o administrativista menciona como conseqüências "a posição privilegiada do órgão de zelar pelo interesse público e de exprimi-lo, nas relações com os particulares e a posição de supremacia do órgão nas mesmas relações" (MELLO, Celso Antônio de. *Ob. cit.*, p. 28). Ver FREITAS, Juarez. *O Controle dos Atos Administrativos*, p. 53; DI PIETRO, Maria Sylvia Zanella. *Direito Administrativo*, p. 62-3; MEIRELLES, Hely Lopes. *Direito Administrativo*, p. 82. Este último ator entende por interesse público: "...aquelas aspirações ou vantagens licitamente almejadas por toda a comunidade administrada, ou por uma parte expressiva de seus membros". FERREIRA, Wolgran Junqueira. *Princípios da Administração Pública*, p. 120 e ss., retrata bem a dificuldade na definição de interesse público. MEDAUAR, Odete. *Direito Administrativo Moderno*, p. 145. FIGUEIREDO, Lúcia Valle. *Curso de Direito Administrativo*, p. 33-4, onde menciona expressamente o termo interesse público como conceito fluido.

[24] Cf. ESCOLA, Hecto Jorge. *El Interés público - como fundamento del Derecho Administrativo*, p. 249-50.

esos indivíduos, apareciendo con un contenido concreto y determinable, actual, eventual o potencial, personal y directo respecto de ellos, que pueden reconocer en él su propio querer y su propia valoración, prevaleciendo sobre los intereses individuales que se le opognam o lo afecten, a los que desplaza o sustituye, sin aniquilarlos."

A razoabilidade, igualmente, é outro termo indeterminado, instituído como princípio orientador do Direito Administrativo e corolário do princípio da legalidade (artigos 5º, II, e 37, *caput*, da Constituição Federal). Como significação, a doutrina tem referido: "*a Administração, ao atuar no exercício de discrição, terá de obedecer a critérios aceitáveis do ponto de vista racional, em sintonia com o senso normal de pessoas equilibradas e respeitosas das finalidades que presidiram a outorga da competência exercida.*"[25]

No artigo 37, inciso X, da Constituição Federal, consta o termo "servidores públicos", assim como no inciso XV, do mesmo dispositivo legal e em diversos outros instrumentos legais. A conceituação de tal termo indeterminado é variada,[26] sendo, inclusive, mencionado por Di Pietro:

"Isso significa que 'servidor público' é expressão empregada ora em sentido amplo para designar todas as pessoas físicas que prestam serviços ao Estado e às entidades da Administração indireta, com vínculo empregatício; ora em sentido menos amplo, que exclui os que prestam serviços às entidades com personalidade jurídica de direito privado. Nenhuma vez a Constituição utiliza o vocábulo funcionário, o que não impede seja este mantido na legislação ordinária."

De outra banda, "serviço público", na órbita constitucional, aparece, por exemplo, nos artigos 175 e 37, § 3º, CF, havendo variados critérios doutrinários para a sua conceituação.[27]

---

[25] Cf. MELLO, Celso Antônio de. *Ob. cit.*, p. 63. Ver FIGUEIREDO, Lúcia Valle. *Ob. cit.*, p. 46. BARROS, Suzana de Toledo. *O Princípio da Porporcionalidade e o Controle de Constitucionalidade das Leis Restritivas de Direitos Fundamentais*. MEDAUAR, Odete. *Ob. cit.*, p. 146. FERREIRA, Wolgran Junqueira. *Ob. cit.*, p. 101. DI PIETRO, Maria Sylvia Zanella. *Ob. cit.*, p. 72. FREITAS, Juarez. *Ob. cit.*, p. 56.

[26] MELLO, Celso Antônio Bandeira de. *Ob. cit.*, p. 136: "A designação servidores públicos abarca todos aqueles que entretêm com o Estado e entidades de sua administração indireta ou fundacional relação de trabalho de natureza profissional e caráter não eventual sob vínculo de dependência." Ver CRETELLA JÚNIOR, José. *Curso de Direito Adminstrativo*, p. 415. MEIRELLES, Hely Lopes, *Ob. cit.*, p. 358. MEDAUAR, Odete. *Direito Administrativo Moderno*, p. 295. FIGUEIREDO, Lucia Valle. *Ob. cit.*, p. 385.

[27] Ver MELLO, Celso Antônio Bandeira de. *Ob. cit.*, p. 405 e ss. DI PIETRO, Maria Sylvia Zanella. *Ob. cit.*, p. 80 e ss. FREITAS, Juarez. *Estudos de Direito Administrativo*, p. 32 e ss.

No artigo 5º da Lei nº 8.666/93 (Lei de Licitações e Contratos Administrativos), está estabelecido que os pagamentos devidos pela Administração devem atentar para a ordem cronológica das exigibilidades, havendo previsão de alteração da ordem dos pagamentos em razão de *relevantes razões de interesse público*. O parágrafo único do artigo 8º da referida lei menciona ser proibido o *retardamento imotivado* da execução de obra ou serviço, ou de suas parcelas, se existente previsão orçamentária para sua execução total, salvo *insuficiência financeira* ou comprovado *motivo de ordem técnica*.

Com relação à alienação de bens da Administração Pública, deve ser observado o artigo 17 da Lei de Licitações, que estabelece a subordinação à existência de *interesse público* devidamente justificado. Igual expressão é mencionada também no artigo 20 da lei em questão. Uma das hipóteses de rescisão dos contratos administrativos, conforme o inciso XII do artigo 78 é a existência de *razões de interesse público*, de *alta relevância* e *amplo conhecimento*.

Portanto, dos exemplos supracitados, pode-se verificar a grande importância do estudo dos termos indeterminados. Linares, em que pese fazer uma abordagem sob a perspectiva da teoria egológica, adverte que quando a autoridade administrativa faz a aplicação de uma legislação com tais termos, elege uma espécie de valoração.[28]

Diversas são as questões discutidas pela doutrina administrativista no âmbito deste assunto, como a existência ou não de uma única resposta correta quando da aplicação dos termos indeterminados. Há o exercício de um poder discricionário? O controle jurisdicional deve ser total ou restrito, respeitando-se uma margem de discricionariedade?

1.2. Os limites institucionalizados pela doutrina

No Direito Administrativo, em geral, é feita a distinção entre atos administrativos que são praticados com maior liberdade de agir por parte do Administrador Público e aqueles onde há uma maior restrição de tal liberdade, estando o agente público mais vinculado aos

---

CRETELLA JÚNIOR, José. *Ob. cit.*, p. 397 e ss. MEIRELLES, Hely Lopes. *Ob. cit.*, p. 293 e ss. MEDAUAR, Odete. *Ob. cit.*, p. 340 e ss. FIGUEIREDO, Lúcia Valle. *Ob. cit.*, p. 56 e ss. DUGUIT, Leon. *Las Transformaciones Del Derecho-Público y Privado*, p. 27 e ss. RIVERO, Jean. *Direito Administrativo*, p. 491 e ss.

[28] LINARES, Juan Francisco. *Poder Discrecional Administrativo*, p. 36.

comandos legais. Trata-se da vetusta distinção entre vinculação[29] e discricionariedade.

1.2.1. Aplicação como exercício de competência vinculada

No entendimento de Mello, os atos vinculados *"seriam aqueles em que, por existir prévia e objetiva tipificação legal do único possível comportamento da Administração em face de situação igualmente prevista em termos de objetividade absoluta, a Administração, ao expedi-los, não interfere com apreciação subjetiva alguma"*.[30]

Muito embora a vinculação não seja o objeto específico de exame da pesquisa, vale mencionar haver um redimensionamento de tal questão, buscando-se pautar a conduta da Administração Pública não apenas por uma estrita legalidade. Se há vinculação, deve ser entendida como sujeição a toda uma gama de princípios vigentes.

Cumpre transcrever o seguinte entendimento:

"O engano maior está em supor que a vinculação se dê inteira e exclusivamente em relação ao princípio da legalidade, quando é claro que deve ser mais abrangente, vale dizer, o ato administrativo deve estar ligado à totalidade dos princípios, sendo este um ideal irrecusável de que deve cuidar o estudioso e aplicador do Direito Administrativo."[31]

---

[29] De plano, faz-se mister referir a lição de FAGUNDES, Seabra. *O Controle dos Atos Administrativos*, p. 74, sobre a matéria: "Para a prática de alguns atos, a competência da Administração é estritamente determinada na lei, quanto aos motivos e modo de agir. A lei lhe determina que, existentes determinadas circunstâncias, proceda dentro de certo prazo e de certo modo. A competência diz-se então vinculada. A Administração não é livre em resolver sobre a conveniência do ato, nem sobre o seu conteúdo. Só lhe cabe constatar a ocorrência dos motivos, e, com base neles, praticar o ato. Escusando-se a praticá-lo, no tempo e com o objetivo determinado, viola a lei."

[30] MELLO, Celso Antônio Bandeira de. *Ob. cit.*, p. 265-6. O citado autor aduz não haver liberdade para a Administração, em razão de a lei já estar regulando antecipadamente "em todos os aspectos o comportamento a ser adotado". Como exemplo, inclusive, seria a hipótese de aposentadoria compulsória de funcionário aos 70 anos de idade. No caso, a Administração Pública não goza de qualquer liberdade com relação à prática do ato (MELLO, Celso Antônio Bandeira de. *Ob. cit.*, p. 267).

[31] Cf. FREITAS, Juarez. *Estudos de Direito Administrativo*, p. 134. O autor adverte que não se poderia ver o sistema jurídico como inteiramente auto-regulável, e que o ato do administrador deve ser entendido como estando "em maior ou menor grau, vinculado mas não apenas à legalidade, senão que à totalidade dos princípios regentes das relações jurídico-administrativas, notadamente em respeito àqueles de vulto constitucional" (FREITAS, Juarez. *Ob. cit.*, p. 134).

Mas, em que pese haver o caráter de submissão do administrador público à lei, há sempre uma *inafastável margem de subjetividade no mais vinculado dos atos*.[32] Di Pietro também salienta que a expressão "poder vinculado" não encerra "prerrogativa" do poder púbico, mas, *"dá idéia de* restrição, *pois, quando se diz que determinada atribuição da Administração é vinculada, quer-se significar que está sujeita à lei em praticamente todos os aspectos"*.[33]

Corolário do poder vinculado, no entendimento de Medauar, é a existência de *"uma só solução, como conseqüência da aplicação de uma norma"*, pois o ordenamento jurídico confere ao Administrador um poder de decisão, *"mas predetermina as situações e condições, canalizando-o a uma só direção"*.[34]

A atividade do Administrador Público, portanto, residiria simplesmente na constatação dos pressupostos de fato legalmente definidos, conforme Enterría:

"El ejercicio de las potestades regladas reduce a la Administración a la constatación (accertamento, en el expresivo concepto italiano) del supuesto de hecho legalmente definido de manera completa y a aplicar en presencia del mismo lo que la propia Ley ha determinado también agotadoramente. Hay aquí un proceso aplicativo de la Ley que no deja resquicio a juicio subjetivo ninguno, salvo a la constatación o verificación del supuesto mismo para contrastarlo con el tipo legal. La decisón en que consiste el ejercico de la potestad es obligatoria en presencia de dicho supuesto y su contenido no puede ser configurado libremente por la Administración, sino que ha de limitarse a lo que la propia Ley ha previsto sobre ese contenido de modo preciso y completo. Opera aquí la Administración de una manera que poderia llamarse automática...".[35]

---

[32] *Idem*, p. 140.

[33] DI PIETRO, Maria Sylvia Zanella. *Ob. cit.*, p. 73. Ainda segundo a autora: "...o legislador, nessa hipótese preestabelece todos os requisitos do ato de tal forma que, estando eles presentes, não cabe à autoridade administrativa senão editá-lo, sem apreciação de aspectos concernentes à oportunidade, conveniência, interesse público, eqüidade. Estes aspectos foram previamente valorados pelo legislador" (*Idem*, p. 73-4). Ou, segundo MEIRELLES, Hely Lopes. *Ob. cit.*, p. 102: "Dificilmente encontraremos um ato administrativo inteiramente vinculado, porque haverá sempre aspectos sobre os quais a Administração terá opções na sua realização. Mas o que caracteriza o ato vinculado é a predominância de especificações da lei sobre os elementos deixados livres para a Administração." Ver ainda FIGUEIREDO, Lúcia Valle. *Ob. cit.*, p. 119 e ss. VIEIRA, José Roberto. *O Princípio da Legalidade da Administração*, In: RDP 97/142. TÁCITO, Caio. *Vinculação e Discricionariedade Administrativa*, In: RDA 205/125.

[34] MEDAUAR, Odete. *Ob. cit.*, p. 118-9.

[35] ENTERRÍA, Eduardo Garcia de. *Curso de Derecho Administrativo*, I, p. 442.

No âmbito específico dos termos indeterminados, uma das construções doutrinárias existentes reside, exatamente, no caráter vinculado da sua aplicação, ou seja, a autoridade administrativa quando da aplicação de um termo legal indeterminado estaria no exercício de um poder vinculado. Tal tese é controvertida e exige uma exposição mais detalhada.

O Administrador Público, ao aplicar tal espécie de termo, apenas deve levar em consideração o seu sentido legal, decidindo pela sua verificação ou não. Para Bühler[36] o sujeito "A" é idôneo ou não é, não possuindo o ente administrativo liberdade de agir, sendo imperioso que como critério interpretativo fulcre a sua atividade na "opinião média da sociedade".

Havendo uma submissão aos ditames da lei, a aplicação de termos indeterminados envolveria, tão-somente, a execução do comando legal, não se podendo falar em um poder discricionário *a priori* do agente público. Segundo Lemayer, até seria possível haver uma discricionariedade, mas, para chegar-se a tal conclusão, seria necessário averiguar a vontade do legislador:

"Assim, para se poder saber se um conceito indeterminado atribui ou não livre discricionariedade à autoridade administrativa, deve ser sempre averiguada a vontade do legislador. Mas, só o tribunal administrativo é competente para decidir se a discricionariedade atribuída pelos preceitos legais se destina ao juiz ou à autoridade administrativa. O importante é que os conceitos legais indeterminados não são conceitos discricionários".[37]

Em Jellinek, igualmente, a vontade do legislador é o elemento primordial. Admite o caráter plurissignificativo dos termos indeterminados. No entanto, faz-se mister distinguir quando tal característica é desejada pela lei. A descrição da posição deste doutrinador assim é mencionada por Sousa: *"Apenas a pluridimensionalidade de um conceito legal indeterminado querida pelo legislador (gewollte Mehrdeutigkeit) significa livre discricionariedade"*.[38]

O próprio administrativista português acima referido, procedendo a um exame crítico das posições existentes, aduz que *"o uso de conceitos legais indeterminados pelo legislador é muitas vezes fruto do acaso*

---

[36] Cf. SOUSA, Antônio Francisco de. *Ob. cit.*, p. 37.

[37] SOUSA, Antônio Francisco de. *Ob. cit.*, p. 39.

[38] *Idem*, p. 41. Para JELLINEK, ainda, "a subsunção dos conceitos legais indeterminados admite, relativamente às suas fronteiras, apenas uma decisão segura, assim como a subsunção dos conceitos legais determinados torna possível apenas uma única decisão segura. Entre ambas existe um espaço de 'meras possibilidades' (bloßen MöglichKeiten), onde toda a decisão é problemática". (SOUSA, Antônio Francisco de. *Ob. cit.*, p. 40).

ou deve a sua razão de ser a motivos de ordem lingüística (indeterminação vocabular). Noutros casos, a indeterminação é imposta pela situação de fato".[39] Com efeito, a utilização legislativa de termos indeterminados é algo que se impõe muitas vezes, não se defluindo daí a intenção do legislador de atribuir um poder discricionário ao administrador público.

A distinção entre discricionariedade e termos legais indeterminados também é feita por Enterría, entendendo o administrativista que, quando da aplicação de tais termos, não se admite mais que uma solução. Exemplifica, dizendo que ou o sujeito está de boa-fé, ou não está: *"Esto es lo esencial del concepto jurídico indeterminado: la indeterminación del enunciado no se traduce en una indeterminación de las aplicaciones del mismo, las cuales só permiten una 'unidad de solución justa en cada caso"*.[40]

No âmbito da diferenciação, menciona que, nos termos indeterminados, tão-somente há uma aplicação prévia e unilateral pela Administração Pública em virtude de um privilégio na tomada da decisão, mas tal não pode ser confundido com poder discricionário. Se os termos indeterminados, segundo defende o autor, só admitem uma única solução justa, a discricionariedade, pelo contrário, admite uma pluralidade de soluções justas. Nos chamados *"conceitos jurídicos indeterminados"*, expressão utilizada por Enterría, há um caso de aplicação da lei. Esclarece o autor:

> "... la aplicación de conceptos jurídicos indeterminados es un caso de aplicación de la Ley, puesto que se trata de subsumir en una categoria legal (configurada, no obstante su imprecisón de límites, con la intención de acotar un supuesto concreto) unas circunstancias reales determinadas; justamente por ello es un proceso reglado, que agota en el proceso intelectivo de comprensión de una realidad en el sentido de que el conecpto legal indeterminado ha pretendido, proceso en el que no interfiere ninguna decisión de voluntad del aplicador, como es lo propio de quien ejercita una potestad discrecional."[41]

Relativamente à aplicação dos termos legais indeterminados, sem negar as dificuldades de concretizar a única solução justa, Enterría estabelece mais uma precisão. Na estrutura do conceito jurídico indeterminado, poderia ser identificado um núcleo fixo, ou zona de certeza positiva, configurado por dados prévios e seguros, uma zona

---

[39] SOUSA, Antônio Francisco de. *Ob. cit.*, p. 57. Para este autor, dizer que expressões como interesse público, *per se*, atribuem uma margem de discricionariedade constitui-se em afirmação destituída de caráter científico (*Idem*, p. 58).

[40] ENTERRÍA, Eduardo Garcia de. *Ob. cit.*, p. 446.

[41] ENTERRÍA, Eduardo Garcia de. *Ob. cit.*, p. 447.

intermediária ou de incerteza, mais ou menos precisa, e uma zona de certeza negativa, igualmente segura com relação à exclusão do conceito.[42]

No intuito de melhor reforçar o seu entendimento, o autor supra-referido colaciona antiga decisão, datada de 1964, onde é feita a distinção em debate. Os conceitos jurídicos indeterminados seriam configurados pela lei como um suposto concreto, de tal forma que somente pode ocorrer uma única solução justa na aplicação. Exemplificativamente, é mencionada a noção de "justo preço", em relação à indenização dos bens expropriados. Aduz não haver liberdade administrativa para decidir, através de um poder discricionário, entre vários possíveis preços justos, mas o administrador público deve ater-se, através de sua valoração, não a qualquer possível preço justo, senão o preço que real e efetivamente seja o verdadeiro e justo.[43]

Em obra específica sobre a matéria, já mencionada anteriormente, o administrativista português Sousa argumenta no sentido de haver um poder vinculado na aplicação dos termos indeterminados, tratando-se da única posição capaz de acabar com subjetivismos. A diferença entre os termos legais indeterminados seria tão-somente de grau, como por exemplo entre "calamidade" e "grave calamidade", não se podendo questionar a qualidade do poder. Outrossim, nas duas hipóteses, haveria uma situação já existente e que, simplesmente, tem de ser declarada para legitimar a atuação administrativa. O administrador público, assim, não possuiria liberdade para criar, mas tem tão-somente o poder-dever de constatar uma realidade existente.[44]

1.2.2. Termos indeterminados e competência discricionária

A discricionariedade há muito tem sido amplamente discutida no Direito Administrativo, em razão de diversas dificuldades e, por vezes, perplexidades, que pode ensejar.

---

[42] *Idem*, p. 449. Ver MELLO, Celso Antônio Bandeira de. *Ob. cit.*, p. 556 e ss., onde também examina tais aspectos sobre a existência de zonas de certeza e de incerteza. A título exemplificativo, a destinação de verbas públicas para a construção de hospitais, postos de saúde e escolas, parece não haver dúvida, atende o interesse público, estando na zona de certeza positiva. No entanto, a prática de atos em violação ao princípio da impessoalidade, efetivamente, estaria malferindo o interesse público, situando-se na chamada zona de certeza negativa. Agora, alguns contratos celebrados pela Administração Pública, em especial aqueles que acabam levando à retirada do Estado da prestação direta de serviços públicos, em razão das dúvidas que ensejam, estariam localizados na zona intermediária.

[43] ENTERRÍA, Eduardo Garcia de. *Ob. cit.*, p. 451.

[44] SOUSA, Antônio Francisco de. *Ob. cit.*, p. 97-8.

Conforme expõe Mello, *"fala-se em discricionariedade quando a disciplina legal faz remanescer em proveito e a cargo do administrador uma certa esfera de liberdade, perante o quê caber-lhe-á preencher com seu juízo subjetivo, pessoal, o campo de indeterminação normativa, a fim de satisfazer no caso concreto a finalidade da lei"*.[45]

O objetivo reside em possibilitar uma avaliação do Administrador Público em cada caso concreto, a fim de que possa averiguar qual a medida mais idônea para atingir de modo perfeito o objetivo da regra a ser aplicada.[46]

Apenas haveria discricionariedade quando, diante de uma determinada situação, não fosse possível identificar de forma pacífica *"qual a solução idônea para cumprir excelentemente a finalidade legal"*, constituindo-se em fruto da própria *"finitude, isto é, da limitação da mente humana"*.[47]

Não obstante, Freitas ressalta não haver uma *"liberdade legítima e lícita para agir em desvinculação com os princípios constitucionais do sistema"*, reconhecendo haver uma *"menor subordinação à legalidade estrita do que na concretização dos atos ditos plenamente vinculados"*.[48] Mesmo no âmbito dos atos discricionários, deve ser exigida referência expressa ao sistema jurídico, podendo-se falar, assim, em discricionariedade vinculada, isto é, *"há uma porção de vinculação que precisa acompanhar a discricionariedade"*.[49]

Ainda sobre discricionariedade não se pode olvidar a referência de Forsthoff, segundo o qual *"poder discricionário é, pois, a eleição de comportamento no marco de uma realização de valores"*.[50] Outrossim, quando uma norma diz que uma autoridade pode, concede-lhe permissão ou está autorizada, a conclusão é que há um poder discricionário, na ótica do administrativista acima mencionado. Aduz o autor:

---

[45] MELLO, Celso Antônio Bandeira de. *Ob. cit.*, p. 548.

[46] *Idem*, p. 549. O autor extrai algumas conclusões de tal entendimento sobre a discricionariedade: o fato de a legislação possibilitar a adoção de mais de um comportamento, não significa que todas sejam adequadas para todos os casos. Pelo contrário, segundo o administrativista, o ordenamento jurídico considera que algumas soluções são mais adequadas que outras para determinados casos. A amplitude da discricionariedade, abstratamente prevista, não significa igual proporção no caso concreto e que, muitas vezes, pode impor a adoção de uma única solução como a correta (*Idem*, p. 549-50).

[47] *Idem.*, p. 551. Sobre discricionariedade ver ainda: CRETELLA JÚNIOR, José. *Ob. cit.*, p. 219. FIGUEIREDO, Lúcia Valle. *Ob. cit.*, p. 125 e ss. MEIRELLES, Hely Lopes. *Ob. cit.*, p. 102. MEDAUAR, Odete. *Direito Administrativo Moderno*, p. 119 e ss. DI PETRO, Maria Sylvia Zanella. *Ob., cit.*, p. 176 e ss.

[48] FREITAS, Juarez. *Estudos de Direito Administrativo*, p. 138.

[49] FREITAS, Juarez. *Ob. cit.*, p. 142-3.

[50] FORSTHOFF, Ernst. *Ob. cit.*, p. 127.

"La potestad discrecional da a las autoridades una libertad, en virtud de la cual éstas pueden tomar aquellas medidas que estimen adecuadas para la realización del valor situado en el ámbito discrecional. Potestad discrecional significa, por tanto, que el orden jurídico presta validez jurídica a tomo medio considerado como adecuado para la realización del valor de que se trate".[51]

Para Forsthoff, o direito de exercitar o poder discricionário não libera a Administração de um comportamento adequado, nem da observância do Direito, pois a autoridade pública, ao exercer tal espécie de poder, move-se dentro do marco da ordem jurídica, estando submetida à chamada moralidade administrativa. A Administração não pode proceder caprichosa ou arbitrariamente, sob pena de incorrer em desvio de poder.[52]

Como decorrência de uma competência legal, Rivero entende a discricionariedade nos seguintes termos:

"... a lei, ao criar uma competência, deixa ao agente a quem a confia liberdade de apreciar, em face das circunstâncias, se e como deve utilizá-la: por exemplo, os júris de exame, competentes para decidir acerca da admissão dos candidatos, são livres de classificar segundo o seu critério pessoal o valor das provas".[53]

Em que pese fazer referência ao "critério pessoal", o administrativista francês reconhece já não existir um ato administrativo inteiramente discricionário, isto é, um ato ao qual a legalidade não impusesse condições à Administração, escapando do controle judicial. Esclarece que qualquer ato administrativo está no mínimo submetido *"a duas condições impostas pelo direito; uma relativa à autoridade para o tomar, a outra relativa aos fins que deve prosseguir e que não é, necessariamente, o interesse público"*.[54]

Destarte, visualiza que, no exercício de tal poder, a vontade do legislador é de que prevaleça, nos casos concretos, a vontade do executor, pois discricionariedade significa *"livre dentro dos limites permitidos pela realização de certo fim"*, sendo o fim um vínculo, *"corresponde a um requisito de validade cuja falta produz a invalidade do acto administrativo"*.[55]

---

[51] *Ob. cit.*, p. 137.
[52] *Idem.*, p. 138-9.
[53] RIVERO. *Direito Administrativo*, p. 94.
[54] *Idem.*, p. 94-5. Sobre uma limitação finalística da discricionariedade ver CAETANO, Marcello. *Manual de Direito Administrativo*, I, p. 485. O autor chega à conclusão de que, na verdade, não se pode rigorosamente falar de atos discricionários, pois "existem apenas actos praticados no exercício de poderes discricionários cumulativamente com poderes vinculados".
[55] *Idem*, p. 486.

A discricionariedade, pode-se dizer, no âmbito da doutrina do Direito Administrativo, resulta da inclusão no processo de aplicação da lei de uma estimação subjetiva da própria Administração. Mas tal estimação não é uma faculdade fora do Direito, devendo ser concebido o poder em debate como um caso típico de remissão legal.[56]

Em relação aos termos indeterminados, expressiva parte da doutrina administrativista vislumbra o exercício de um poder discricionário, ou então, a existência da chamada discricionariedade técnica, o que impõe um exame mais detido.

A distinção entre conceitos empíricos e conceitos de valor, já mencionada anteriormente, possibilitou que Forsthoff visse na segunda categoria o exercício de uma discricionariedade.[57] O autor faz referência ao processo de aplicação da norma jurídica como uma operação dedutiva, cujo meio de realização, a conclusão silogística, é controlável. No entanto, a Administração Pública é conformadora de valores, sendo que o processo de aplicação da lei está relacionado também com a alusão a determinados valores vinculatórios, como "a ordem", "a segurança", o "bem comum", "o interesse público", etc.[58]

Com efeito, a referência direta a valores é a regra no Direito Administrativo e *"a concretização de um valor não positivado constitui uma conduta de eleição no quadro de uma realização de valores"*.[59] Relacionada com tal entendimento, importante mencionar a chamada "margem de apreciação", ou seja, a atuação administrativa possui uma "prerrogativa de estimativa", segundo Bachof. No entanto, nem todos os conceitos indeterminados possuem tal característica, sendo imperioso que o próprio legislador mencione quando está a conferir tal "margem de apreciação". Como conseqüência, deve-se averiguar quando a lei quer atribuir tal possibilidade de aplicação ao administrador.[60]

Na doutrina francesa, a questão dos termos indeterminados chega a confundir-se com a discricionariedade. Como esclarece Sousa, em que pese algumas insistências da doutrina, há uma identificação

---

[56] Cf. ENTERRÍA, Eduardo García de. *Ob. cit.*, p. 443. Segundo o autor: "la norma remite parcialmente para completar el cuadro regulativo de la potestad y de sus condiciones de ejercicio a una estimación administrativa, sólo que no realizada (como en las hipótesis de remisión normativa que se estudiaron más atrás) por vía normativa general, sino analíticamente, caso por caso, que precede al proceso aplicativo". Como corolário, "no hay, pues, discricionalidad al margen de la Ley, sino justamente sólo en virtud de la Ley en la medida en que la Ley haya dispuesto".

[57] FORSTHOFF, Ernest. *Ob. cit.*, p. 126.

[58] *Idem*, p. 127 e ss.

[59] Cf. SOUSA, António Francisco de. *Ob. cit.*, p. 42.

[60] SOUSA, António Francisco de. *Ob. cit.*, p. 47-8.

entre as duas problemáticas, possuindo apenas uma variação de grau (quantitativa), ou seja, maior ou menor liberdade do administrador, não se vislumbrando uma distinção qualitativa.[61]

Segundo o entendimento de alguns administrativistas portugueses, é necessário fazer uma distinção entre os conceitos jurídicos indeterminados. Soares, por exemplo, enumera a existência de conceitos descritivos-empíricos,[62] imprecisos de natureza jurídica[63] e conceitos definíveis em considerações de circunstâncias de tempo e lugar.[64]

No âmbito destas espécies conceituais, não há de se falar em discricionariedade,[65] sendo que tão-somente os "conceitos imprecisos em sentido estrito", ou seja, aqueles que *"não apontam para uma classe de situações individuais, mas 'invocam um tipo difuso de situações de vida, um domínio de factos ou valores em relação ao qual os acontecimentos se projectam apenas como manifestações ou expressões"*,[66] haveria discricionariedade na valoração da situação.

Igualmente, Sérvulo Correia aceita a tese de que, em alguns casos muito específicos, certos conceitos indeterminados atribuem um poder discricionário, formulando o seguinte exemplo na hipótese de requisição de habitação em caso de grave calamidade pública:

"... o emprego do adjectivo 'grave' no âmbito do 'conceito indeterminado', destina-se a subtrair a aplicação do preceito a um entendimento unívoco de uma situação objectiva, para deixar ao critério da Administração a definição daqueles pressupostos que, dentro de uma situação de calamidade pública, caracterizarão a especial premência que justificará uma medida tão violenta".[67]

Destarte, há autores defendendo a existência da chamada "discricionariedade técnica", *"hipóteses onde não há remissão da lei para normas técnicas, mas apenas uma decisão da Administração guiada por*

---

[61] *Idem*, p. 64.

[62] *Idem*, p. 87. São "aqueles em que, apesar do conteúdo do conceito não se apresentar imediatamente ao intérprete, é possível fixá-lo objetivamente com recurso à experiência comum ou a conhecimentos científicos ou técnicos de certo ramo".

[63] *Idem*, p. 88. Aqui "a indeterminação destes conceitos traduz-se na remição para figuras jurídicas de limites elásticos. É o caso de conceitos como 'funcionário público' ou de 'legítimo possuidor".

[64] *Idem, ibidem*. "É o que se passa, por exemplo, quando a lei remete para os 'usos da terra' ou para a 'praxe administrativa'. Nestes casos, a lei não concede uma liberdade (mesmo condicionada no modo de exercício) à Administração".

[65] *Idem*, p. 87-8.

[66] SOARES, António Francisco de. *Ob. cit.*, p. 88-9.

[67] *Idem*, p. 91.

certas regras técnicas; é a Administração que, por sua livre vontade, resolve nortear-se por determinadas regras técnicas",[68] que não se constitui em uma verdadeira discricionariedade, pois há uma vinculação da Administração Pública ao dever de boa administração, mas, também, não há vinculação legal.

Sousa, não falando em discricionariedade técnica, estabelece a configuração de uma "margem de decisão" nas hipóteses de "prognose",[69] quer dizer, enumera alguns elementos que podem ser controlados.[70] Já, a fixação da meta ou alvo prognóstico não pode ser posta em causa pelo tribunal. Outrossim, reconhece uma "liberdade de enformação" na atividade planificadora da Administração, isto é, a elaboração de planos que vão ordenar a atividade da Administração Pública.

1.3. O controle jurisdicional: amplitude e critérios

Estabelecidos os principais entendimentos sobre o ato administrativo que aplica os termos indeterminados - vinculado ou discricionário -, igualmente merece um exame alguns posicionamentos sobre o controle jurisdicional a ser exercido. De plano, pode-se dizer que há doutrinadores defendendo a impossibilidade de tal controle; outros propugnam tão-somente um controle parcial, restando uma margem de decisão administrativa incólume. Destarte, pode ser encontrada posição defendendo um controle total dos termos indeterminados.

Em que pese não ser o entendimento predominante no Direito Administrativo, faz-se mister referir a posição segundo a qual não deve haver um controle do Tribunal sobre a aplicação dos termos indeterminados pelo Administrador Público. Na doutrina de Perez Olea, tanto em relação aos conceitos indeterminados propriamente ditos, como nos conceitos técnicos, verifica-se tal situação.[71]

---

[68] *Idem*, p. 96.

[69] SOUSA, António Francisco de. *Ob. cit.*, p. 115 e ss. A prognose é uma "afirmação sobre acontecimentos futuros, não é juízo de subsunção, mas de probabilidade", sendo um instituto importante no Direito Administrativo nas hipóteses de planificação administrativa. Refere o autor: "em termos gerais, podemos dizer que a prognose administrativa é característica das decisões cujos efeitos se projetam no futuro" (*Idem*, p. 116).

[70] *Idem*, p. 125. Os elementos são: se a autoridade violou normas de procedimento; se considerou aspectos estranhos à prognose; se a prognose foi devidamente fundamentada; se a prognose se apresenta plausível, racional e consensual; se a Administração observou na sua decisão prognóstica os padrões gerais de valor e se a prognose é "reconhecidamente" ou "de modo evidente" errada.

[71] Cf. SOUSA, António Francisco De. *Ob. cit.*, p. 82.

O fundamento desta tese reside na consagração do princípio da separação de poderes. O Tribunal não poderia exercer o seu controle, sob pena de invadir a esfera de independência do Administrador e criar uma espécie de paralisação administrativa. Outrossim, sequer possuiria condições práticas de exercer bem tal tarefa.

De outra banda, o argumento da discricionariedade igualmente é utilizado para impossibilitar o controle jurisdicional. Na medida em que a aplicação dos conceitos indeterminados envolve um juízo de valoração, e toda valoração importa no exercício de um poder discricionário, não se pode levar adiante tal espécie de controle. Os conceitos jurídicos poderiam ser divididos em determinados e indeterminados. Os primeiros envolvem o exercício de um poder vinculado. Os segundos relacionam-se com discricionariedade.

Conforme Sousa, salientando a posição de Juan-Antônio Bueno, a discricionariedade ocorre *"porque a valoração tem lugar sempre que o conceito não está juridicamente determinado pela norma de maneira exata. Nestes casos, impõe-se uma determinação face ao caso concreto, que é da exclusiva competência da Administração"*.[72]

Outrossim, surge a chamada "discricionariedade técnica", mas no sentido de estebelecer um livre poder para o Administrador, impossibilitando o exercício de um controle pelo Tribunal. Tal expressão, inicialmente cunhada por Bernatzik (1864), buscava salvaguardar algumas decisões que, muito embora não fossem discricionárias, em razão de sua alta complexidade técnica, deveriam ser retiradas do controle jurisdicional.[73]

A jurisprudência administrativa portuguesa, como referido por Sousa, em geral não exerce o controle sobre a aplicação dos termos legais indeterminados, entendendo tratar-se de discricionariedade técnica, devendo-se privilegiar o entendimento do administrador:

"Para a jurisprudência administrativista portuguesa, o uso pelo legislador de 'conceitos indeterminados' (freqüentemente também designados pela jurisprudência de conceitos normativos, conceitos de valor, cláusulas gerais, etc.) significa a atribuição à autoridade administrativa de uma 'discricionariedade técnica', a qual não é susceptível de controlo jurisdicional, e isto porque o administrador se encontra melhor posicionado do que o juiz para encontrar a 'decisão adequada' ao caso concreto, imposta pelo dito conceito indeterminado".[74]

---

[72] *Idem*, p. 83.
[73] SOUSA, António Francisco de. *Ob. cit.*, p. 105-6.
[74] SOUSA, António Francisco de. *Ob. cit.*, p. 180.

No entanto, o próprio autor supracitado menciona uma certa tendência de mudança, pois, nos últimos anos, há um aumento de conceitos legais indeterminados que são submetidos a um controle pelo Supremo Tribunal Administrativo Português.

O Direito Administrativo Brasileiro é rico em exemplos capazes de suscitar discussões sobre o controle dos termos legais indeterminados. A título exemplificativo, pode ser mencionado o artigo 5º, inciso XXIV, da Constituição Federal, possibilitando a desapropriação por "necessidade pública" ou "utilidade pública".

Muito embora haja uma descrição de hipóteses legais, no âmbito da legislação infraconstitucional (artigo 5º, DL nº 3.365/41), não resta eliminada a indeterminação dos termos,[75] sendo objeto de discussão doutrinária e jurisprudencial o âmbito do controle jurisdicional a ser exercido. Destarte, a problemática é agravada em razão do artigo 9º do DL nº 3.365/41[76] que veda ao Poder Judiciário, no processo de desapropriação, decidir se se verificam ou não os casos de utilidade pública.

Diversas foram as discussões sobre o tema, havendo o entendimento da inconstitucionalidade do dispositivo citado, pois a desapropriação não seria um ato discricionário, mas um poder condicionado, devendo sempre o Poder Judiciário exercer um controle efetivo para evitar o abuso ou desvio de poder, a fim de assegurar o direito de propriedade.[77]

No entanto, corrente doutrinária que acabou prevalecendo sustentava a constitucionalidade do artigo, desenvolvendo um raciocínio de tratar-se de um poder discricionário, mas vinculado aos fins determinados no decreto. Ademais, não haveria inconstitucionalidade, pois há possibilidade de ser exercido o controle, mas tão-somente em ação própria e não no curso da ação de desapropriação.[78]

Com relação ao controle meramente parcial, diversas são as construções doutrinárias, sendo igualmente variados os critérios do controle a ser exercido. No entanto, há uma peculiaridade em comum: o

---

[75] O citado dispositivo legal igualmente utiliza termos legais indeterminados, como socorro público, salubridade pública, assistência pública, serviços públicos, melhor utilização econômica, etc.

[76] Tal norma deve ser conjugada com o artigo 20, do mesmo diploma legal, que limita o objeto de defesa da contestação aos vícios do processo judicial ou impugnação do preço, mencionando expressamente que qualquer outra questão deve ser decidida por ação direta.

[77] Cf. SALLES, José Carlos de Moraes. *A Desapropriação à Luz da Doutrina e da Jurisprudência*, p. 230 e ss. Tal entendimento teria sido defendido inicialmente por Francisco Campos.

[78] SALLES, José Carlos de Moraes. *Ob. cit.*, p. 233. Themistocles Brandão Cavalcanti seria o defensor de tal entendimento. A posição sobre a constitucionalidade do dispotivo acabou sendo consolidade pela jurisprudência, havendo somente algumas decisões isoladas em sentido contrário (*Idem*, p. 240).

controle jurisdicional não irá abarcar todos os aspectos da aplicação dos termos indeterminados, seja em razão de estar caracterizado um poder discricionário ou, então, ser reconhecida uma margem de decisão administrativa.

Conforme Debasch,[79] mesmo o poder discricionário está sujeito a um *"controle normal da legalidade externa, onde os critérios para tal seriam a competência da autoridade ou a existência de vício de forma"*. Ainda, poderia ser feito um *"controle reduzido da legalidade interna"*, em que seria possível verificar três aspectos: se o ato foi praticado no interesse do serviço; se se fundou num motivo juridicamente correto e se assenta em motivos materialmente corretos, além da possibilidade de caracterização do erro manifesto. A própria qualificação jurídica dos fatos poderia estar incluída no controle, sendo utilizada a figura do erro de direito.

O administrativista português Sérvulo Correia menciona o caráter imprescindível da discricionariedade:

"A discricionariedade e a margem de livre apreciação na aplicação de conceitos jurídicos indeterminados materializam uma autonomia que o legislador não poderia recusar à Administração, sob pena de a privar da realização de uma tarefa do Estado que só ela pode desempenhar, e valem como reserva de decisão parcial a favor da Administração em face dos tribunais".[80]

O nominado autor, conforme Sousa, acaba por reconhecer a existência de um poder discricionário, mas em relação a hipóteses específicas de conceitos legais indeterminados, como no emprego da expressão *"grave"*, onde a Administração teria a atribuição de definir os pressupostos configuradores, dentro de uma dada situação concreta.[81]

A já mencionada tese da discricionariedade técnica, sujeita inclusive a críticas,[82] adotada pelo Supremo Tribunal Administrativo Português, importa em um controle parcial sobre os termos indeterminados, pois somente é possível verificar aspectos de vinculação legal, quer dizer, desvio de poder, incompetência, vício de forma e violação da lei e, por vezes, como um controle mínimo, a caracterização do erro manifesto.[83]

---

[79] *Apud* SOUSA, António Francisco de. *Ob. cit.*, p. 69-70.
[80] SOUSA, António Francisco de. *Ob. cit.*, p. 90.
[81] *Idem*, p. 91.
[82] *Idem.*, p. 111, menciona que deveria ser abandonada a utilização desta expressão e tratar as mesmas realidades como meros conceitos técnicos e conceitos indeterminados.
[83] *Idem*, p. 183.

O controle da discricionariedade também tem merecido atenção da doutrina brasileira.[84] Juarez Freitas, por exemplo, menciona que o controle dos atos administrativos deve ser feito com relação à competência em sentido amplo, a fim de verificar a existência ou não de usurpação de poderes, bem como a forma e a ocorrência ou não do chamado desvio de finalidade. Igualmente, refere ser vedada a inquirição com relação à oportunidade e conveniência, o que não se pode confundir com o necessário controle da finalidade pública do ato praticado.[85]

A espécie de controle a ser exercido seria de "administrador negativo":

"Porque, se é certo que o Judiciário não pode dizer, substitutiva e positivamente, como o julgador deveria ter julgado ou positivamente agido, deve emitir juízo principiológico e finalístico de como não deveria ter julgado ou agido, ao emitir juízos guiados por aquela descrição sempre vinculada aos princípios da Administração Pública".[86]

A utilização de princípios, segundo o administrativista acima citado, constitui-se em importante elemento de controle da discricionariedade, que, na verdade, seria uma discricionariedade vinculada ao sistema jurídico, composto também de regras e princípios. A última palavra caberia ao Poder Judiciário que exerceria *"o derradeiro controle teleológico-jurídico dos atos administrativos"*.[87]

Outro autor, Celso Antônio Bandeira de Mello, parte do entendimento de que o Estado de Direito, em quaisquer de suas feições, encontra-se totalmente assujeitado aos parâmetros da legalidade.[88] Com efeito, a atividade administrativa é infralegal, sublegal, inclusive o exercício do poder discricionário.[89] Outrossim, entende a discricionariedade como um dever de alcançar a finalidade legal, podendo decorrer da hipótese da norma, isto é, *"do modo impreciso com que a lei haja descrito a situação fática (motivo)"*.[90]

---

[84] Ver MEDAUAR, Odete. *Ob. cit.*, p. 431. DI PIETRO, Maria Sylvia Zanella. *Ob. cit.*, p. 180. FIGUEIREDO, Lúcia Valle. *Ob. cit.*, p. 130. MEIRELLES, Hely Lopes. *Ob. cit.*, p. 607. TÁCITO, Caio. *Ob. cit.* VASCONCELOS, Edson Aguiar de. *Controle Administrativo e Parlamentar*, p. 51-7.

[85] FREITAS, Juarez. *Ob. cit.*, p. 143-4.

[86] *Idem*, p. 144.

[87] FREITAS, Juarez. *O Controle dos Atos Administrativos*, p. 21. A amplitude e as conseqüências do controle principiológico proposto pelo autor, obviamente, não poderiam ser aqui examinadas, remetendo-se o leitor para as duas obras mencionadas.

[88] MELLO, Celso Antônio Bandeira de. *Discricionariedade e Controle Jurisdicional*, p. 11.

[89] Tal conclusão é importante, pois o autor menciona não ser correto entender a discricionariedade como a ausência da lei, devendo ser entendida como uma determinada maneira de a lei regular a atuação do Administrador Público.

[90] MELLO, Celso Antônio Bandeira de. *Discricionariedade...*, *ob. cit.*, p. 19.

A aplicação dos termos indeterminados, na sua concepção, envolve um poder discricionário, pois, muitas vezes, em razão do conceito ser fluido é *"impossível contestar a possibilidade de conviverem intelecções diferentes, sem que, por isto, uma delas tenha de ser havida como incorreta, desde que quaisquer delas sejam igualmente razoáveis"*.[91] Como corolário, tendo o Administrador Público procedido dentro de uma liberdade intelectiva, não há legitimidade para que o Poder Judiciário corrija a conduta, considerando que a sua função é reparar as violações de direito.

O administrativista precisa melhor o tema ao elucidar que os conceitos indeterminados possuem um campo de certeza positiva, um campo de certeza negativa e uma zona de dúvidas entre ambos, conforme, inclusive, já mencionado anteriormente. No entanto, aduz que o administrador não poderá acolher os termos indeterminados fora do âmbito mínimo que conota e denota a palavra, o conceito. Esclarece Mello:

"... pode-se dar como certo que a discricionariedade jamais poderia ser entendida como margem de liberdade que obstasse o controlador (interno ou externo) da legalidade do ato de verificar se a intelecção das palavras normativas, efetuada pelo agente administrativo ao aplicar a lei, foi ou não desbordante do campo significativo possível daquelas palavras, considerando tal campo significativo a lume da acepção corrente que tenham uma dada sociedade e de seu enfoque contextual no sistema normativo".[92]

Na aplicação dos termos indeterminados é preciso fazer um exame se, no caso concreto, a solução adotada pela Administração satisfaz a finalidade legal. Muitas vezes a norma confere mais de uma solução possível para o aplicador, sendo que somente diante das circunstâncias fáticas é que se pode verificar qual a solução ótima, a melhor solução. O aplicador tem a obrigação de adotar esta melhor solução possível, e o Poder Judiciário também exercerá o seu controle.

No entanto, conforme Mello, quando qualquer uma das soluções for tida como razoável, no caso concreto, inclusive a adotada pelo Administrador, a conduta praticada restará inatacada, constituindo-se em uma opção de mérito da autoridade administrativa.[93]

---

[91] Idem, p. 23.
[92] MELLO, Celso Antônio Bandeira de. Discricionariedade..., *ob. cit.*, p. 31.
[93] Idem., p. 40.

Ainda no âmbito de um controle parcial da aplicação dos termos indeterminados, há alguns autores que não entendem tratar-se de um poder discricionário. Não obstante, defendem a existência de uma certa margem de decisão administrativa.

Na doutrina espanhola, Sainz Moreno defende a existência de uma discricionariedade apenas nas hipóteses em que o critério de decisão administrativa é político, e não jurídico. Trabalha com o exemplo do termo "interesse público", concluindo que o fato de a Administração ter de examinar o seu significado, no caso concreto, não importa exclusão do controle contra as decisões irrazoáveis ou arbitrárias.[94]

A Administração, por força do princípio da legalidade, está submetida plenamente ao ordenamento jurídico, sendo o controle jurisdicional uma idéia da organização democrática da vida comunitária. No entanto, o administrativista espanhol admite a existência de uma *"zona de livre apreciação"* concedida à Administração Pública,[95] o que implica um controle parcial na aplicação dos termos indeterminados.

Sobre a existência da margem de decisão, cumpre mencionar o referido por Sousa:

> "Grande parte da doutrina, especialmente dos países germânicos, considera existir em certos domínios do direito administrativo uma 'margem de decisão' (diferente da margem de apreciação) que por não configurar uma liberdade de escolha não é verdadeira discricionariedade mas em que, pela natureza das matérias em causa, ou não há vinculação legal total ou mesmo havendo-a o controlo jurisdicional não deve ser total".[96]

A prognose administrativa seria uma destas hipóteses, cujo controle, com algumas limitações, seria realizado da seguinte forma:

> "É inquestionável que os elementos da prognose se reflectem no seu resultado, pelo que a decisão deverá ser anulada sempre que não se apresente como o resultado lógico da base da prognose accionada pelo método adequado (legal) utilizado, embora seja de aceitar que, na prática, alguns destes elementos (da base como do método) não possam ser plenamente controlados (com evidentes reflexos para uma moderação da intensidade do controlo da decisão final). Certo é que a fixação da meta ou alvo

---

[94] *Apud* SOUSA, Antônio Francisco de. *Ob. cit.*, p. 84-5.
[95] SOUSA, Antônio Francisco de. *Ob. cit.*, p. 85-6.
[96] *Idem*, p. 113.

prognóstico em si mesmo não poderá em princípio e sem mais ser posto em causa pelo tribunal".[97]

Outrossim, Sousa também salienta que nas hipóteses de planificação há uma liberdade de enformação, que não é "discricionariedade", pois a lei não atribui a função criadora da planificação ao juiz, mas à Administração. Logo, um controle pleno neste domínio ultrapassaria o âmbito de competência dos Tribunais, representando uma ilegítima intervenção na esfera de competências da Administração.[98]

Outras decisões não sujeitas a um controle total, na ótica do administrativista acima mencionado, são as chamadas decisões altamente pessoais,[99] as valorações vinculativas,[100] decisões de caráter prognóstico e as decisões de enformação.

Como critérios para o exercício do controle jurisdicional, Sousa faz menção à sustentabilidade da decisão, o erro manifesto de apreciação, o princípio da proporcionalidade, os direitos fundamentais, os princípios gerais de direito, os princípios da igualdade e da imparcialidade, a autovinculação da Administração, a opinião média da sociedade, os juízos de experiência comum e os juízos do conhecimento técnico.

Ultrapassado o exame de um controle parcial da aplicação dos termos indeterminados, há alguns entendimentos defendendo uma submissão total da Administração Pública à lei, inclusive com relação aos processos de interpretação de tais termos. A conseqüência é um controle jurisdicional igualmente total, não sendo cabível fazer a distinção entre o controle dos termos determinados e o dos indeterminados. No âmbito um Estado de Direito, mostra-se incompatível a idéia de uma "margem de apreciação", pois importaria em colocar os termos indeterminados na esfera da discricionariedade.[101]

Vale mencionar a citação de Sousa sobre o argumento entabulado por Weisbart, chamando a atenção para o perigo que representam os termos indeterminados:

---

[97] Cf. SOUSA, António Francisco de. *Ob. cit.*, p. 126.

[98] *Idem*, p. 153-6.

[99] SOUSA, Antônio Francisco de. *Ob. cit.*, p. 212. "Aquelas decisões de valor altamente pessoal, indissoluvelmente ligadas à personalidade de quem as toma." Como exemplos: as decisões tomadas em exames e as das apreciações pedagógico-científicas.

[100] *Idem*, p. 214. Conforme o autor: "É o caso das apreciações de filmes, de avaliação de monumentos ou de revistas, feitas por comissões de avaliação especialmente constituídas para o efeito".

[101] SOUSA, Antônio Francisco de. *Ob. cit.*, p. 54.

"... se não forem objecto de um controlo pleno por parte dos tribunais se transformarão em veículo de insegurança e de arbítrio na estrutura solidamente normativa do Estado de Direito".[102]

O administrativista espanhol Enterría estabelece uma distinção entre discricionariedade e aplicação de termos indeterminados, não reconhecendo a identidade entre ambos. A indeterminação dos termos legais não é uma construção teórica, mas uma técnica utilizada pelas leis. Na hipótese de as normas possuírem tais espécies de conceitos e havendo uma discordância entre as partes sobre o significado a ser atribuído, parece claro que compete ao Juiz determinar *"si el supuesto de hecho discutido se acomoda a este tipo de conceptos a los que a Ley ha conectado alguna consecuencia jurídica"*.[103]

O autor menciona ainda aqueles casos em que a utilização de termos legais indeterminados significa a atribuição ou delimitação de certos poderes à Administração, pela legislação, ou para impor limites ou proibições. Refere, a título exemplificativo, o dispositivo autorizando a desapropriação por causa de utilidade pública e interesse social. Entende haver uma função delimitadora desta expressão, e não a atribuição de um poder discricionário.[104]

A utilização de termos indeterminados, portanto, constitui-se um caso de aplicação e interpretação da lei que tenha criado tal termo. Portanto, o juiz pode fiscalizar sem esforço algum tal aplicação, valorando se a solução a que chegou a Administração Pública é a única solução justa permitida por lei.[105] Menciona que pela Constituição Espanhola, artigo 117.3, o juiz deve decidir os conflitos que surgem na aplicação das leis. Portanto, o juiz pode sempre revisar a inicial aplicação do conceito jurídico indeterminado. Esclarece o administrativista:

> "Simpre que sea posible ofrecer al Tribunal una crítica seria y fundada de la decisión administrativa en causa desde la perspectiva de un concepto jurídico indeterminado, explícito o implícito en la Ley (en último extremo, el interés público, de tan amplio 'halo'), será jurídicamente posible que el Tribunal revise la apreciación del concepto realizada por la Administración en su función interpretativa y aplicativa de la Ley".[106]

---

[102] *Idem*, p. 54.
[103] ENTERRÍA, Eduardo Garcia de. *Democracia, Jueces Y Control de La Administración*, p. 135.
[104] *Idem*, p. 135-6.
[105] ENTERRÍA, Eduardo Garcia de. *Curso de...*, ob. cit., p. 447.
[106] ENTERRÍA, Eduardo Garcia de. Curso de..., *ob. cit.*, p. 450.

Em que pese reconhecer a possibilidade de uma presunção de racionalidade quando Administração tenha utilizado o termo legal indeterminado - na utilização dos chamados conceitos de valor, em razão de seu contato direto com os fatos, por seus meios técnicos, pela multiplicidade de aspectos e valores que teve de integrar na decisão, tal presunção apenas será *iuris tantum*. Com efeito, pode ser destruída e o juiz apreciar a decisão administrativa se as circunstâncias e as provas apontadas justificam que o uso do poder foi irrazoável no caso concreto.[107]

Com relação à "margem de apreciação", esta também estaria sujeita ao controle jurisdicional. Enterría é expresso ao mencionar que o juiz controla a aplicação dos termos indeterminados quando acolhe a impugnação contra a aplicação levada a termo pela Administração, invalidando a decisão administrativa, como também quando não acolhe a impugnação entendendo que a Administração agiu corretamente, movendo-se dentro do espaço da legítima "margem de apreciação". Aduz que somente não haveria controle caso a impugnação fosse tida como inadmissível.[108]

Assim, o autor não estaria propugnando a substituição da atividade da Administração pela atividade do Juiz, mas somente o exercício do controle da decisão administrativa, fiscalizando se ela está a transgredir os limites da lei ou não.

Posicionamento semelhante adota Eros Grau, partindo do pressuposto de que na aplicação de conceitos indeterminados - expressão utilizada -, o sujeito emite um juízo de legalidade, e não de conveniência e oportunidade, razão pela qual não se confunde com exercício de discricionariedade.[109] A aplicação de tal espécie de conceitos envolve um ato de interpretação. Entende o autor que os atos motivados por razões de interesse público estão sujeitos ao exame e ao controle do Poder Judiciário.

Preleciona, ainda, que a interpretação do conceito indeterminado "reclama *a escolha de uma, entre várias interpretações possíveis, em cada caso, de modo que essa escolha seja apresentada como adequada*".[110] Com efeito, o Poder Judiciário irá verificar, por ocasião do controle, se o

---

[107] ENTERRÍA, Eduardo Garcia de. *Curso de...*, ob. cit., p. 450.

[108] *Una nota sobre el intéres general como concepto jurídico indeterminado*, RTRF 4ª Reg, a.7., n.25, p. 27-50.

[109] GRAU, Eros Roberto. *Direito Posto...*, ob. cit., p. 149. Refere o autor que os agentes públicos somente possuem discricionariedade porque a norma jurídica válida a ele atribui a formulação de juízos de oportunidade. Portanto, fora destas hipóteses, o agente público está subordinado a juízos de legalidade, mesmo quando a lei atribua-lhe a incumbência de aplicar conceitos indeterminados (*Idem.*, p. 151-2).

[110] GRAU, Eros Roberto. *Direito Posto...*, ob. cit., p. 161.

ato da Administração é correto e não qual o ato correto, conforme elucida Eros Grau. O autor, no entanto, menciona que em algumas hipóteses o controle há de ser relativizado, especificamente, naquelas decisões já referidas pelo administrativista português Sousa.

A jurisprudência administrativista no Brasil tem utilizado diversos critérios para o controle dos termos legais indeterminados. Outrossim, a profundidade do controle é variada, não havendo uma uniformidade de atuação. Um dos critérios comumente utilizados é o "desvio de poder". O Superior Tribunal de Justiça já entendeu ser plenamente possível exercer um controle do decreto desapropriatório, utilizando tal técnica, decidindo ser lícito ao Poder Judiciário decretar a nulidade quando restar caracterizado o afastamento dos pressupostos legais da desapropriação.[111] No entanto, na fundamentação da decisão, reafirma a posição daquela Corte:

> "Conquanto ao judiciário seja defeso incursionar sobre a oportunidade e conveniência de desapropriação, pode e deve ele escandir os elementos que indicam a legitimidade do ato bem como à finalidade, pois, aí, reside o freio à discricionariedade, por isso que a declaração de utilidade pública terá de indicar, precisamente, o fim a que se destina a expropriação."

Logo, vê-se a utilização da "finalidade legal" como elemento importante no controle jurisdicional dos termos indeterminados. O STJ, no acórdão referido, entendeu haver comprovação plena da mencionada questão nos autos do processo.

A mesma Corte de Justiça, por ocasião do julgamento de um Mandado de Segurança,[112] exerceu um controle interessante sobre a interpretação do termo indeterminado "prática forense". Um Bacharel em Direito teve indeferida a sua inscrição no concurso público para o cargo de Advogado da União, entendendo a autoridade administrativa - Advogado-Geral - que não estava preenchido o requisito supramencionado. O STJ procedeu a um exame da interpretação dada pela autoridade administrativa e modificou a decisão adotada, assim delimitando o termo jurídico:

> "o conceito de prática forense deve ser concebido de forma mais abrangente, compreendendo outras atividades vinculadas ao

---

[111] RESP nº 36.611, 1ª T., rel. Min. Humberto Gomes de Barros, unânime, j. 21.06.94. Nesta decisão prevaleceu o entendimento de que o desvio de poder caracteriza-se quando o ato administrativo mantém-se formal e aparentemente dentro dos limites da faculdade discricionária, mas o administrador utiliza a discricionariedade para fins diversos dos quais tal faculdade é atribuída.

[112] MS nº 3.804, 3ª Seção, rel. Min. Vicente Leal, unânime, j. 19.10.95.

manuseio do processo no foro, seja como estudante de direito cumprindo estágio regular e supervisionado, seja como funcionário prestando serviços junto às Secretarias de Varas ou Turmas ou a gabinetes de magistrados".

É comum nos estatutos de servidores públicos a previsão da possibilidade de deslocamento por "necessidade de serviço". O Tribunal de Justiça do Paraná[113] já procedeu ao controle de tal espécie de termo indeterminado. Um funcionário público do Município de Ortigueira teria sido deslocado para outra localidade por necessidade do serviço. O controle exercido pelo aludido tribunal foi realizado, primordialmente, com fulcro no princípio da razoabilidade. No entanto, relaciona a questão dos termos legais indeterminados com a discricionariedade, reconhecendo a atribuição de tal espécie de poder ao administrador quando autoriza a prática do ato questionado, por razão de "necessidade de serviço".

Na decisão supra, há menção expressa de que tal poder não importa em tornar totalmente imune de exame o ato administrativo, sendo que *"a valoração subjetiva tem que ser feita dentro do razoável"*. Também, admitiu-se, expressamente, a impossibilidade de o Judiciário *"penetrar no exame das circunstâncias que, para a Administração, configuram necessidade de serviço"*.

Os princípios da Administração Pública, especialmente aqueles expressos no artigo 37 da Constituição Federal, também são utilizados como elementos controladores dos atos administrativos. O Tribunal de Justiça de São Paulo julgou uma ação civil pública, proposta pelo Ministério Público paulista, onde questionava-se a prática de diversos atos dos Vereadores do Município de Sertãozinho, consistentes em concessão de honrarias e títulos de cidadão, promoção de jantares comemorativos, tudo pago com verbas públicas. A questão girou em torno da adequação de tais práticas ao "bem comum", à "moralidade administrativa" e ao "interesse público".

Aqui, mais uma vez, houve a análise sob a perspectiva da discricionariedade, entendendo a Corte Paulista que princípios éticos devem igualmente nortear a prática de atos discricionários, funcionando, assim, como elemento de controle. Partindo do pressuposto de o Direito investigar verdades absolutas e que são essencialmente imutáveis, os princípios também são imutáveis, havendo uma moral permanente e independente da lei positiva.

No intuito de caracterizar a ocorrência de ato abusivo, como violador do interesse público, o TJSP entendeu ser necessário um

---

[113] MS nº 4.3324-9, 1ª CC, rel. Des. Pacheco Rocha, unânime, j. 18.12.95.

exame em cada caso concreto. O critério utilizado para a análise dos termos indeterminados em debate no acórdão foi a principiologia a que está sujeita a Administração Pública, como o princípio da finalidade, moralidade administrativa, etc.[114]

O Tribunal de Justiça Gaúcho, em outra oportunidade, exerceu um controle jurisdicional sobre a interpretação do termo indeterminado "boa saúde".[115] A autora da ação, após aprovada em concurso público para o cargo de Auxiliar de Enfermagem, foi nomeada, sendo impedida de tomar posse pela Administração Municipal, em razão de entender a autoridade administrativa que a candidata aprovada não possuía "boa saúde", por ser portadora de *diabete mellitus*. O Poder Judiciário concordou com a aplicação do termo indeterminado, indeferindo a pretensão da autora de tomar posse.

Os termos indeterminados, conforme já ressaltado, são amplamente utilizados no Direito Administrativo, inclusive, daí a importância da pesquisa sobre o tema. Um servidor do Município paulista de Colômbia, uma vez cumprido o estágio probatório, foi exonerado, entendendo a Administração Pública Municipal a ocorrência de "inaptidão para o cargo". Irresignado com o fato, o funcionário ingressou com ação ordinária, sendo que o Tribunal de Justiça de São Paulo[116] exerceu um controle jurisdicional com base no princípio da motivação, invalidando o ato administrativo praticado.

Hipótese semelhante ocorreu no julgamento do Mandado de Segurança[117] impetrado por um servidor público do Estado de Santa Catarina. No entanto, aqui, tratava-se de demissão em razão da prática de "falta grave", entendendo a Administração Pública não haver o candidato preenchido o requisito da "idoneidade moral". O controle

---

[114] Vale mencionar que mesmo em decisões onde não estava sendo exercido um controle específico sobre a aplicação de termos indeterminados pela Administração Pública, mas tão-somente da discricionariedade, houve a utilização dos princípios como forma de averiguar a legitimidade do ato administrativo. No MS nº 594011140, 2º GCC do TJRGS, rel. Des. José Maria Rosa Tesheiner, unânime, j. 13.10.95, RJTJRGS 175/245, funcionário público estadual questionou a ilegitimidade do indeferimento de seu pedido de adesão ao Programa de Incentivo à Demissão Voluntária de Servidores Públicos Estaduais, em razão de a Administração Pública ter deferido pedido idêntico para outro funcionário. O Tribunal de Justiça, com base no princípio da impessoalidade, entendeu estar caracterizada uma ilegalidade, exercendo um controle principiológico sobre a discricionariedade.

[115] AC nº 594149734, 3ª CC, rel. Des. Flávio Pâncaro da Silva, unânime, j. 09.03.95, RJTJRGS 171/352.

[116] Ap. Civ. 225.126-1/4, 4ª CC, rel. Des. Soares Lima, j. 15.08.96, RT 734/329. O Tribunal entendeu que para poder aplicar o conceito indeterminado "inaptidão para o cargo", a Administração Pública deve basear-se em fatos reais que revelem a inaptidão, razão pela qual é imprescindível a específica motivação do ato administrativo. Igual entendimento foi adotado pelo Superior Tribunal de Justiça no Recurso em Mandado de Segurança nº 859, 2ª T., rel. Min. José de Jesus Filho, unânime, j. 11.12.91.

[117] MS nº 8.166, TJSC, Pleno, rel. Des. Anselmo Cerello, unânime, j. 16.08.95, RT 729/292.

jurisdicional exercido não foi profundo, na medida em que o Tribunal, acolhendo entendimentos doutrinários, não examinou o mérito administrativo, ou seja, a justiça da penalidade, a sua graduação.

O Supremo Tribunal Federal,[118] por sua vez, exerceu igual espécie de controle sobre o ato administrativo praticado pelo Presidente da República que declarou a desnecessidade de um cargo público, por razão de "interesse público", a fim de enxugamento da máquina administrativa. A titular do respectivo cargo, colocada em disponibilidade, provocou o controle jurisdicional. No entanto, prevaleceu o entendimento de que se trata de um ato decorrente de um juízo de conveniência e oportunidade do administrador, não sendo assegurado ao servidor a via da oposição ao que vier a ser declarado.

Assim, esses seriam os principais delineamentos dogmáticos adotados pela doutrina administrativista em relação aos termos indeterminados, a sua caracterização e as possibilidades de controle. No entanto, conforme será a seguir examinado, faz-se mister uma perspectiva mais crítica e interdisciplinar, não apenas para tornar mais profundo o controle a ser exercido, mas, inclusive, para visualizar melhor o fenômeno da indeterminação lingüística. Os critérios citados, por vezes, acabam funcionando como uma instância formalista, um conjunto do ritos e procedimentos burocratizados e que acabam determinando uma postura excessivamente abstrata.

---

[118] MS nº 21.227, STF, Pleno, rel. Min. Octávio Gallotti, unânime, j. 05.09.93, RDA 195/51.

2. O discurso dogmático do Direito Administrativo: uma análise crítica

2.1. Dogmatismo[119] e o sentido comum teórico dos juristas: verdades institucionalizadas

Atualmente, em quase todos os ramos do Direito, está sendo questionada a crise em que estão imersos os institutos jurídicos, sendo que a construção da teoria sobre os termos indeterminados não poderia fugir à regra. Com efeito, surge a discussão sobre o próprio dogmatismo jurídico, responsável pela (re)produção das principais sistematizações da Ciência do Direito.

Tal dogmatismo, *"apresenta-se como a tentativa de construir uma teoria sistemática do direito positivo, sem formular nenhum juízo de valor sobre o mesmo, convertendo-a em uma mera ciência formal"*.[120]

Ademais, possui como característica o estabelecimento de premissas com caráter vinculante, predominando a chamada *inegabilidade dos pontos de partida*,[121] construindo-se, assim, um discurso

---

[119] De plano, faz-se mister salientar que as críticas feitas ao longo deste estudo são direcionadas para aquelas doutrinas do Direito Administrativo dogmatistas e despreocupadas em aprofundar as possibilidades do Estado Democrático de Direito, em que os direitos e garantias fundamentais ocupam papel preponderante na formulação dos juízos teóricos.

[120] WARAT, Luis Alberto. *Introdução Geral ao Direito*, II, p. 16. Vale mencionar o trabalho do mesmo autor, *A Pureza do Poder*, onde buscou fazer uma análise sobre a obra de Hans Kelsen e que até hoje tem servido de modelo para muitas construções dogmáticas. A ausência de juízos de valor, pode-se dizer, é a tônica na obra de Kelsen. Por óbvio não se olvida que o trabalho realizado não teve como objeto de discussão aspectos atinentes à justiça, política e ideologia, pois Kelsen pretendia elaborar uma "Teoria Pura do Direito", havendo a nítida separação entre Direito e Ciência Jurídica. De qualquer forma, são interessantes os níveis de purificação metodológica utilizados por Warat: purificação política e ideológica; purificação anti-jusnaturalista; purificação anti-naturalista; purificação intra-normativa e purificação monista.

[121] FERRAZ JÚNIOR, Tércio Sampaio. *Introdução ao Estudo do Direito*, p. 48. Menciona expressamente algumas disciplinas que entende dogmáticas, dentre elas o Direito Administrativo, aduzindo: "uma disciplina pode ser definida como dogmática na medida em que considera certas premissas em si e por si arbitrárias (isto é, resultantes de uma decisão), como vinculantes para o estudo, renunciando-se , assim, ao postulado da pesquisa indepedente".

monológico,[122] em que a própria fala já vem previamente habitada (Bourdieu/Warat).

A análise dos institutos jurídicos pode ser revestida de duas possibilidades. Numa primeira, onde prevaleça o aspecto da pergunta como um dos principais elementos de investigação científica, e os conceitos tidos como primordiais são postos em dúvida. Como esclarece Ferraz Júnior:

> "Se o aspecto pergunta é acentuado, os conceitos-chave, as dimensões que constituem as normas e as próprias normas na sua referibilidade a outras normas, que permitem a organização de um sistema de enunciados são postos em dúvida".[123]

Portanto, o sistema dentro do qual o problema está inserido passa a adquirir um caráter de possibilidades, permanecendo aberto a críticas.[124] O operador do Direito abandona uma postura de passividade frente às construções significativas postas e herdadas, passando a atuar como um "questionador comprometido", exigindo-se uma mudança da própria racionalidade. O exercício da razão, assim, deixa de ser unificado em uma única abstração universal, nem fragmentado em diversas racionalidades locais, mas passa a ser ligado à efetividade das diversas problematizações.[125]

---

[122] O discurso monológico apresenta-se como uma fala passiva, e o ouvinte não exerce uma função de intervenção na fala. O discurso produzido acaba, portanto, funcionando como uma instância de censura significativa.

[123] Cf. FERRAZ JÚNIOR, Tércio Sampaio. *A Ciência do Direito*, p. 45.

[124] É importante mencionar a questão da problematologia, conforme enunciado por CARRILHO, Manuel Maria. *Aventuras da Interpretação*, p. 56-2. Os termos indeterminados, assim como os institutos jurídicos, são expressados através da linguagem. O uso desta, por sua vez, é resolução de problemas e que vai exigir o exame do que o autor chama de contexto. Pode-se dizer que os termos indeterminados não se encontram isolados, mas antes inseridos em contextos variáveis. Com efeito, o contexto vai intervir de maneira profunda na significação dos termos indeterminados, conforme, inclusive, será melhor explicitado no Capítulo III onde o Direito Administrativo passa por uma análise mediatizado pela linguagem. De qualquer sorte, a problematologia passa a adquirir importância na medida em que se abandona o *topos* estruturalista dos textos fechados e autônomos, pois considera que os textos são sempre realidades abertas na sua complexa problematicidade contextual. O Direito, dentro de tal concepção, abandona aquela vetusta idéia da inegabilidade dos pontos de partida, em que se cria um círculo hermético dentro do qual são aprisionadas as possibilidades jurídicas. Conforme CARRILHO, "pode-se mesmo dizer que a problematologia radicaliza esse gesto ao fornecer uma compreensão interrogativa de todo e qualquer ponto de partida; mas é exactamente aqui que igualmente se abre uma outra possibilidade, a de uma sistematicidade não axiomática nem hierarquizante mas, antes, retórica e combinatória. Ou seja, que, por um lado se alimenta da dinâmica interna do seu ponto de partida e, por outro, não estabelece a exclusão de nenhum percurso" (CARRILHO, Manuel Maria. *Aventuras da Interpretação*, p. 61).

[125] CARRILHO, Manuel Maria. *Aventuras...*, ob. cit., p. 62. O autor, dentre desta construção, fala em "jogos de racionalidade".

No entanto, a outra possibilidade é aquela onde predomine o aspecto da resposta, em que determinados elementos são subtraídos da dúvida e do questionamento problematológico. Segundo Ferraz Júnior, *"postos fora de questionamento, mantidos como respostas não atacáveis, eles são, pelo menos temporariamente, postos de modo absoluto"*.[126]

No primeiro caso, fala-se, então, de *questões* zetéticas e, no segundo, de *questões* dogmáticas. No Direito Administrativo, via de regra, trabalha-se com a categoria básica da "lei-em-si", não havendo a pesquisa além deste restrito universo fenomênico, caracterizando, assim, um enfoque muito mais dogmático, em que as questões jurídicas são sempre restritivas. Orientação diversa seria aquela em que os questionamentos fossem feitos de maneira aberta, entendendo os pontos de partida não como dogmas, mas provisórios, permitindo-se uma argumentação.[127] A univocidade de sentido, pregada pelo dogmatismo, cria obstáculos impeditivos de uma maior abertura da racionalidade jurídica, sendo que os termos indeterminados, por exemplo, passam a adquirir a forma de problemas estandardizados, e os operadores jurídicos devem primar o seu labor pelo que chama Streck de busca do "sentido-primevo-fundante".[128]

Ferraz Júnior menciona como objetivos da dogmática jurídica criar condições para a decidibilidade de conflitos juridicamente definidos, valendo-se para tal dos modelos analítico, hermenêutico e empírico que são intercambiáveis.[129]

No modelo analítico mencionado, a norma passa a adquirir importância capital no sentido de construir toda a racionalidade. A conseqüência é que:

"as diversas respostas dadas a estas questões levaram a Ciência do Direito a constituir-se como uma espécie de analítica das figuras jurídicas, cuja finalidade última seria a proposição de um

---

[126] Cf. FERRAZ JÚNIOR, Tércio Sampaio. *Ob. cit.*, p. 46.

[127] FERRAZ JÚNIOR, Tércio Sampaio. *Introdução ao Estudo do Direito*, p. 46, diz que no estudo zetético "o estudo do fenômeno jurídico é feito sem compromisso com os dogmas socialmente vinculantes, tendo em vista a tomada de decisão". No entanto, não se pode olvidar a observação de Warat, *Introdução Geral do Direito II*. Para tal autor, na realidade, a zetética não se opõe à dogmática, senão produz tão-só na mesma uma fissura. Outrossim, faz alusão à zetética epistemológica e que seria capaz de produzir um discurso contra-dogmático. Menciona: "A zetética epistemológica busca novas opiniões, que incorpora ao direito positivo, alargando suas fronteiras, tornando permeáveis os seus limites para o ingresso do conhecimento, acumulado em outros domínios, superando as determinações que limitam o conhecimento jurídico encurralado no direito positivo, oferecendo novas problemáticas" (WARAT, Luis Alberto. *Introdução Geral do Direito II*, p. 30).

[128] STRECK, Lenio Luiz. *Hermenêutica Jurídica e(m) Crise. Uma exploração hermenêutica da construção do Direito*, p. 74.

[129] FERRAZ JÚNIOR, Tércio Sampaio. *A Ciência do Direito*, p. 42 e ss.

saber sistemático capaz de dar um quadro coerente e integrado do direito como conexão de normas e dos elementos típicos que as compõem".[130]

O operador do Direito analítico adota uma postura formalista, no sentido de que vai buscar no sistema jurídico as informações do mundo circundante, exercendo a sua tarefa através de *standards* jurídicos. Como conseqüência, há um distanciamento da práxis social, sendo engendrada uma técnica de neutralização dos conflitos econômicos, políticos e sociais.

O grau de abstração é tão grande que os problemas jurídicos passam a ser tratados unicamente dentro de um imaginário reduto normativo, por meio de instituições, conceitos e classificações dogmáticas. Os conflitos não são tomados em todos os seus aspectos, razão pela qual Ferraz Júnior afirma ser uma questão de decidibilidade, ou seja, deve haver a resolução da questão com um mínimo de perturbação social.

Conforme examinado no Capítulo I, há grandes discussões doutrinárias sobre a melhor conceituação dos termos indeterminados, constituindo-se em um processo exacerbado de abstração, revelando tão-somente o caráter tecnológico e dogmático de construção de pontos de partida.

O Tribunal de Justiça do Estado do Rio Grande do Sul, no julgamento de um caso de desvio de função, adotou postura semelhante ao que acima restou descrito. Tratava-se de um servidor municipal que durante dez anos desempenhou funções de inumações, exumações e manuseio de restos mortais, o que tornaria necessário o recebimento de gratificação de insalubridade. Mas, a decisão não acolheu a sua pretensão, pois trabalhou com a noção dogmática de desvio de função e cargo público, entendendo que se constitui em ilícito administrativo, de onde não podem surgir direitos. A Corte Estadual, ainda, com base no princípio da separação de poderes argumentou não caber ao Poder Judiciário aumentar vencimentos de servidores públicos.[131]

---

[130] Cf. FERRAZ JÚNIOR, Tércio Sampaio. A Ciência..., *ob. cit.*, p. 51-2.

[131] AC nº 594000655, 3ª CC, rel. Des. Flávio Pâncaro da Silva, j. 10.11.94. Por certo, não se está aqui a defender a "institucionalização" do desvio de função. No entanto, tal prática, tão comum no âmbito da Administração Pública, já não comporta mais um exame apenas com as velhas categorias dogmáticas e através de uma postura abstracionista. Faz-se mister a inserção do elemento problematológico, possibilitando-se um questionamento da conduta do próprio administrador público, da ética, da boa-fé objetiva e da impossibilidade de enriquecimento ilícito por parte do Poder Público.

Parece clara a caracterização de uma postura abstracionista e dogmática, onde o conflito social foi diluído dentro do sistema jurídico, buscando-se uma solução "jurídica" sem causar maiores perturbações sociais. No caso acima referido, sequer houve a menção, por exemplo, da permissividade da autoridade administrativa, admitindo tal prática no serviço público. A decisão é típica de uma concepção de distanciamento da práxis social.

O segundo modelo dogmático apresentado por Ferraz Júnior é o hermenêutico. Após ser identificado o direito analiticamente, a próxima tarefa reside em fixar em que condições tal direito será entendido, ou seja, elabora-se a construção de um processo de atribuição de sentido. Aqui, a atividade do operador do direito não se restringe à busca de uma norma capaz de abarcar o conflito, feito isto - normalizada a parcela fenomênica da questão - passa-se a encontrar aquele conjunto de regras capaz de fornecer o "correto" sentido, a "verdadeira" significação, mas que, em última análise, não passa da aceitação de um "arbitrário juridicamente prevalecente" (Streck). Não se pode olvidar que a dogmática jurídica, dentro de uma perspectiva hermenêutica, faz a lei falar (Ferraz Júnior), tornando-se uma forma de institucionalizar dogmatismos de sentido, quer dizer, há um controle das conseqüências jurídicas da incidência das normas, e o seu sentido vem, desde o seu aparecimento, "domesticado". Dentro desta perspectiva, o relevante para a atividade do jurista seria a busca da "correta interpretação" dos termos jurídicos, por meio da utilização de processos postos a sua disposição pela "melhor doutrina", "jurisprudência dominante", olvidando-se, muitas vezes, a criação, no caso concreto, de uma "teratologia significativa".

Um aspecto importante deste modelo consiste no estabelecimento de métodos de interpretação, passando a haver uma discussão sobre qual o melhor para que seja atingida a *mens legislatoris* ou a *mens legis*, conforme adote-se uma concepção subjetivista ou objetivista. Como decorrência, mais uma vez estabeleceu-se um processo de abstração do conflito social, provocando-se um deslocamento discursivo. Ademais, as questões fáticas passam a ser definidas juridicamente, com o objetivo de resgatar aquela racionalidade perdida do "mundo do legislador racional".

Segundo Ferraz Júnior, a *"Ciência Jurídica, de modelo hermenêutico, tem por finalidade interpretar textos e suas intenções, tendo em vista uma finalidade prática"*, qual seja, criar condições para que os problemas possam ser decididos com um mínimo de perturbação social. O questionamento só necessita regredir até o ponto onde os conflitos pareçam razoavelmente decididos.[132]

A decisão supracitada (AC nº 594000655) do Tribunal de Justiça do Estado do Rio Grande do Sul é um exemplo, pois não interessava para uma dogmática de modelo hermenêutico problematizar o conflito dos chamados "desvios de função". Enquadrado o problema nesta figura jurídica "desvio de função", através de um método de interpretação simples, atribuiu-se sentido e a argumentação ficou restrita ao paradigma sumular de que não cabe ao Poder Judiciário, por não ter função legislativa, aumentar os vencimentos de servidores públicos, sob o fundamento da isonomia" (Súmula 339 do STF).

Em outra decisão, a mesma Corte Estadual[133] examinou pedido de um servidor público municipal ilegalmente preterido em concurso público. A sua pretensão residia em obter da Administração Pública o pagamento dos vencimentos que não foram pagos em razão do ato ilícito do ente estatal. Restou admitida expressamente a conduta irregular do Município, mas não houve acolhimento do requerido pelo servidor, entendendo o Tribunal de Justiça do Estado que, como não houve exercício de fato no cargo público, não se poderia falar em pagamento de vencimentos. Este processo de abstração revela uma *"astúcia da razão dogmática"*.[134] O conflito social acaba perdendo-se no emaranhado de construções técnico-jurídicas, passando a ser definido em termos jurídicos e em termos juridicamente interpretáveis e decidíveis.

Neste acórdão, ponto fundamental foi o sentido dado pelo Tribunal à expressão "vencimentos", através de técnicas interpretativas, sendo colacionados entendimentos dogmáticos sobre a questão e selecionando-se qual seria a melhor, a responsável pelo verdadeiro significado de vencimentos, inserindo toda a problemática de um ato tido como ilegal por parte do ente público em um processo de domesticação jurídica.

Por fim, o último modelo apresenta-se como conseqüência dos dois anteriores, aí residindo o caráter intercorrente antes referido. O conflito já apresenta-se institucionalizado. Agora, será feito um trabalho de argumentação jurídica para "racionalmente" demonstrar que aquele problema enquadra-se no sentido construído da norma.

---

[132] FERRAZ JÚNIOR, Tércio Sampaio. *A Ciência...*, ob. cit., p. 74.

[133] AC nº 595046079, 3ª CC, rel. Des. Araken de Assis, j. 03.08.95, RJTJRGS 177/288.

[134] Cf. FERRAZ JÚNIOR, Tércio Sampaio. *Introdução...*, ob. cit., p. 308. Esta astúcia torna-se um mecanismo para o enfraquecimento das tensões sociais, na medida em que neutraliza as pressões exercidas pelos problemas de distribuição de poder, de recursos e benefícios escassos, assim como, poder-se-ia acrescentar da moralidade administrativa.

Pode-se dizer que, neste modelo, o *"pensamento jurídico constitui-se um sistema explicativo do comportamento humano enquanto regulado por normas"*.[135]

Posicionamento semelhante fornece o jusfilósofo Warat, para quem o conhecimento dogmático busca, portanto, através do desenvolvimento de três etapas, o estabelecimento de conceituações prévias, a fixação de dogmas e a sistematização.

Num primeiro momento, através do método exegético, são estabelecidos conceitos fulcrados em textos legais, ensejando-se um certo reducionismo metodológico, prevalecendo a visão "sobre" o direito positivo. Os termos indeterminados como interesse público, bem comum, moralidade administrativa, boa saúde, inaptidão para o cargo, etc., dentro de uma visão dogmatista, seriam uma *"categoria conceitual estável, indiscutível, com significação fechada"*.[136]

Posteriormente, ocorre a fixação de verdadeiros dogmas jurídicos, culminando com a "descoberta" de princípios jurídicos extraídos dos textos legais. Não obstante, não seria proveitoso estabelecer conceituações e dogmas, sem a devida sistematização deste conhecimento jurídico. Eis a terceira etapa, como bem referido pelo autor acima mencionado, *"chegando-se assim a meta perseguida pela ciência de matriz positivista, que é a constituição de uma disciplina específica, objeto de um conhecimento, em um sistema"*.[137]

Facilmente, é possível constatar a utilização de processos paradigmáticos pela dogmática jurídica, pois os dogmas valem em razão de serem aceitos por uma comunidade científica. Os paradigmas exercem uma função de delimitar a discussão científica, ensejando uma suspensão de maiores apreciações críticas que estejam fora de sintonia com os paradigmas vigentes, o que equivale a não adotar uma concepção problematológica. Vale mencionar o entendimento de Thomas S. Kuhn, segundo o qual os paradigmas são *"as realizações científicas universalmente reconhecidas que, durante algum tempo, fornecem problemas e soluções modelares para uma comunidade de praticantes de uma ciência"*.[138]

---

[135] Cf. FERRAZ JÚNIOR, Tércio Sampaio. *A Ciência...Ob. cit*, p. 87.

[136] Cf. WARAT, Luis Alberto. *Introdução Geral ao Direito II*, p. 17. Tal espécie de postura é que é responsável pela construção de doutrinas como a mencionada no Capítulo I deste estudo, segundo a qual o Administrador Público, ao aplicar um termo indeterminado, tão-somente deve levar em consideração o seu sentido legal, decidindo pela sua verificação ou não. Trata-se da posição de BÜHLER.

[137] WARAT, Luis Alberto. *Introdução... II, Ob. cit.*, p. 19.

[138] KUHN, Thomas S. *A Estrutura das Revoluções Científicas*, p. 13. A adoção de paradigmas dominantes traz conseqüências deletérias para a Ciência Jurídica, pois abandona-se o ideal científico de questionar o impensado, de repensar as certezas significativas de um mundo

É importante especificar, novamente, a diferenciação entre dogmática jurídica e dogmatismo. A primeira mostra-se útil, a fim de propiciar a construção de um conhecimento jurídico, fornecendo elementos para as pré-compreensões dos operadores. Já, o segundo, merece maiores críticas, pois estabelece vinculações irrazoáveis a certos dogmas - instituindo-os como pontos de partida e de chegada da própria discussão. Aqui reside o caráter diferencial, pois a dogmática - como construção doutrinária - é vista como instrumental imprescindível para a aplicação do Direito.

Inseridos em tal realidade estão os operadores do Direito, via de regra, condicionados pelos paradigmas dominantes e determinados pelo "sentido comum teórico dos juristas", que, segundo Warat, *"designa as condições das verdades nas diferentes práticas de enunciação e escritura do Direito"*, compreendendo *"as diversas representações, imagens, pré-conceitos, crenças, ficções, hábitos de censura enunciativa, metáforas, estereótipos e normas éticas que influenciam os atos e decisões jurídicas"*.[139]

O discurso, dentro da idéia supra-referida, é sempre feito como se houvesse uma voz incógnita, atrelado a uma realidade dita "dominante". Destarte, o estabelecimento de um sentido comum, apto a determinar uma realidade discursiva, apresenta-se com caráter de funcionalidade, direcionado para o objetivo de estabelecer um controle social, sendo que *"o controle jurídico da sociedade passa a ser feito através de um saber jurídico acumulado"*.[140]

---

jurídico. Adotam-se aquelas certezas nas quais uma comunidade acredita, podendo-se então falar na chamada "força de um paradigma", ou seja, quando se tem grandes dificuldades em perceber algo diferente dos paradigmas vigentes. Todo o questionamento sobre os termos indeterminados passa por esta contaminação, na medida em que, via de regra, as análises ficam restritas a velhos conceitos, como competência vinculada ou competência discricionária, o princípio da separação de poderes, margem de discricionariedade, discricionariedade técnica, etc. No entanto, muitas vezes, é preciso sair de um paradigma dominante. Por óbvio, não se está querendo dizer que os paradigmas não possuem qualquer utilidade. Pelo contrário, eles nos ajudam a resolver problemas. O equívoco está em acreditar que há "o paradigma", pois neste instante surge o que se chama de "paralisia de paradigma". Muitos operadores do direito sofrem de uma espécie de paralisia de paradigma-jurídico. No entanto, não se pense que a elaboração de um trabalho mais crítico pode ocasionar a superação de um paradigma antigo. Não há apenas uma sucessão de paradigmas, pois o que ocorre igualmente é um processo de interpenetração. Como refere MARQUES, Mário Osório. *Os Paradigmas na Educação*, com relação à questão dos paradigmas "a colocamos, ao mesmo passo, sob o signo da permanente reconstrução histórica em que os paradigmas não se sucedem apenas, mas se interpenetram e permanecem na novidade de nova estruturação na cultura e nas cabeças necessitados de se distinguirem para sabermos qual deles nos comanda" (p. 548).

[139] WARAT, Luis Alberto. *Introdução Geral do Direito I*, p. 13.

[140] *Idem, ibidem*. O autor refere que a "realidade dominante, através do senso comum, passa a ser aceita como "realidade verdadeira", escondendo o componente político da investigação de verdade". Com efeito, a problemática maior do discurso dogmático - aquele instituidor de um dogmatismo - não está em seu caráter político ou ideológico. Qualquer crítica em tal sentido

As vozes de um discurso impregnado de dogmatismo, portanto, não estão direcionadas para o desvendar de verdades ou concretização de critérios confiáveis, como propalado, muitas vezes, através de "máscaras de autoridade", mas, com certeza, decorrem da opinião do sentido comum e ficam circunscritas aos paradigmas funcionalmente produzidos.

Com relação aos termos indeterminados, quando a dogmática jurídica menciona a busca de um significado real, pode-se concluir, no entanto, que o operador do direito está a trabalhar com um complexo, um fluxo de signifições, uma rede de signos jurídicos[141] dentro da qual os sentidos são construídos.[142] O sentido comum teórico dos juristas atua de maneira invisível no interior do Direito (Warat), contribuindo para a solidificação de padrões de significação arbitrariamente impostos, transmitidos como "realidades verdadeiras", escondendo aí um componente político.

A questão da verdade, inclusive, tem sofrido mutações, no sentido de ser considerada *"não como uma garantia, a mais segura e sólida das garantias, do conhecimento, mas como o objecto de uma suspeita, e de uma suspeita extrema, radical, quanto ao seu valor na compreensão do mundo, dos fenômenos, dos acontecimentos"*.[143]

Os termos indeterminados no Direito Administrativo não podem ser vislumbrados dentro do "mito do referente puro", de que fala Warat, onde prevalece a concepção correspondencial de verdade, na

---

seria pueril, pois efetivamente parte dos conhecimentos produzidos são ideológicos, e isto há muito já se sabe. No entanto, é importante desnudar o discurso apolítico, cujo objetivo é esconder a ideologia oculta atrás das práticas discursivas. Mas, ainda, como será posteriormente colocado, não basta simplesmente detectar tal fenômeno, é importante propor algo, como tentativa de opção da prática discursiva.

[141] No Capítulo III, o Direito Administrativo será examinado exatamente dentro desta perspectiva lingüística.

[142] No Capítulo I, mencionou-se a discussão feita na doutrina dominante se a aplicação dos termos indeterminados diz respeito ao exercício de um poder vinculado ou de um poder discricionário. Como critério diferenciador, em regra, diz-se que, no primeiro, há uma só solução como conseqüência da aplicação de uma norma e o aplicador não utiliza aspectos subjetivos de avaliação. O Administrador Público, nesta hipótese, só deveria levar em consideração o "sentido legal da norma". É preciso vislumbrar que não há esta objetividade toda pregada pela dogmática, pois a atuação dos aplicadores da lei é impregnada pelo sentido comum teórico, onde trabalha-se não com verdades contidas na lei, mas com um fluxo de significações, com paradigmas juridicamente prevalecentes, mas que não deixam de ser construídos através de pré-conceitos, ficções, hábitos de censura, etc. No entanto, não deixa de ser engenhosa esta dicotomia, mas que possui muito mais um caráter funcional do que real. Constitui-se em forma de controle social. Um termo indeterminado dogmaticamente classificado como exercício de um poder vinculado pode ter a certeza de que estará sendo exercido dentro dos "rigores da lei", e o aplicador só estará dando cumprimento ao previsto em lei, quando, em última instância, tão-somente revela um poder estabelecido através de certos hábitos de significação.

[143] Cf. CARRILHO, Manuel Maria. *Verdade, Suspeita e Argumentação*, p. 31.

medida em que um enunciado é verdadeiro quando corresponde aos fatos, surgindo, assim, *"uma condição semântica de significação, a partir da qual se aceita como significativos, unicamente os enunciados reduzidos a uma dimensão denotativa unívoca"*.[144]

O sentido comum teórico dos juristas leva ao estabelecimento de "sistemas conotativos dominantes" e que serve de base para a estrutura argumentativa dos operadores do Direito. Haveria a constituição de um paradigma significante a contaminar as práticas jurídicas. Pode-se dizer que não há uma dita "realidade verdadeira", mas apenas uma "realidade-significativamente-prevalecente".

Com efeito, alguns critérios dogmáticos para o controle dos termos indeterminados são apresentados como dotados de objetividade e verdade, quando, em última análise, não passam de projeções analíticas do sentido comum teórico. A utilização da chamada discricionariedade técnica, a verificação se o ato foi praticado no interesse do serviço ou se restou fundado num motivo juridicamente correto, o erro manifesto, o desvio de finalidade, a satisfação da finalidade legal, a sustentabilidade da decisão administrativa, a vontade do legislador,[145] etc., são critérios localizados ainda dentro de um paradigma ontológico, impregnado por uma consciência ingênua e fulcrado nos padrões significativos do sentido comum teórico dos juristas, contaminado pela crença da verdade objetiva.

2.2. Perspectivas da ideologia: a ilusão fetichista do conteúdo e a dogmática dos termos indeterminados

A instituição de padrões significativos leva à discussão da problemática envolvendo a ideologia e a sua função, abandonando-se, neste estudo, aquela concepção através da qual ela era vista como vinculada ao aspecto da representatividade. Como salienta Zizek, *"a ideologia nada tem a ver com a ilusão, com uma representação equivocada e distorcida de seu conteúdo social"*.[146]

---

[144] Cf. WARAT, Luis Alberto. *Introdução... II, Ob. cit.* p. 316.

[145] Quando se fala em "vontade do legislador", "sentido da lei", é preciso estar atento à problemática relacionada com o "mito do legislador racional", conforme referido por FERRAZ JÚNIOR, Tércio Sampaio. *Introdução..., ob. cit.*, p. 280. Trata-se "de uma construção dogmática que não se confunde com o legislador normativo (o ato juridicamente competente conforme o ordenamento) nem com legislador real (a vontade que de fato positiva normas). É uma figura intermédia, que funciona como um terceiro metalingüístico em face da língua normativa (IN) e da língua-realidade (LR). A ele a hermenêutica se reporta quando fala que 'o legislador pretende que...', 'a intenção do legislador é que...' ou mesmo 'a *mens legis* nos diz que...'".

[146] ZIZEK, Slavoj. *O Espectro da Ideologia*. In: Um Mapa da Ideologia, p. 13.

Torna-se importante vislumbrar que uma ideologia não é necessariamente falsa. Para Zizek o conteúdo positivo pode ser verdadeiro:

> "Assim, uma ideologia não é necessariamente 'falsa': quanto a seu conteúdo positivo, ela pode ser verdadeira, muito precisa, pois o que realmente importa não é o conteúdo afirmado como tal, mas o modo como esse conteúdo se relaciona com a postura subjetiva envolvida em seu próprio processo de enunciação. Estamos dentro do espaço ideológico propriamente dito no momento em que esse conteúdo 'verdadeiro ou falso' (se verdadeiro, tanto melhor para o efeito ideológico) - é funcional com respeito a alguma relação de dominação social ('poder', 'exploração') de maneira intrinsicamente não transparente: para ser eficaz, a lógica de legitimação da relação de dominação tem que permanecer oculta".[147]

Com efeito, torna-se importante ter a consciência do quanto é fácil mentir sob o disfarce da verdade, através de uma relação de ocultamento. Uma das grandes questões da dogmática dos termos indeterminados, por exemplo, não está exclusivamente no conteúdo que enuncia, mas naquilo que deixa de dizer, não está na presença, mas na ausência, pois a ideologia depende de sua capacidade de ser invisível.[148] Quer dizer: a grande máscara moderna da ideologia manifesta-se sobre a forma de cinismo, pois *"eles sabem muito bem o que estão fazendo, mas fazem assim mesmo"*.

Por tal razão, a ideologia é concebida como uma "comunicação sistematicamente distorcida" (Habermas, *Teoria da Ação Comunicativa*), isto é,

> "um texto que, sob a influência de interesses sociais inconfessos (de dominação, etc.), uma lacuna separa seu sentido público 'oficial' e sua verdadeira intenção - ou seja, em que lidamos com uma tensão não refletida entre o conteúdo enunciado explicitamente no texto e seus pressupostos pragmáticos".[149]

---

[147] ZIZEK, Slavoj. *Ob. cit.*, p. 13-4.
[148] Como menciona FERRAZ JÚNIOR, Tércio Sampaio. *A Função Social da Dogmática Jurídica*, p. 174, a dogmática jurídica funciona num *universo de silêncio*, um universo do texto, do texto que sabe tudo, que diz tudo, que faz as perguntas e dá as respostas. Como corolário, impede-se que o operador do direito mantenha um diálogo com a lei, estabelece-se uma espécie de *bloqueio lingüístico*. O sentido comum teórico dos juristas, assim, acaba por diluir no seu interior as possibilidades hermenêuticas, através da institucionalização da crítica. Nas palavras de STRECK, "no interior do sentido comum teórico, permite-se, difusamente, (tão-somente) o debate periférico, mediante a elaboração de respostas que não ultrapassam o teto hermenêutico prefixado (horizonte de sentido), *Hermenêutica e(m)...*, *ob. cit.*, p. 52-3.
[149] FERRAZ JÚNIOR, Tércio Sampaio. *A Função...*, *ob. cit.*, p. 16. A divisão entre atos discricionários e vinculados, dentro desta perspectiva, revela a relação de ocultamento antes mencio-

É importante meditar sobre o fato de que a ideologia utiliza como estratagema a referência às "evidências", até porque *"os fatos nunca falam por si, mas sempre são levados a falar por uma rede de mecanismos discursivos"*.[150]

A questão da ideologia não exige um trabalho no âmbito da identificação de conteúdos ideológicos, ou seja, o conteúdo por trás da forma, mas em desnudar o segredo dessa própria forma. O exame da dogmática dos termos indeterminados, portanto, não fica adstrito à caracterização de determinados conteúdos - ilusão fetichista do conteúdo - que possuam um cunho ideológico, mas em como se estrutura o processo que lhe atribui esta forma?

A concepção ideológica[151] do senso comum busca eliminar as possibilidades significativas, apresentando-nos as evidências de sentido emanadas de sistemas conotativos dominantes. Destarte, a sistematização de critérios dogmáticos para o controle dos termos indeterminados, de certo modo, revela uma funcionalidade da dogmática, no sentido de estabelecer a "comensurabilidade do valor jurídico" dos fatos do mundo fenomênico, na medida em que ela é que vai calibrar os processos hermenêuticos. Estabelece-se um processo de fetichização dos dogmas produzidos, com pitadas de universalidade que se prolongam no tempo, como se as determinações de sentido estivessem excluídas do ciclo natural da geração e da deterioração.[152]

---

nada. Busca-se estabelecer uma série de atos onde os administrados podem ficar tranqüilos de que a decisão do Administrador Público vai ser uniforme e universal, pois está tão-somente dando aplicação a um enunciado normativo, sem qualquer influência de outros fatores externos. Tanto isto é "verdade" (??) que apenas quando o administrador pratica atos discricionários é que há uma certa margem de liberdade, capaz de gerar um certa insegurança. Aqui reside o aspecto ideológico desta construção, pois há uma relação de ocultamento ao não dizer que no exercício de um poder vinculado também há um julgamento de valor igualmente suscetível de apreciações subjetivas.

[150] ZIZEK, Slavoj. *O Espectro da Ideologia*, p. 17. O TJRGS no julgamento da Ap. nº 594.149247, 1ª CC, j. 09.08.1995, Rel. Des. Araken de Assis, entendeu que não cabe mandado de segurança contra ato praticado por sociedade de economia mista, que explora atividade econômica privada, mesmo quando realiza processo de licitação, pois por força do art. 1º, parágrafo único, da Lei nº 8.666/93, os seus atos não se tornam atos administrativos. O termo indeterminado "autoridade pública" foi interpretado com base nas evidências, como se o artigo 5º, inc. LXIX, CF evidentemente não estivesse a possibilitar a impetração do *writ*. O mecanismo discursivo empregado foi a referência à autoridade de um doutrinador e a um precedente do STJ, deixando de haver o controle jurisdicional.

[151] Mais uma vez, é importante entender a ideologia como aquela manifestação que ocorre no inconsciente, operando através do imaginário e do silêncio, importando a nossa aceitação de certas práticas e valores como naturais, racionais, verdadeiros. Portanto, não se busca estabelecer a discussão sobre a dimensão do ideológico, de que tal seja tido como ideológico. A grande questão reside em admitir a possibilidade de entabular um contra-discurso ao senti-do-comum-teórico-dominante.

[152] O apego dos operadores do Direito à lei é revelador neste sentido, pois não desconhecem a inserção das normas jurídicas no tempo, sujeitas ao processo de deterioração. No entanto, agem como se não soubessem disto (razão cínica). O exame poderia ir mais além. Quando se

No Direito Administrativo, como nos demais ramos da Ciência Jurídica, salvo raras exceções, há um vício de contemplação, como menciona Coelho Neto, estabelecendo-se como pressuposto de que no interior de sua própria arquitetura serão achadas as respostas significativas, como se nele fosse possível encontrar a "chave-mágica", através de um jogo de elementos internos.[153]

Certos postulados típicos de um Estado liberal-individualista ainda continuam a ser utilizados pelos operadores, em que pese vivenciarmos uma ordem constitucional voltada para a construção de um Estado Social e Democrático de Direito (art. 1º, CF).[154] As lições sobre a legalidade, por exemplo, continuam a ser tratadas como se elas constituíssem uma substância imutável, uma substância sobre a qual o tempo não exerce nenhum poder, formada por uma substância sublime, indestrutível e imutável.[155]

Algumas construções doutrinárias, ainda dentro do paradigma ficcional de construção de um sistema logicamente coerente e harmônico, capaz de abarcar toda a realidade, estão sempre engendrando esquemas de redefinição, adquirindo os contornos do cadáver da vítima sádica de que fala Zizek, *"que suporta todas as torturas e sobrevive com sua beleza imaculada"*.

A dogmática jurídica dos termos indeterminados também atua como uma autoridade simbólica, conferindo a determinados esquemas de sentido o caráter de objeto sublime, como um *"indestrutível corpo dentro do corpo"* (Zizek). Um efeito importante é ensejar a transformação dos operadores do Direito em "solipsistas práticos": sujeitos do conhecimento que por estarem envoltos em um grau de abstração, no momento da aplicação da lei, desconsideram a dimensão social do seu ato, que fica reduzido a um encontro casual de indivíduos - Juiz, Promotor, Advogado - autorizados pela dogmática jurídica.[156]

---

trabalha com a aplicação de certas lições doutrinárias ou jurisprudências, v.g., aquelas que estabelecem a não auto-aplicabilidade do artigo 196 da CF que menciona o direito à saúde, todos reconhecem a postura política e o comprometimento ideológico deste raciocínio. Mas, continua-se aplicando "como se não soubessem o que fazem". Qual a razão para que isto ocorra?

[153] COELHO NETO, j. Teixeira. *Semiótica e Filosofia*, p. 86.

[154] As deletérias conseqüências de trabalhar o Direito dentro de um paradigma liberal-individualista, desatualizado para um Estado Social e Democrático de Direito, serão examinadas no Capítulo IV, primeira parte.

[155] ZIZEK, Slavoj. *Como Marx Inventou o Sintoma*, In: Um Mapa da Ideologia, p. 303.

[156] *Idem*, p. 305. O princípio da separação de poderes funciona como um dos critérios utilizados para limitar um controle sobre a aplicação dos termos indeterminados. No entanto, o grau de abstração que impõe na resolução do caso concreto leva a um não-conhecimento da realidade e que é parte da própria essência da dogmática, uma vez que a efetividade social do processo

Poder-se-ia dizer então que a ideologia consiste em uma realidade cuja própria existência implica o não-conhecimento do seu processo de engendramento por parte dos participantes; ausência de conhecimento que é capaz de assegurar a sua efetividade social. Veron, inclusive, chega a falar de uma "gramática de engendramento" como responsável pela introdução de padrões significativos no imaginário social. O entendimento desta procedimentalização passa a ser importante para detectar que a produção de sentidos jurídicos está intimamente ligada com o social, *"sendo impensável conceber qualquer fenômeno de sentido à margem do trabalho significante de uma cultura"*.[157] No entanto, o que os juristas ainda continuam a fazer é exatamente o oposto, isolando o exame dos chamados termos indeterminados dos processos de produção social e de engendramento historicamente localizados.[158]

No Direito Administrativo, há também uma relação social que assume frente aos olhos dos operadores jurídicos a forma de uma relação entre coisas,[159] onde as relações jurídicas passam a ser coisificadas. A própria aplicação de um termo indeterminado passa a ser

---

de aplicação do Direito "é um tipo de realidade que só é possível sob a condição de que os indivíduos que dela participam não estejam cientes de sua lógica própria; ou seja, é um tipo de realidade cuja própria consistência ontológica implica um certo não conhecimento dos seus participantes - se viéssemos a 'saber demais', a desvendar o verdadeiro funcionamento da realidade social, essa realidade se dissolveria" (Segundo ZIZEK, Slavoj. *Idem*, p. 305). Como conseqüência tem-se um "discurso burocrático", quer dizer, aquele discurso em que o silêncio é geral. Como menciona COELHO NETTO, J. Teixeira. *Ob. cit.*, p. 99, "do lado do falante, que não o é, há o silêncio do anonimato indispensável para evitar a instauração do sujeito; há, em suma, o auto-escamoteamento da fonte no e pelo discurso – mas, por certo, ao nível do discurso. E do laudo do ouvinte, nada mais há que o silêncio, o silêncio engendrado pelo falante, o silêncio da alienação, o silêncio do espelho opaco que não permite a constituição do eu, do sujeito."

[157] Cf. VERON, Eliseu. *Ob. cit.*, p. 173.

[158] Não se pode desconsiderar que a questão da ideologia passa, exatamente, pelas condições de produção dos discursos sociais, e o poder diz respeito mais diretamente com os efeitos discursivos, isto é, a "gramática de reconhecimento". O Direito Administrativo, com efeito, comporta uma leitura referente à gramática de produção e à gramática de reconhecimento, como discurso social que é. Aliás, o trabalho realizado por Veron não se refere ao conteúdo, não remete a coisas ou instâncias, mas a uma dimensão de análise dos discursos. A concepção de "serviço público", por exemplo. Trata-se de um termo jurídico que não pode comportar um entendimento simplesmente formal, pois pode apresentar diversas variações, conforme uma ideologia de um Estado Liberal ou de um Estado Social. Este último apresenta-se como promovedor, interventor, garantidor dos direitos fundamentais. Recentemente, como produto de um entendimento mais "liberal" de serviço público, foi editada a Lei nº 9.637/98 e que criou as chamadas "organizações sociais". São pessoas jurídicas de direito privado, sem fins lucrativos, instituídas por iniciativa de particulares, para o desempenho de serviços sociais não exclusivos do Estado.

[159] Trata-se do fetichismo da mercadoria a que se refere ZIZEK, Slavoj. *Como Marx..., ob. cit.*, p. 308. O valor de uma certa mercadoria assume a forma de uma propriedade quase "natural" de outra coisa-mercadoria, o dinheiro. A mercadoria "A" só pode expressar seu valor em referência a uma outra mercadoria "B", que assim se torna seu equivalente.

medida pela relação que ele possui com a lei.[160] O termo indeterminado só pode expressar o seu valor jurídico em referência à lei, que assim se torna o seu equivalente, como se somente ao se refletir nela o termo indeterminado pudesse chegar à sua auto-identidade.

Aqui, surge o divisor entre o que é uma aplicação jurídica e não-jurídica. Aplicar juridicamente um termo indeterminado passa a ser um efeito da rede de relações entre "termo indeterminado" e "lei". Para os dogmatistas só será jurídica - fazendo parte do Direito - a aplicação que como tal for considerada pela norma jurídica, porque há uma norma em si mesma.[161]

Em decisão já citada anteriormente,[162] o Tribunal de Justiça do Estado do Rio Grande do Sul entendeu que determinado servidor estava exercendo uma atividade em desvio de função, razão pela qual não lhe cabia pleitear o pagamento de adicional de insalubridade, até porque ao Poder Judiciário, por não ter funções legislativas, não cabe aumentar os vencimentos de servidores públicos sob o fundamento da isonomia. Houve o tratamento da questão em nível de abstração, como se houvesse um desvio-de-função-em-si-mesmo, simplesmente revelado pela aplicação de determinadas normas jurídicas. O preenchimento do conteúdo de sentido foi realizado através de uma rede de relações entre o termo indeterminado e a lei (coisificada).

No entanto, é claro que os próprios operadores do Direito têm conhecimento da forma como são feitas certas construções doutrinárias e jurisprudenciais, havendo uma forte carga de elementos externos, não existindo uma norma-em-si reveladora de sentido. O funcionamento da ideologia, com efeito, é baseado em um distanciamento cínico, que faz parte do jogo, quer dizer, *"a ideologia dominante não pretende ser levada a sério no seu sentido literal"*.[163]

---

[160] A dogmática jurídica coloca como alguns critérios para o controle dos termos indeterminados o "sentido da lei", a "vontade do legislador", a "finalidade legal", a "vinculação legal", a "discricionariedade contida na lei", "desvio de finalidade", etc.

[161] O divisor mencionado é institucionalizado através de padrões-de-normalidade-jurídico-normativo, sendo que um dos objetivos é estabelecer uma operatividade *racional* dos juristas, unindo padrões de conhecimento. As produções jurídicas, outrossim, vão ser definidas em razão da distância da cultura juridicamente prevalecente. Os próprios operadores do Direito acabam sendo segmentados em virtude desta distância significativa, ocasionando, em última análise, a legitimação de uma dada ordem estabelecida previamente (cf. BOURDIEU, Pierre. *O Poder Simbólico*, p. 11).

[162] AC nº 594000655, 3ª CC, rel. des. Flávio Pâncaro da Silva, j. 10.11.94.

[163] ZIZEK, Slavoj. *Como Marx...*, ob. cit., p. 311. Segundo o autor, o modo dominante de funcionamento da ideologia é cínico. O sujeito cínico tem perfeita ciência da distância entre a máscara ideológica e a realidade social, mas, apesar disso, continua a insistir na máscara. A fórmula ideológica seria, portanto: "eles sabem muito bem o que fazem, mas mesmo assim o fazem".

De qualquer sorte, a ideologia não é mais tida como uma falsa consciência da realidade, como aquilo que mascara, pois passa a ser um sistema que reivindica a verdade, *"uma mentira vivenciada como uma verdade, uma mentira que pretende ser levada a sério"*.[164] Agora, deve ser questionada a razão pela qual a lei continua a ser tida como uma lei-em-si, capaz de abarcar toda a realidade social, quando, em última análise, é crível admitir a presença de fortes componentes de dominação no conhecimento jurídico. Qual a razão para que os operadores dogmáticos permaneçam atrelados a determinados postulados conservadores?

Mostra-se importante entender a questão da discordância entre o que as pessoas efetivamente fazem e o que pensam estar fazendo, conforme menciona Zizek.[165] Estabelecendo um paralelo entre lei e Direito, os operadores jurídicos sabem muito bem que a lei é apenas uma das manifestações do Direito, mas, em sua prática, agem como se houvesse um Direito-em-si, como entidade abstrata, realizado apenas na lei. Há todo um processo de coisificação do Direito, o que leva também a um distanciamento da realidade social. Os operadores, pode-se dizer, são guiados por uma "ilusão fetichista".[166]

Com efeito, na própria aplicação dos termos indeterminados, dentro da visão dogmática, já está a ilusão, ao lado daquilo que as pessoas fazem. Mas o que os operadores desconhecem é que a sua própria atividade é guiada por uma ilusão, por uma inversão fetichista. Por certo, não desconhecem a sua atuação como aplicadores jurídicos, mas sim a ilusão que estrutura sua realidade, sua atividade social, sendo essa ilusão considerada e inconscientemente chamada de "fantasia ideológica".[167]

---

[164] *Idem*, p. 314.

[165] *Idem, ibidem.*

[166] *Idem, ibidem.* Estabelecendo um paralelo com o dinheiro, ZIZEK alude que "quando os indivíduos usam o dinheiro eles sabem muito bem que não há nada de mágico nisso - que o dinheiro, em sua materialidade, é simplesmente uma expressão de relações sociais. Assim, no plano do dia-a-dia, os indivíduos sabem muito bem que há relações entre pessoas por trás das relações entre as coisas. O problema é que, em sua atividade social, naquilo que fazem, eles agem como se o dinheiro, em sua realidade material, fosse encarnação imediata da riqueza como tal. Eles são fetichistas na prática, e não na teoria. O que 'não sabem', o que desconhecem, é o fato de que, em sua própria realidade social, em sua atividade social - no ato de troca da mercadoria - estão sendo guiados pela ilusão fetichista."

[167] ZIZEK, Slavoj. *Como Marx...*, ob. cit., p. 316. Logo, para o autor, "o nível fundamental da ideologia, entretanto, não é de uma ilusão que mascare o verdadeiro estado de coisas, mas de uma fantasia (inconsciente) que estrutura nossa própria realidade social". Os operadores jurídicos não sabem que sua própria realidade social, que sua atividade, é guiada por uma ilusão, por uma inversão fetichista. Eles sabem muito bem como as coisas realmente são, mas continuam a agir como se não soubessem. A fantasia ideológica permeia as relações do Juiz, Promotor e Advogado. Outrossim, poderia ser dito que a dogmática jurídica contribui para que ocorra esta inversão fetichista, por e na medida em que ela própria é fruto desta inversão.

A dogmática jurídica, muitas vezes, funciona como o que Zizek chama de "roda tibetana de orações",[168] isto é, a resolução dos problemas referentes à aplicação dos termos indeterminados são colocados em conjuntos abstracionais e passam a ser resolvidos pela dogmática, e não pelos operadores. Eles passam a não falar por si, mas através dela. Logo, retira-se a responsabilidade dos aplicadores, transferindo-se a questão para a dimensão da formulação de conceitos jurídicos.

No entanto, a dogmática jurídica, bem como a lei, não poderia ser obedecida "simplesmente porque é". Para que funcione "normalmente", é imprescindível um processo que lhe atribua um caráter de necessária, cuja fundamentação passa a residir no aspecto da funcionalidade.[169] O Direito, dentro da concepção de Zizek,[170] possui um ritual ideológico. Assim, os operadores do Direito devem abandonar o racionalismo de suas argumentações para simplesmente submeterem-se ao "ritual-ideológico-jurídico", pois repetindo os gestos sem sentido, agindo como se acreditassem, a crença há de vir!!!

É importante referir, ainda dentro das idéias do autor, que uma ideologia nos pega para valer quando consegue determinar o modo de nossa experiência cotidiana da própria realidade, quando passamos a aplicar e entender a interpretação dos termos determinados de uma forma robotizada e banalizada pelas concepções racionalistas e abstratas da dogmática jurídico-administrativa.

Aqui parece aplicável a noção de *habitus*, exposta por Bourdieu, como sendo aquela pré-disposição compartida no âmbito do imaginário dos juristas.[171] A noção de *habitus* foi utilizada pelo autor com base em lições antigas da própria escolástica, sendo tal expressão relacionada com um *modus operandi*. Vale referir, "*como disposição estável para se operar numa determinada direção, através da repetição criava-se, assim, uma certa conaturabilidade entre sujeito e objeto no sentido de que o hábito se tornava uma segunda dimensão do homem*".[172]

---

[168] *Idem*, p. 317. Nas rodas tibetanas de orações escreve-se uma oração em um pedaço de papel, coloca-se o papel enrolado numa roda e gira-se automaticamente sem pensar. Assim, a própria roda gira por mim, em meu lugar, ou seja, eu rezo por intermédio da roda. O bom está que, em minha interioridade psicológica, eu posso ter os pensamentos mais obscenos e isso não terá importância, pois a roda continuará girando, e eu estarei rezando.

[169] ZIZEK, Slavoj. *Como Marx...*, *ob. cit.*, p. 318-9.

[170] *Idem*, p. 320.

[171] STRECK, Lenio Luiz. *Hermenêutica e Dogmática: aportes críticos acerca da crise do Direito e do Estado*. Menciona o autor: "...segundo Bourdieu, há, na verdade, um conjunto de crenças e práticas que, mascaradas e ocultadas pela *communis opinio doctorum*, propiciam que os juristas conheçam de modo confortável e acrítico o significado das palavras, das categorias e das próprias atividades judiciais, o que faz do exercício do operador jurídico um mero *habitus*, ou seja, um modo rotinizado, banalizado e trivializado de compreender, julgar e agir com relação aos problemas jurídicos...".

[172] ORTIZ, Renato (org.). BOURDIEU, Pierre. *Sociologia*, p. 14.

Bourdieu estabeleceu a seguinte definição:

"sistema de disposições duráveis, estruturas estruturadas, predispostas a funcionarem como estruturas estruturantes, isto é, como princípio que gera e estrutura as práticas e as representações que podem ser objetivamente 'regulamentadas' e 'reguladas' sem que por isso sejam o produto de obediência de regras, objetivamente adaptadas a um fim, sem que se tenha necessidade da projeção consciente deste fim ou do domínio das operações para atingi-lo, mas sendo ao mesmo tempo, coletivamente orquestradas sem serem o produto da ação organizadora de um maestro".[173]

Os termos indeterminados no Direito Administrativo, passam a ser aplicados pelos operadores jurídicos conforme o sentido do jogo, através de práticas voltadas para fazer o que havia de ser feito e sem a necessidade de tematizar a aplicação, gerando condutas "juridicamente adequadas". Pelo que até o momento foi exposto, fica clara a possibilidade de haver um exame dos fenômenos jurídicos sob duas perspectivas: a de sua produção[174] e de sua reprodução. O Direito Administrativo, em especial a tarefa doutrinária de criação de critérios para o controle dos termos indeterminados, passa pela explicitação dos conceitos, trabalho de sistematização, elaborando uma rede de circulação de sentidos através de "pacotes significantes".[175] A conseqüência é que as decisões jurisprudenciais não são trabalhadas como possibilidades de sentidos. O processo de sistematização implica transformá-las em falas absolutas e desveladoras do único sentido possível. A hermenêutica dos termos indeterminados, desta maneira,

---

[173] BOURDIEU, Pierre. *Ob. cit.*, p. 15.

[174] Não se pode olvidar que a produção do Direito desenvolve-se dentro de um determinado "campo jurídico" sustentado pelo *habitus*. O campo jurídico, para DEZALAY, Yves e TRUBEK, David. M., *A Reestruturação Global e o Direito*. In: Direito e Globalização Econômica, p. 29-80, "é a articulação de instituições e práticas através das quais a lei é produzida, interpretada e incorporada às tomadas de decisões na sociedade. Portanto, o campo inclui profissionais da justiça, juízes e as faculdades de direito". No campo jurídico, responsável pelo trabalho de produção, podem ser identificadas posições estratégicas, onde são identificados: (a)os praticantes; (b)os aplicadores da lei; (c)guardiães da doutrina; (d)educadores e (e)os reguladores morais, pois um campo jurídico é estruturado por aqueles indivíduos capazes de orientar as instituições a que procedam de acordo com a lei, fulcrados nas interpretações daqueles que oficialmente estão autorizados a desenvolver tal atividade. Entender que os discursos jurídicos e as práticas constituem-se em produto do funcionamento do campo jurídico é importante para uma melhor compreensão das construções dogmáticas dos termos indeterminados. No campo jurídico há uma lógica específica, orientada por uma relação de forças. O objetivo é a busca do "monopólio do direito de dizer o direito", isto é, do reconhecimento da capacidade de interpretar um *"corpus* de textos que consagram a visão legítima, justa do mundo social", cf. BOURDIEU, Pierre. *Ob. cit.*, p. 212.

[175] VERSON, Eliseu. *Ob. cit.*, p. 199.

deixa de possuir o necessário caráter inovador e interrogativo das práticas jurídicas, constituindo-se em uma mera "instância do já dito", buscando um "sentido-primeiro" contido nos textos legais.

2.3. Direito Administrativo e o monastério dos sábios

A construção dogmatista do Direito Administrativo produz conseqüências deletérias, o que conduz à própria supressão simbólica da autonomia dos sujeitos.[176] Através de um jogo de ficções e fetiches é empreendido um deslocamento discursivo, e os conflitos sociais vão ser resolvidos no lugar instituído da lei-em-si, operando a domesticação a que se refere Ferraz Júnior. Com relação aos termos indeterminados, igual prática tem sido adotada, pois doutrina e jurisprudência produzem um discurso de magia e significados ilusórios.[177]

Desta forma, a estrutura doutrinária dos termos indeterminados passa a funcionar como uma técnica de fazer crer, *"com as quais se consegue produzir a linguagem oficial do direito que se integra com significados tranqüilizadores, representações que têm como efeito impedir uma ampla reflexão sobre nossa experiência sócio-política"*.[178]

---

[176] STRECK, Lenio Luiz. *Tribunal do Júri: Símbolos & Rituais*, p. 56.

[177] Cf. WARAT, Luis Alberto. *O Monastério dos Sábios: o sentido comum teórico dos Juristas*. In: *Introdução... II, Ob. cit.*, p. 58. Segundo o autor, a força comunicacional do Direito passa por tal significação ilusória, "onde todos fazem de conta que o Direito, em suas práticas concretas funciona à imagem e semelhança do discurso que dele fala". A título exemplificativo, um dos princípios basilares do serviço público, conforme proclamado pela doutrina administrativista, é o princípio da igualdade. No entanto, não há maior ruptura entre o discurso e a prática quando se constata a desigualdade dos investimentos feitos pelo Governo em detrimento das classes menos favorecidas. FARIA, José Eduardo. *O Poder Judiciário no Brasil: paradoxos, desafios e alternativas*, p. 20, de forma clara, menciona a extrema perversidade da distribuição dos gastos sociais governamentais por faixa de renda: 41% da população que vive nos domicílios mais pobres recebem apenas 20% dos gastos sociais do setor público, enquanto 16% da população que habita os domicílios mais ricos absorve 34% desses mesmos gastos. O resultado é simples: conforme um estudo realizado pelo BID, intitulado "A América Latina Face às Desigualdades", o Brasil é o país mais desigual da América Latina. Por exemplo, o décimo da população mais rica, no Brasil, recebe 47% da renda nacional.

[178] WARAT, Luis Alberto. *Introdução Geral ao Direito II*, p. 58-9. No REXT nº 119.266-6 um servidor público municipal pleiteou o pagamento da diferença de vencimentos entre auxiliar de escritório e procurador, o STF, ao examinar a questão do termo indeterminado "desvio de função", mais uma vez, decidiu que não cabe ao Poder Judiciário, que não tem função legislativa, aumentar vencimentos de servidores públicos. Nesta decisão, mostra-se claro o efeito de produzir um significado tranqüilizador, onde deixou-se de questionar o aspecto atinente ao desvio de função, a situação do servidor que, com o beneplácito da Administração Pública, exercia atividades de procurador, quer dizer, trabalhou e não recebeu pelo serviço desempenhado, sendo olvidada regra basilar de ética do Poder Público. Preferiu-se deixar de fazer uma reflexão maior para, utilizando a linguagem oficial do direito, determinar uma multiplicidade de efeitos dissimuladores (WARAT). Passa-se a discutir o dogma da separação de poderes,

É preciso desnudar, no âmbito da racionalidade subjacente do Direito Administrativo, o caráter mitológico, isto é, *"o pensamento jurídico omite manifestar-se sobre os modos em que a gramática de produção, circulação e recepção de seus discursos desvincula as verdades que constrói de sua realidade política"*.[179]

O discurso dos termos indeterminados predominante na dogmática do Direito Administrativo trabalha com o caráter fetichista das normas jurídicas, e as dimensões do poder que envolvem a sua aplicação parecem ficar reduzidas ao conteúdo normativo expresso no Direito Positivo, como se o Poder Judiciário estivesse a exercer uma atividade canônica de controle da liberdade de agir dos administradores. Os critérios de controle dos termos indeterminados adquirem o caráter de instrumentos de simulação lingüística, proclamando-se a inexistência de qualquer contradição. Os dogmatismos para o controle e aplicação dos termos indeterminados são encarnações de uma verdadeira razão de Estado, obtendo-se, assim, *"uma generalização abstrata da ordem legal e das pessoas jurídicas, que permite representar a unidade social de uma maneira simultaneamente imaginária e real"*.[180]

A instituição de padrões dogmáticos acaba funcionando como uma língua legítima de caráter censor, orientando as relações dos administradores públicos e da sociedade. Decisões como aquela, onde o Superior Tribunal de Justiça deixou de examinar a ocorrência de desvio de finalidade na aquisição de veículos, acabam por tecer *"um conjunto de crenças e ficções (o pensamento simbólico), que permite instituir a disciplina e o conformismo na sociedade"*,[181] na medida em que se pro-

---

como que criando um efeito fabulador, que "contém omissões intencionais sobre o saber jurídico, a lei e o poder", conforme WARAT, Luiz Alberto, *Ob. cit.*, p. 59, mas "garantiu-se a integridade do sistema jurídico".

[179] No RESP nº 100.237 restou claro o caráter mitológico com que o STJ tratou a questão referente ao termo indeterminado "desvio de finalidade". Determinado município do Estado do Rio Grande do Sul havia iniciado um processo de compra de veículos com alguns opcionais, sendo sustentado pelo autor da ação popular que o Poder Público estaria incorrendo em "desvio de finalidade", pois teria tão-somente que adquirir veículos para o serviço público, e não para o deleite de seus ocupantes. O STJ decidiu que ao Poder Judiciário só cabe o exame da legalidade, e não julgar os atos administrativos sob o aspecto da conveniência. Desta forma, o Tribunal deixou de invalidar o ato administrativo. Aceitar tal dogmática importa em olvidar todo o processo da gramática de produção do discurso liberal-individualista, onde o manto da legalidade estrita encobre o contexto histórico e social de um ato capaz de macular o interesse da coletividade. Deixa de importar se o ato da Administração Pública pode ser sustentado frente a um Estado Democrático de Direito, pois o que importa é preservar um dogmatismo desviante da atividade do controle jurisdicional sobre os atos administrativos. Aqui, vale a advertência de DIAZ, Elias, *La Justificación de la Democracia*, p. 26, que menciona o perigo de instituir o conhecimento jurídico como um "neoformalismo jurídico", isto é, um conhecimento a-histórico e antisocial.

[180] WARAT, Luis Alberto. *Introdução...II, Ob. cit.*, p. 60.

[181] *Idem*, p. 62.

cede à construção de um pré-moldado significativo (Warat), limitando e aprisionando os futuros discursos dos operadores do Direito.

Os limites institucionalizados pela doutrina, configurados no Capítulo I desta pesquisa, devem contribuir para a inauguração de novos espaços argumentativos. No entanto, acabam funcionando como um sistema de interpretações uniformes, ou, como refere Warat, *"um código de fantasias relativas ao poder - com o qual se intenta recuperar e desativar o conflito social e individual - que facilita o enquadramento, dentro da ordem, das contradições sociais"*.[182]

Daí a necessidade de desenvolver um discurso crítico capaz de ensejar o surgimento de outras maneiras de ser e significar os termos indeterminados, sem o apego a dogmatismos cristalizantes e que implicam um deslocamento discursivo, olvidando o contexto histórico e social em que se dá a atividade dos administradores públicos. Faz-se mister abandonar a postura de criar uma "cultura de pontífices" (Warat), convertendo-se o discurso jurídico em *"um território de significações abertas, em uma enunciação sem proprietários"*, deixando de existir *"os donos do saber, do segredo do silêncio e da censura"*.[183]

Mostra-se interessante a seguinte decisão do Supremo Tribunal Federal:

> "MEDIDA PROVISÓRIA. REEDIÇÃO. REQUISITOS. Reedição de medida provisória não rejeitada expressamente pelo Congresso Nacional: possibilidade. Precedentes do STF: ADIN 295-DF e ADIN 1516-RO. Requisitos de urgência e relevância: caráter político: em princípio, a sua apreciação fica por conta dos Poderes Executivo e Legislativo, a menos que a relevância ou a urgência evidenciar-se improcedente. No sentido de que urgência e relevância são questões políticas, que o Judiciário não pode apreciar: RE 67.739-SP, Baleeiro, Plenário, RTJ 44/54; RDP 5/223".[184]

Os termos indeterminados "urgência" e "relevância" deixaram de ser examinados, no caso concreto, prevalecendo o entendimento de que ao Poder Judiciário não cabe exercer tal tipo de controle. A decisão referida foi adotada pelo Supremo Tribunal Federal sob o fundamento de uma antiga decisão de outro componente daquele

---

[182] WARAT, Luis Alberto. *Introdução... II, Ob. cit.*, p. 63. Já não importa mais, conforme decisões referidas, se o servidor público exerceu uma função, e o Poder Público, muito embora beneficiando-se deste trabalho, não irá remunerá-lo ou se a Administração não precisava de veículos com diversos acessórios para realizar as suas atividades. A racionalidade do sistema evita tais discussões passando a criar um espaço de silêncios e segredos discursivos.

[183] *Idem.*, p. 64.

[184] Ação Direta de Inconstitucionalidade nº 1.397, Pleno, Rel. Min. Carlos Velloso, j. 28.04.97, RDA 210/294.

Tribunal, onde havia referência de que *"não pode haver revisão judicial desses dois aspectos entregues ao discricionarismo do Executivo"*.

Pode-se dizer que houve a adoção de uma postura dogmatista, apegada a todo um sistema de interpretações uniformes, e o precedente jurisprudencial foi considerado como um "operador totêmico",[185] sem deixar espaços para a construção de uma reflexão mais aberta sobre a questão da hipertrofia do Poder Executivo, localizada no Estado Democrático de Direito, estabelecido pela Carta da República de 1988.

O dogmatismo importa na exclusão dos operadores do direito da elaboração de pautas significativas para um controle dos termos indeterminados e passam a ser despidos do poder de emissão da fala autorizada. Apenas aqueles que adotam os catálogos aceitos são inseridos na sistemática de produção da cultura jurídica que é sustentada pelo sentido comum teórico dos juristas.[186] Assim sendo, *"nenhum homem pronuncia legitimamente palavras de verdade se não é filho (reconhecido) de uma comunidade 'científica', de um monastério de sábios"*.[187]

A decisão antes referida do STF, em última análise, busca construir um campo epistemológico, estabelecendo uma forma de controle da verdade dos discursos jurídicos. Aqueles que pregam um necessário controle de termos indeterminados como "urgência" e "necessidade" na reedição das medidas provisórias não seriam dotados de cientificidade, impedindo uma discussão aberta da atividade do Poder Executivo até mesmo frente aos postulados democráticos da Constituição Federal. O conteúdo dos termos indeterminados passa a ser compreendido através da instância configurada pelo sentido comum, onde os operadores do direito adeptos deste discurso utilizam uma *"gramática inconsciente de produção, circulação e reconhecimento dos discursos de verdade"*.[188]

---

[185] Cf. WARAT, Luis Alberto. *Introdução...II*, Ob. cit., p. 61, o operador totêmico constitui-se em um "coágulo de ficções e fetiches, um condensador significativo, um 'topos lógico' que mobiliza as crenças para a produção de desejos, poderes e saberes dominantes".

[186] FERRAZ JÚNIOR, Tércio Sampaio. *A Função Social...*, Ob. cit., p. 175, menciona que a dogmática jurídica trabalha com uma *linguagem doutrinal*, e que confere ao seu discurso uma espécie de *autoridade pedagógica*. Como conseqüência, "ela já é a imposição de uma definição social daquilo que merece ser ensinado, do próprio código no qual sua mensagem é transmitida, daqueles que devem transmitir, bem como dos que são dignos de receber a mensagem doutrinal".

[187] WARAT, Luis Alberto. *Introdução...II*, Ob. cit., p. 68. Para o autor, "no caso da comunidade científica é impossível penetrar nela, converter-se em um dos seus emissores autorizados, se não se fala (ao menos como ritual de iniciação) a língua oficial do Estado, se não se aceitam os 'padrões epistemológicos' que a cultura científica dominante impõe. Neste sentido, a verdade é sempre uma palavra do Estado" (*Idem*, p. 69).

[188] *Idem*, p. 72.

As construções doutrinária e jurisprudencial sobre o controle dos termos indeterminados, tomadas de dogmatismos, revela a intenção de configurar uma demarcação precisa entre os critérios dotados de cientificidade e aqueles que não são, pois sofrem uma exclusão de base pelo sentido comum teórico dos juristas.[189]

A vagueza da linguagem nos termos indeterminados mostra-se como elemento propício para o que chama Warat de montagem de ficções. O sentido comum teórico dominante busca a instituição de um lugar divino de verdade, mas que não passa de um "sistema teatral de interpretações". O modelo juridicista, impondo comportamentos hermenêuticos, figura como um instrumento monológico de sentido, ou seja, *"uma instância de julgamento e censura que impede os juristas de produzir decisões autônomas em relação a esse nível censor"*.[190] Com efeito, é a partir deste universo jurídico, estruturado pelo monastério dos sábios, que os operadores do Direito conhecem a significação dos termos indeterminados. No âmbito deste verdadeiro *corpus* é que são diluídos os conflitos envolvendo a aplicação e o controle dos signos jurídico-administrativos, o que tem determinado, conforme as decisões já citadas, a ocorrência de alguns paradoxos. Inclusive, não se pode olvidar que este efeito de censura causado pela dogmática acaba por ensejar uma "crise de imaginário" (Streck) do jurista, fazendo com que, em momentos de crise do sistema, as repostas acabem sendo simplesmente soluções *ad hoc*.[191]

---

[189] *Idem*, p. 75. Neste sentido, o autor entende o sentido comum teórico dos juristas "como uma fala adaptada a preconceitos, hábitos metafísicos, visões normalizadoras das relações de poder, princípios de autoridade, ilusões de transparência, noções apoiadas em opiniões, assinalações religiosas mitológicas, etc.". Basta fazer um exame perfunctório da doutrina e jurisprudência para constatar a construção da dogmática fulcrada no sentido comum teórico de que fala WARAT. Teorias em que, para um controle dos termos indeterminados, é preciso considerar a "vontade do legislador", representa, em última análise, um hábito metafísico de desvelar o sentido das normas por uma vontade oculta no texto legal. A própria concepção de só haver uma única resposta correta na aplicação dos termos indeterminados importa em uma ilusão de transparência, acreditando-se que o sentido está na norma. No Capítulo III, será feita a necessária análise lingüística dos termos indeterminados, buscando superar o dogma das verdades-em-si.

[190] WARAT, Luis Alberto. *Introdução... II, Ob. cit.*, p. 82.

[191] STRECK, Lenio Luiz. *Hermenêutica Jurídica*, p. 33-34. Com relação à Administração Pública, considerando a sua (des)funcionalidade, o Governo Federal empenhou-se em realizar uma "reforma administrativa", propalando um discurso de que as mudanças na Constituição Federal seriam imprescindíveis para modificar o perfil da Administração. Através da EC nº 19/98, por exemplo, foi acrescentado ao artigo 37, *caput*, o princípio da eficiência. É preciso dizer que, com esta emenda constitucional, não houve a inserção de uma nova (??) funcionalidade na Administração Pública, pois o termo indeterminado "eficiência" há muito já vinha sendo estruturado dogmaticamente pela doutrina. Ora, é uma falácia dizer que a partir da reforma administrativa, com a inserção deste princípio, agora sim, será possível garantir maior eficiência da máquina administrativa. Em matéria de desempenho dos servidores públicos, sempre foi comum a alegação de que não se poderia retirar do serviço público o funcionário

A construção de um discurso no Direito Administrativo, útil para um controle dos termos indeterminados, onde prevaleça uma prática democrática, exige a mudança de certos paradigmas, como a inserção de novas práticas científicas em que o jurista considere o contexto social e histórico, utilizando outros instrumentais que não os legalismos impostos pelo sentido comum teórico dos juristas. Parece ser urgente que os juristas passem a formular novos juízos para descortinar a sua função social e que deixem simplesmente de ser os guardiães do *status quo*.[192]

A interdisciplinariedade mostra-se como caminho inevitável, razão pela qual, no próximo Capítulo, será feita uma abordagem do termos indeterminados no âmbito da hermenêutica filosófica. A superação do *habitus* não se faz sem fissuras, sendo imprescindível que o operador do direito mostre-se aberto para a formulação de novos discursos, pronto para liberar-se do juridicismo e deixar de ser um operador anestesiado da lei.[193] É claro que esta tendência do jurista de submeter-se ao *princípio de autoridade* não é uma questão da atualidade, pois remonta à concepção do direito e ao pensamento jurídico medievais. Daí a grande dificuldade de construção de um imaginário jurídico diferente. Sabe-se que o direito medieval submetia-se a este princípio, sendo que ele se funda *"em cada disciplina sobre livros de autoridade, nos quais o intelectual da Idade Média crê encontrar todo o conjunto de saber possível – já que esse livros de autoridade eram para eles*

---

desidioso em razão da estabilidade. Assim, a EC nº 19/98, na nova redação ao artigo 41, §1º, estabeleceu que o servidor estável perderá o cargo mediante procedimento de avaliação periódica de desempenho, na forma da lei complementar, assegurada ampla defesa. Desde o Decreto-lei nº 200/67, artigo 100, há a possibilidade de demissão do servidor por ineficiência no desempenho de suas funções, além de diversos dispositivos contidos nos mais variados estatutos. Logo, não é através de mudanças pontuais que será possível reformular a estrutura administrativa do Estado. Faz-se mister uma mudança do próprio imaginário dos administradores públicos, capacitando-os para a elaboração de um Direito Administrativo mais afeto ao Estado Democrático de Direito, em que a eficiência dos serviços prestados pelo Estado, por exemplo, assume uma dimensão de direito fundamental. O paradigma responsável pela produção do conhecimento há de adequar-se a um novo tipo de Estado, que atribui capacidade significativa aos operadores do Direito, abrindo-se assim o campo jurídico.

[192] Cf. LINO MACHADO, José Roberto. *Função Social do Jurista: uma visão crítica*. In: Justiça e Democracia n.2, julho-dezembro/1996, p. 165. É claro que intimamente relacionada a esta questão está o aspecto da formação dos juristas. Por tal razão é válida a pergunta de FARIA, José Eduardo. *Ordem Legal x Mudança social: a crise do Judiciário e a formação do magistrado*. In: *Direito e Justiça – A Função Social do Judiciário*, p. 96-7: os operadores estarão sendo formados na velha tradição normativista-formalista da dogmática jurídica, cuja preocupação central é a subsunção dos fatos à prescrição legal, valorizando apenas os aspectos lógico-formais do direito positivo, em que cada vez mais são enfatizadas as questões de validez da norma e de antinomia? Ou já estão recebendo uma formação capaz de fazer com que identifiquem o significado político das profissões jurídicas, possibilitando-lhes entender o seu papel em uma sociedade marcada por desigualdades socioeconômicas?

[193] WARAT, Luis Alberto. *Introdução...II, Ob. cit.*, p. 94.

não testemunhos históricos da verdade ou da realidade das coisas, mas essa verdade e realidade em si mesma".[194] Agregue-se a isto o contributo do positivismo jurídico, através do qual o direito "reduziu-se ao direito posto (imposto)nas leis e as leis identificavam-se com o seu texto – porque é no texto da lei que se exprime o imperativo do legislador e se manifesta vinculativamente a sua autoridade legislativa, porque no texto da lei encontra o direito a objetivação que garante a segurança jurídica".[195]

A inserção do elemento lingüístico, com efeito, constitui um parâmetro fundamental para sair deste modelo do monastério dos sábios de busca da essência das coisas. Opta-se, assim, pela prevalência da significação, sendo que os termos indeterminados não passam de signos lingüísticos. O decisivo já *"não está em saber o que são as coisas em si, mas saber o que dizemos quando falamos delas, o que queremos dizer com, ou que significado têm, as expressões lingüísticas (a linguagem)com que manifestamos e comunicamos esse dizer das coisas"*.[196]

A postura hermenêutica da abstração dogmatista mostra-se incompatível com este fenômeno da linguagem, pois, como refere Castanheira Neves *"à significação ou ao conteúdo significativo das palavras e expressões legais é própria uma irredutível abertura semântica (semantische Spielraum), pois que são tanto intencionalmente como extencionalmente indeterminadas, e já por isso não é susceptível essa significação ou esse sentido de ser abstracta e absolutamente definido (i.e., único, certo e fixo), sendo antes sempre função pragmática do seu variável 'uso' problemático-intencionalmente concreto"*.[197]

---

[194] Cf. NEVES, A. Castanheira. *Metodologia Jurídica – Problemas fundamentais*, p. 86. Inclusive, nesta época, conhecer não residiria em adotar uma postura de investigação, mas entender devidamente a palavra decisiva e as doutrinas das autoridades que a proclamam.

[195] *Idem*, p. 88.

[196] *Idem*, p. 89.

[197] NEVES, A. Castanheira,. *Ob. cit.*, p. 117.

3. O contributo da hermenêutica jurídica: para uma compreensão lingüística do Direito (Administrativo)

3.1. As práticas discursivas e a "imanência" significativa: a referência ontológica[198] dos termos indeterminados

Uma perspectiva crítica do Direito Administrativo não seria suficiente sem uma abordagem do fenômeno lingüístico. Hospers, citado por Gordillo, referiu que *"as palavras não são mais que rótulos das coisas"*.[199] A discussão sobre a correspondência entre a linguagem e o ser remonta à obra de Platão, para citar um dos mais importantes marcos da crítica da linguagem, provavelmente escrito em 388 a.C., o Crátilo.[200] Aqui são defendidas duas concepções. Uma naturalista – sustentada por Crátilo – de que cada coisa tem nome por natureza. A outra, o convencionalismo – exposta por Hermógenes – para quem a significação é fruto da convenção e do uso da linguagem.

Para Gadamer, a teoria convencionalista vê a única fonte dos significados das palavras na univocidade do uso lingüístico que se alcança por convenção e exercício. Já a teoria contrária defende uma coincidência natural de palavra e coisa.[201] A primeira leva a correção

---

[198] De plano, faz-se mister esclarecer que o termo "ontológico" será inicialmente utilizado como significando metafísico, pois com Heidegger é que tal vocábulo passa a adquirir outra dimensão. A ontologia heideggeriana é apenas o nome dado à compreensão da totalidade, falando-se de uma ontologia fenomenológica, que é uma hermenêutica do ser-aí, cf. STRECK, Lenio Luiz. *Dogmática e Hermenêutica*, Cadernos de Pesquisa nº 02, Curso de Mestrado em Direito da UNISINOS, p. 26. Segundo OLIVEIRA, Manfredo Araújo de. *Reviravolta Lingüístico-Pragmática*, p. 208, n. 24, Heidegger diferencia-se da tradição por tematizar algo que por ela foi esquecido: o sentido do ser.
[199] GORDILLO, Agustín. *Tratado...*, ob.cit., Parte General, Tomo 1, I-2. O administrativista BANDEIRA DE MELLO, Celso Antônio, *Curso de Direito Administrativo*, também utiliza tal pressuposto, em especial no Capítulo XVI, ao tratar da questão da discricionariedade.
[200] OLIVEIRA, Manfredo Araújo de. *Reviravolta..., ob. cit.*, p. 17. Para uma especificação das posturas defendidas nesta obra, ver BLANCO, Carlos Nieto. *La conciencia lingüística de la filosofía*, p. 25.
[201] GADAMER, Hans-Georg. *Verdad y Método* I, p. 488.

das palavras a um ato de imposição de nomes, que é como batizar as coisas com um nome. No âmbito deste entendimento, não se possui a menor pretensão de conhecimento objetivo.

Em relação às duas teorias, Platão tem uma posição intermediária, não defendendo um naturalismo extremado, mas admitindo uma certa afinidade natural, ou que pelo menos devia haver, entre o som e a sua significação. Uma palavra é justa e certa, *"na medida em que traz a coisa à apresentação, isto é, na medida em que é apresentação da coisa"*.[202] Trata-se aqui de uma concepção objetivista das coisas, que possuem relação e diferenças em si mesmas.

O presente estudo, obviamente, não busca fazer uma reconstituição histórica do desenvolvimento da teoria da linguagem, mas tão-somente ressaltar um importante marco que foi o pensamento exposto no Crátilo e a idéia de Platão, entendimentos que até hoje influenciam o debate sobre a significação.[203]

Os juristas, no entanto, muitas vezes comportam-se como se desconhecessem tais questões, operando com as chamadas verdades-em-si, ou seja, como se houvesse uma relação ontológica entre a linguagem e o ser, supondo que as formas de conhecimento são, de certo modo, dadas prévia e definitivamente.[204] Olvidam que o conhecimento foi inventado, não estando delineado previamente na natureza, não se podendo deduzir analiticamente como se fosse uma espécie de derivação natural. Como refere Foucault, *"o conhecimento é simplesmente o resultado do jogo, do enfrentamento, da confluência, da luta e do compromisso entre os instintos"*.[205]

O Direito Administrativo está impregnado de verdades-em-si e referências ontológicas. A dogmática utiliza uma construção de essência, ou seja, os conceitos dogmatizados são instâncias reveladoras dos institutos jurídicos que, uma vez sistematizados, passam a dominar as práticas discursivas dos operadores.

---

[202] Cf. OLIVEIRA, Manfredo Araújo de. *Reviravolta...*, ob. cit., p. 19.

[203] Descrita como a semântica tradicional, ainda poderiam ser citados Aristóteles, E. Husserl, Kutschera, Frege, Carnap e Wittgenstein I, conforme OLIVEIRA, Manfredo Araújo de. *Reviravolta...*, ob. cit. Ver também NEF, Frédéric. *A Linguagem uma abordagem filosófica* e SIMON, Josef. *Filosofia da Linguagem*.

[204] FOUCAULT, Michel. *A Verdade e as Formas Jurídicas*, p. 8. O autor procura demonstrar que "as práticas sociais podem engendrar domínios de saber que não somente fazem aparecer novos objetos, novos conceitos, novas técnicas, mas também fazem nascer formas totalmente novas de sujeitos e de sujeitos de conhecimento."

[205] *Idem*, p. 16. FOUCAULT, citando Nietzsche, refere que o conhecimento tem "por fundamento, por base e por ponto de partida os instintos, mas instintos em confronto entre si, de que ele é apenas o resultado, em sua superfície". Ele seria como "uma centelha entre duas espadas", mas que não é do mesmo ferro que as duas espadas (p. 16-7).

Exemplo típico de tal espécie de entendimento foi a concepção adotada pelo Superior Tribunal de Justiça na conceituação de norma programática, adotando uma postura como se houvesse uma "norma-programática-em-si" e que a decisão da Corte Superior seria responsável pelo desvelamento de um mundo jurídico.

Tratava-se de um caso em que portadores de uma doença rara, Fenilcetonúria, impetraram mandado de segurança contra o Secretário de Saúde do Rio Grande do Sul, com o objetivo de compelir aquele órgão de saúde estadual a lhes fornecer o medicamento Lofenalac e que dependeria de importação dos Estados Unidos. Acabou prevalecendo o entendimento de não haver um direito líquido e certo por parte dos impetrantes, pois o direito à saúde está contido em uma "norma meramente programática", ou seja, normas protetoras de um interesse geral, mas incapazes de conferir, aos respectivos beneficiários, o poder de exigir a sua satisfação antes que o legislador cumpra o dever de complementá-las com a legislação integrativa.[206]

O artigo 5º, inciso LXIX, da Constituição Federal, estabelece a concessão do mandado de segurança para proteger direito líquido e certo, quando o responsável pela ilegalidade ou abuso de poder for autoridade pública ou agente de pessoa jurídica no exercício de atribuições do Poder Público. O Tribunal de Justiça do Estado do Rio Grande do Sul,[207] de forma ontológica, estabeleceu um conceito de autoridade pública restritivo, impedindo que uma empresa de telecomunicações questionasse, através do *writ*, decisão da Comissão de Licitação de uma sociedade de economia mista que a considerou inabilitada para participar do processo licitatório.

Como fundamento de sua decisão, referiu não ser cabível mandado de segurança contra ato praticado por sociedade de economia mista exploradora de atividade econômica privada, segundo os termos do dispositivo constitucional mencionado, em que pese estar sendo aplicada uma norma tida pela dogmática jurídica como de direito público, qual seja, a que estabelece a obrigatoriedade de realizar licitações (artigo 173, § 1º, III, CF).

[206] Resp nº 57.614, 1ª T., rel. Min. Demócrito Reinaldo, maioria, j. 27.05.96. O Supremo Tribunal Federal, no MI nº 20, Pleno, rel. Celso de Mello, por maioria de votos, j. 19.05.94, também adotou uma postura ontológica com relação às normas constitucionais, entendendo que "o preceito constitucional que reconheceu o direito de greve ao servidor público civil constitui norma de eficácia limitada, desprovida, em conseqüência, de auto-aplicabilidade, razão pela qual, para atuar plenamente, depende da edição da lei complementar exigida pelo próprio texto da Constituição". As práticas dogmáticas, dentro da visão até aqui exposta, trabalham como se o Direito possuísse uma relação natural de identificação da lei, como se ela fosse uma realidade previamente existente a ser revelada pelo conhecimento.
[207] AP. nº 594.149247, 1ª CC, rel. Des. Araken de Assis, j. 09..08.95, RT 728/348.

Tais entendimentos são fruto da concepção de que entre o conhecimento e as coisas há uma relação de essência, deixando-se de considerar, como refere Foucault, o seu caráter arbitrário, pois no conhecimento há uma relação de distância e dominação, e não uma adequação ao objeto.[208]

Para saber o que é o conhecimento jurídico, utilizando a lição de Foucault, não é preciso nos aproximarmos da forma de vida, mas devemos compreender quais são as relações de luta e poder, da forma como os homens procuram dominar uns aos outros. É claro que tal afirmação deve ser vista com cuidado, não se podendo cair em exageros, estabelecendo um verdadeiro paradoxo, pois se tudo é, nada é.

De qualquer sorte, é importante tal referência, podendo ser extraído o entendimento de não existir uma natureza do conhecimento, mas que ele é *"o resultado histórico e pontual de condições que não são da ordem do conhecimento"*,[209] mostrando-se importante a retomada de uma perspectiva em que sejam questionadas e examinadas as condições políticas e econômicas de existência.

Os operadores do Direito deveriam abandonar certas posturas totalizantes, isto é, direcionadas para atingir uma relação total com o mundo, vislumbrando-o como algo já dado, e não como algo a construir.[210] No Direito Administrativo impera dogmaticamente o princípio da legalidade, sendo esta situação ainda mais acentuada. Obviamente, como o próprio Warat refere, *"não se trata de olvidar o valor da lei e de suas dimensões simbólicas como elemento constitutivo do sentido democrático de uma sociedade"*, mas é relevante perceber *"o valor da lei como uma instância simbólica do político, isto é, de um real que encontra seu sentido nas incertezas e nos conflitos e não nas instâncias de um saber tido como abstrato e objetivo, enquanto universal e absoluto"*.[211]

O Direito Administrativo, inserido em uma sociedade guiada por uma Constituição que proclama o Estado Democrático de Direito, não pode conviver com a aceitação pura e simples do chamado "senso-comum-legalista-positivista" dos juristas, que constroem os seus

---

[208] FOUCAULT, Michel. *A Verdade...*, ob. cit., p. 22: "Não há, portanto, no conhecimento uma adequação ao objeto, uma relação de assimilação, mas, ao contrário, uma relação de distância; não há no conhecimento algo como felicidade e amor, mas ódio e hostilidade; não há unificação, mas sistema precário de poder".

[209] *Idem*, p. 24.

[210] Cf. WARAT, Luis Alberto. *Introdução... I*, ob. cit., p. 24. Trata-se do "sentido oceânico" mencionado pelo autor. Aqui "uma interiorização alienante impede qualquer forma de questionamento à conflituosidade da história. O 'eu' fica, então, prisioneiro do mundo circundante por um jogo de crenças que modelam a maneira como o homem se pensa, a si mesmo e a sociedade".

[211] WARAT, Luis Alberto. *Introdução...I*, ob. cit., p. 24.

edifícios de saber alicerçados em relações de poder. A democracia, como aduz Warat, necessita *"da redefinição dos espaços simbólicos do Direito e não de sua supressão"*.

As práticas jurídico-discursivas trabalham com "técnicas lingüísticas de normalização e padronização", pois tão-somente importa um *"discurso de seguridades máximas construído para garantir a fiscalização interior dos indivíduos, isto é, do panóptico dentro do homem"*.[212] Segundo Foucault, há uma espécie de poder panóptico (*panopticon*),[213] um poder disciplinador, típico de uma ortopedia social, repousando sobre a vigilância permanente dos indivíduos. No exercício de tal poder, há a possibilidade não apenas de vigiar, mas também de construir um saber sobre aqueles que são controlados.[214]

No Direito, as instituições estão impregnadas desta visão panóptica, contribuindo para alicerçar as concepções ontológicas das significações jurídicas. A própria instrumentalização da doutrina e da jurisprudência, antes de tudo, tem como função primordial garantir esta esfera de controle a ser exercida sobre os operadores jurídicos e a formação da discursividade.

No julgamento de um Recurso Extraordinário,[215] sobre a questão da dispensa do limite de idade em concurso público para quem já fosse servidor público, houve a utilização do seguinte argumento para fundamentar a decisão:

---

[212] *Idem*, p. 25. Daí que o estabelecimento de uma "discursividade magnética" com relação aos conceitos jurídicos, como normas programáticas, autoridade pública, etc., levam à institucionalização de uma aversão à mudança. A dogmática jurídica possui uma função sistematizadora para que os operadores do Direito possam, com maior rapidez, conhecer os elementos estruturadores deste discurso. Obviamente, o processo de fixação do sentido comum conta, indubitavelmente, com uma aceitação dos destinatários discursivos que adotam os signos jurídicos sem maiores questionamentos sobre as relações entre significante e significado.
[213] FOUCAULT, Michel. *A Verdade...*, ob. cit., pp. 86 e ss. O *panopticon* era "uma forma de arquitetura que permite um tipo de poder do espírito sobre o espírito; uma espécie de instituição que deve valer para escolas, hospitais, prisões, casas de correção, hospícios, fábricas, etc." Tratava-se de um edifício em forma de anel, no meio do qual havia um pátio com uma torre no centro, onde havia um vigilante, sendo que tudo o que os indivíduos faziam podia ser controlado pelo vigilante, sem que ninguém pudesse vê-lo. Segundo BENTAHM, esta pequena e maravilhosa "astúcia arquitetônica" podia ser utilizada por uma série de instituições.
[214] FOUCAULT, Michel. *A Verdade...,ob.cit.*, p. 88. Conforme FOUCAULT "no panoptismo a vigilância sobre os indivíduos se exerce ao nível não do que se faz, mas do que se é; não do que se faz, mas do que se pode fazer" (p. 104). Como conseqüência, no âmbito da doutrina sobre os termos indeterminados, os processos de significação passam a ser fruto deste poder panóptico, em que o sentido comum teórico dos juristas funciona como instância produtora do "possível significado", do "significado correto". No intuito de elaborar uma construção "jurídica", os operadores só podem operar com aquelas categorias cunhadas e colocadas à disposição "no mercado jurídico", sob pena de não ser reconhecida pelo monastério dos sábios.
[215] REXT nº 144.822, 1ª T., rel. Min. Ilmar Galvão, unânime, j. 07.03.95.

"E entendo que o julgador deve aplicar a lei sem acrescentar - repito - distinções que ela não contém. Como adverte o em. Ministro Mário Guimarães, no seu *O Juiz e a Função Jurisdicional*, ao juiz é dado valorar a lei, ajustá-la ao fato, lapidando-a, melhorando-a. Não lhe é dado, porém, ir para o sul, quando o texto legal, certo ou não, claramente lhe aponta o norte".

Como se pode observar, em tal concepção, ao juiz incumbe desvelar o sentido oculto da lei, elaborando uma significação primeira. Trata-se do que Carrió chama de posição formalista, que apresenta as seguintes características: o direito é um sistema fechado, dotado de plenitude hermética ou finitude lógica, de onde podem ser extraídas soluções para todos os casos; a lei, uma vez editada, adquire vida própria, cujos sentidos vão sendo atualizados com a mudança dos tempos; os juristas possuem como missão exibir e fixar os passos desta evolução, e a tarefa do juiz ou do intérprete se reduz a descobrir a regra geral que resolverá o caso concreto que se apresenta, cujo material está dado exclusivamente pela ordem jurídica. Outrossim, na atividade do juiz, nada pode ser descrito como atividade criadora.[216]

Um dos objetivos típicos de uma visão ontológica do Direito, para a qual o conhecimento revela o mundo em toda a sua objetividade, é a configuração da natureza jurídica dos institutos. Diversas são as discussões entre os juristas com relação às divergências sobre tal questão, chegando Carrió a dizer que se trata de "una efermedad profesional de nuestro gremio", revelando, em última análise, uma falta de sensibilidade frente aos problemas de tipo lingüístico.[217]

Mas, tal espécie de pesquisa dos juristas está fadada ao fracasso, entre outras razões, porque o que se busca, tal como se busca, não existe. Os questionamentos sobre a natureza jurídica almejam algo impossível, isto é, uma justificação única para a solução de todos os casos que caem dentro de um determinado conjunto de regras.[218] Carrió menciona ser inútil falar da natureza jurídica dos institutos, pois só se está contribuindo para preservar a ilusão de que a ordem

---

[216] CARRIÓ, Genaro R. *Notas Sobre Derecho y Lenguaje*, p. 62-3. O entendimento do universo jurídico, nos termos da decisão acima citada, é o resultado de um arbitrário juridicamente prevalecente (Streck), traduzido pela necessária busca do operador jurídico do "correto e fiel sentido da lei" (??).

[217] *Idem*, p. 100. A crise de fundamentação doutrinária do Direito, pode-se dizer, decorre da inserção do operador jurídico no *habitus*, como já explicitado anteriormente, e que não costuma trabalhar as questões lingüísticas. Mas, o *habitus* só é para quem tem consciência de sua existência. Todo este processo possui íntima relação com a forma de aprendizagem nas universidades de Direito, conforme lembrado por STRECK, Lenio Luiz. *Hermenêutica...*, ob. cit., p. 40.

[218] CARRIÓ, Genaro R. *Notas... ob. cit*, p. 101-2.

jurídica é auto-suficiente e proporcionar um guia inadequado para a solução dos casos difíceis.[219]

Em uma visão tradicional, o Direito é concebido como um sistema de conceitos capaz de propiciar o conhecimento da realidade que pretende descrever ou problematizar.[220] A linguagem, por sua vez, passa a reduzir a complexidade das significações a um sistema de conceitos, conforme Warat. Para este autor, é importante um exame das condições extradiscursivas e que determinam a produção do discurso científico, objetivo não vislumbrado por uma postura formalista.

Por tal razão, é imprescindível a adoção de uma postura diferenciada no estudo do objeto desta pesquisa, a fim de ser possível romper com o paradigma metafísico. A hermenêutica filosófica e os postulados da linguagem, conforme será examinado, evitam que o operador jurídico venha a cair em um processo de coisificação das relações sociais. Warat fala de uma "epistemologia das significações", onde o conhecimento científico passa a abarcar todas as regiões do saber que a epistemologia positivista exclui.[221] Tal sistema de significações *"pode ser visto como um conjunto, muitas vezes opaco ou flutuante, de sentidos extraconceituais no interior de um sistema de conceitos. Uma 'doxa' no interior da 'episteme', uma ideologia e um contexto político no interior da ciência".*[222]

A mediação lingüística que se propugna deve levar em consideração as práticas sociais, abandonando-se aquela concepção instrumental da linguagem, *"que equivocadamente a considera como um veículo neutro, um meio passivo, que relaciona a realidade social, cuja existência objetiva se aceita, como uma consciência cognoscente".*[223]

Na aplicação dos termos indeterminados, por exemplo, não se pode eleger uma prática discursiva voltada para a manifestação da essência das coisas, sendo imprescindível vislumbrar o entendimento de Warat, para quem o discurso não é produtor autônomo de significações, mas dependente da prática social do "lugar da fala".[224]

Uma visão formalista do Direito Administrativo leva à aceitação acrítica, por parte dos operadores, de determinadas idéias ou teorias

---

[219] Idem, ibidem.
[220] WARAT, Luis Alberto. *Introdução ... II, ob. cit.* p. 305.
[221] Idem, p. 311.
[222] WARAT, Luis Alberto. *Introdução... II*, p. 311.
[223] Idem, p. 312.
[224] Idem, p. 313. No entendimento do autor, o "lugar da fala" é uma categoria plural. "Indica as condições extra-discursivas no processo de comunicação das significações. Institucionalizada e contextualizada, ou se se quer, despersonalizada aos sujeitos do conhecimento. Também pode ser visto como o conjunto de regras e convenções referidas aos componentes extra-discursivos das significações".

moldadas por certas imposições significativas, elaboradas a partir de "sistemas conotativos dominantes" (Warat). As decisões jurisprudenciais anteriormente citadas são exemplos clássicos de uma epistemologia tradicional, onde determinados pressupostos categoriais, fornecidos pelo próprio sentido comum teórico, influenciaram no deslinde de casos concretos, sem haver uma maior preocupação com as condições ideológicas de significação. Como bem lembra Warat, o Direito necessita de uma maior abertura para a sociedade, devendo ela ser vista "como um complexo significativamente atuante".[225]

De outra banda, parece crível admitir a "tentação metodológica" de trabalhar a ciência jurídica através de uma concepção metafísica, estando presente um significante primeiro. Crer na existência de um Direito-em-si, pronto para ser captado e desnudado em sua inteireza pelo sujeito de conhecimento, através de processos exegéticos, não deixa de ser confortável.[226] Mas, tal espécie de visão do fenômeno jurídico leva a um entendimento apofântico, ou seja, a *"concepção de uma determinada realidade que se apresenta como definitiva"*.[227]

A linguagem no Direito, portanto, é imprescindível para o conhecer, pois *"tanto na palavra sentido como na palavra significado está implícita a idéia de linguagem como um todo"*.[228] O conhecimento jurídico só se realiza através dela, pois não podemos falar do mundo a não ser falando da linguagem (Stein) ou como refere Carrilho, *"não há compreensão fora da linguagem, do seu uso múltiplo, esclarecido, contido"*.[229]

O Direito constitui-se em um sistema de significações, expresso através de signos lingüísticos. Assim sendo, esta perspectiva mostra-se útil, fornecendo um instrumental maior para a elaboração de uma

---

[225] WARAT, Luis Alberto. *Introdução... II, ob. cit.*, p. 320.
[226] MARQUES NETO, Agostinho Ramalho. *Subsídios para Pensar a Possibilidade de Articular Direito e Psicanálise*, In Direito e Neoliberalismo, p. 28.
[227] STEIN, Ernildo. *Aproximações sobre Hermenêutica*, p. 39. A partir do momento em que se adota tal postura busca-se, como nas decisões já aludidas, o verdadeiro e unívoco sentido da lei, olvidando-se o caráter plurívoco do significado das normas jurídicas e que a verdade é criada, e não descoberta. RORTY, Richard. *Contingência, Ironia e Solidariedade*, pp. 23 e ss., menciona que já há duzentos anos a idéia de que a verdade era feita e não descoberta começou a dominar a imaginação européia. Como aduz o autor, "a verdade não pode estar diante de nós - não pode existir independentemente da mente humana - porque as frases não podem existir dessa maneira ou estar diante de nós dessa maneira" (*Idem.*, p. 25). De outra banda, a busca de critérios para ter acesso à verdade não passa de "uma classe dentro da tentação mais geral de pensar que o mundo ou o eu do homem possuem uma natureza intrínseca, uma essência" (*Idem.*, p. 27). Dentro deste viés mais problematológico, a dogmática jurídica deve deixar de assumir-se como reveladora da essência dos institutos jurídicos e passar a trabalhar com o paradigma da linguagem, constituindo-se como importante mecanismo de abertura das possibilidades significativas.
[228] RORTY, Richard. *Contingência...*, *ob. cit.*, p. 22.
[229] CARRILHO, Manuel Maria. *Verdade...ob. cit.*, p. 53.

visão crítica, além de constituir-se em importante tentativa de superar a chamada filosofia da consciência,[230] inserindo a linguagem como estruturadora do conhecimento. A formação de uma teoria geral dos sistemas sígnicos teve como grande precursor Ferdinand de Saussure, que propôs denominar tal teoria de semiologia.[231] No entanto, Charles Sander Pierce também desenvolveu estudos sobre o tema, atribuindo a denominação de semiótica,[232] razão pela qual ambos os termos são utilizados no âmbito dos estudos da linguagem.[233]

---

[230] A teoria da consciência busca investigar as condições subjetivas necessárias para a objetividade dos juízos universais (cf. ENCARNAÇÃO, João Bosco da. *Filosofia do direito em Habermas: a hermenêutica*, p. 113). Aqui a autoconsciência passa a ser a chave das representações que temos dos objetos, sendo assim uma filosofia do sujeito em que o acesso às realidades da consciência é inevitavelmente introspectivo (cf. HABERMAS, Jürgen. *Pensamento Pós-Metafísico*, p. 41 e 55). Para Habermas a passagem do paradigma da filosofia da consciência para o paradigma da filosofia da linguagem é extremamente importante, pois "a partir deste momento, os sinais lingüísticos, que serviam apenas como instrumento e equipamento das representações, adquirem, como reino intermediário dos significados lingüísticos, uma dignidade própria" (HABERMAS, Jürgen. *Ob. cit.*, p. 15). Segundo Encarnação, este giro lingüístico também possui uma convicção: a linguagem seria o meio em que se produzem as materializações histórico-culturais do espírito humano, sendo uma análise metódica mais fiável do que aquela que parte diretamente dos fenômenos da consciência (ENCARNAÇÃO, João Bosco da. *Ob. cit.*, p. 122.). Carlos Nieto Blanco (*Ob. cit.*, p. 114), menciona este fato como a tomada de uma razão lingüística por parte da filosofia. Para o autor, o *logos* recupera sua dimensão lingüística, a qual, na verdade, sempre esteve aí, porém sem consciência disto. O processo de constituição desta razão é o resultado do papel central que a linguagem passa a adquirir, arrancando a consciência moderna de seu enclausuramento na subjetividade e a transportando para um âmbito exterior de dimensões sociais. A partir do encontro da razão com a linguagem há a percepção de que a realidade que faz sua aparição diante de um sujeito tem muito de construção, nascida da interpretação (*Idem*, p. 114-5).

[231] SAUSSURE, Ferdinand. *Curso de Lingüística Geral*, p. 24. Segundo o autor: "a língua é um sistema de signos que exprimem idéias, e é comparável, por isso, à escrita, ao alfabeto dos surdos-mudos, aos ritos simbólicos, às formas de polidez, aos sinais militares etc., etc. Ela é apenas o principal desses sistemas. Pode-se, então, conceber *uma ciência que estude a vida dos signos no seio da vida social*; ela constituiria uma parte da Psicologia social e, por conseguinte, da Psicologia geral; chamá-la-emos de *Semiologia* (do grego semeîon, 'signo'). Ela nos ensinará em que consistem os signos, que leis os regem. Como tal ciência não existe ainda, não se pode dizer o que será; ela tem direito, porém, à existência; seu lugar está determinado de antemão. A Lingüística não é senão uma parte dessa ciência geral; as leis que a Semiologia descobrir serão aplicáveis à Lingüística e esta se achará dessarte vinculada a um domínio bem definido no conjunto dos fatos humanos".

[232] PIERCE, Charles Sander. *Apud*, GUIRAUD, Pierre. *A Semiologia*, p. 10. PIERCE referiu que "a lógica no seu sentido geral é, creio tê-lo mostrado, apenas outra palavra para *semiótica*, isto é, uma doutrina quase necessária ou formal dos signos. Ao descrever a doutrina como 'quase necessária' ou formal, tenho em consideração que observamos os caracteres de tais signos como podemos, e a partir de observações; por um processo que não me recuso a chamar Abstração, somos levados a juízos eminentemente necessários, relativos ao que devem ser os caracteres dos signos utilizados pela inteligência científica".

[233] Muito embora não tenha maior relevo, na presente pesquisa, delimitar as fronteiras (?) entre a semiologia e a semiótica, cumpre mencionar o que refere WARAT, Luis Alberto, *O Direito e sua Linguagem*, p. 15: "Tanto a semiologia como a semiótica, apesar da diferença de enfoque e, em parte, do objeto temático, apresentam traços epistemológicos similares, pois ambas aderem a uma concepção de objetividade exterior à história e submetem-se aos imperativos da sistematicidade". Portanto, há de se reconhecer que a semiologia de Saussure e a

Para Saussure, o signo lingüístico une não uma coisa e uma palavra, mas um conceito e uma imagem acústica, sendo esta não o som material, mas *"a impressão (empreinte) psíquica desse som, a representação que dele nos dá o testemunho de nossos sentidos"*.[234] O signo, portanto, seria uma entidade bifásica, *"formada pela associação de um conceito a uma imagem acústica, de uma idéia a um suporte fonético"*.[235] Os dois elementos que o formam são: significante e significado, e estão intimamente unidos, um reclamando o outro, segundo Saussure.

Vale referir a explicação didática de Warat:

"Com efeito, distingue-se, analiticamente, no interior do signo, dois elementos ou planos conceituais: o indício material ou significante (som, sinal, grafia, gesto, comportamento, objeto, imagem), situado no plano da expressão; e o conteúdo significado, situado no plano da interação (fenômeno, fato). O signo, portanto, é um conceito teórico que empregamos para nos referir ao ponto de articulação indissociável entre o indício material (significante) e o seu conteúdo *conceitual (significado)*".[236]

A linguagem estaria, assim, constituída de múltiplos signos articulados. A significação não depende apenas de uma relação interna do próprio signo, mas também da relações de um signo com os outros.[237] Tal especificação de Saussure é importante para o Direito, pois, de plano, se poderia afastar que os signos jurídicos possuem uma "significação-em-si".[238] No entanto, alguns significantes como

---

Semiótica de Pierce não se constituem em estudos iguais, havendo uma diferenciação de enfoque.

[234] SAUSSURE, Ferdinand de. *Ob. cit.*, p. 80.

[235] WARAT, Luis Alberto. *O Direito...*, *ob. cit.*, p. 25.

[236] *Idem*, p. 25. NÖTH, Winfried, em preciosa monografia sobre a história da Semiótica, *A Semiótica no Século XX*, refere que para SAUSSURE a imagem acústica seria a impressão psíquica desse som. Como o signo seria social por natureza, tanto o significado, como o significante não seriam individuais, mas conceitos e imagens acústicas coletivas. A teoria de SAUSSURE sobre a estruturação do signo mereceu algumas críticas, dentre elas, a sua concepção como uma entidade binária, não tendo sido incluída a coisa significada como um terceiro elemento. O signo, assim, seria uma entidade triádica, formado pelo significado, significante e pela coisa significada. PIERCE desenvolveu a sua idéia de signo com base nesta visão triádica, constituindo-se em alguma coisa que representa algo para alguém, conforme será a seguir examinado.

[237] WARAT, Luis Alberto. *O Direito...*, *ob. cit.*, p. 25-6.

[238] O signo lingüístico de SAUSSURE possui quatro propriedades: a arbitrariedade, ser linear, imutável e desenvolve-se no tempo. Para o presente estudo, somente mostra-se necessário referir a primeira, como imprescindível para afastar algumas ontologias. O signo é arbitrário, pois o laço que une o significante ao significado é arbitrário ou então, visto que o signo é o total resultante da associação de um significante com um significado, pode-se dizer que o signo é dotado de tal característica (SAUSSURE, Ferdinand. *Curso de Lingüística Geral*, p. 81).A arbitrariedade, no entanto, necessita ser bem entendida, não se podendo olvidar o entendimento do autor de que os meios de expressão aceitos em uma dada sociedade repousam, em

justiça, democracia, interesse público, autoridade, etc., são utilizados pelos operadores como realidades-em-si, isto é, como se houvesse um laço natural entre significante e significado e, através de processos exegéticos, fosse possível ser desvelado o "verdadeiro sentido" de tais termos indeterminados. A dogmática jurídica passa a ser a instituidora do caráter convencional, mas sem revelar que se trata de uma relação de arbitrariedade, instituindo acordos significativos dotados de um aspecto ontológico.[239]

O signo em Pierce, no entanto, adquire uma outra dimensão, pois, fazendo uma forte crítica ao cartesianismo, elabora a sua teoria fulcrado na fenomenologia.[240] Trabalha com três categorias básicas: a *primeiridade*, que está ligada às idéias de acaso, indeterminação, originalidade, espontaneidade; *secundidade*, em que acabam por prevalecer as idéias de ação-reação, pois quando nos defrontamos com as coisas brutas é comum esperarmos uma coisa, mas a experiência arrasta a idéia e nos compele a pensar algo bem diferente e, finalmente, a *terceiridade*, ligada à idéia de generalidade, continuidade, crescimento, representação, mediação,[241] sendo esta a categoria do hábito, da memória, da representação, da semiose e dos signos.[242]

Para o autor, um signo é *"algo que, sob certo aspecto ou de algum modo, representa alguma coisa para alguém. Dirige-se a alguém, isto é, cria na mente dessa pessoa um signo equivalente ou talvez um signo melhor*

---

princípio, num hábito coletivo, quer dizer, na convenção. Alguns signos não são empregados de determinada forma por possuírem um valor intrínseco, mas em virtude de uma regra social. Esta concepção de Saussure é extremamente importante para o Direito, pois passa a inserir o elemento lingüístico na compreensão dos signos jurídicos, propiciando seja superada a visão metafísica do fenômeno jurídico.

[239] Como conclui WARAT, Luis Alberto. *O Direito..ob.cit.*, p. 28: "Evidentemente, tal concepção influi diretamente nos processos interpretativos da lei, pois obriga os juristas a acreditarem no fato de que interpretar é encontrar a significação real das palavras da lei". No MS nº 22.538, STF, rel. Min. Celso de Mello, j.06.07.96, consta a forma típica como ocorrem as interpretações jurisprudenciais. Via de regra, os operadores jurídicos não admitem explicitamente a possibilidade hermenêutica de que os signos jurídicos possuem variados sentidos paradigmáticos e que, ao buscar o sentido na doutrina e na jurisprudência, por exemplo, nada mais estão fazendo do que escolhendo um dos possíveis sentidos. No caso citado, servidores públicos pleiteavam reajuste de seus vencimentos, defendendo a tese de haver um direito assegurado no artigo 1º da Lei nº 7.706/88, onde estaria prevista uma data-base para a revisão geral da remuneração. A pretensão liminar restou indeferida citando-se passagens doutrinárias e jurisprudenciais para concluir pela "absoluta ausência de plausibilidade jurídica da tese sustentada pelos impetrantes".

[240] Cf. STRECK, Lenio Luiz. *Hermenêutica...*, ob. cit., p. 99, "a fenomenologia proposta por Pierce consiste em descrever e classificar as idéias que pertencem à experiência ordinária e que naturalmente aparecem em relação com a vida cotidiana, sem levar em consideração o fato dessas idéias serem válidas ou não, bem como seu aspecto psicológico".

[241] Sobre estas categorias ver STRECK, Lenio Luiz. *Hermenêutica...*, ob. cit., p. 100 e SANTAELLA, Lucia. *A Teoria Geral dos Signos*, p. 18.

[242] Cf. NÖTH, Winfried. *Panorama da Semiótica*, p. 66.

desenvolvido".[243] O signo assim criado é denominado *interpretante* do primeiro signo. Pierce entende que o signo *"representa alguma coisa, seu objeto. Coloca-se no lugar desse objeto, não sob todos os aspectos, mas como referência a um tipo de idéia que tenho, por vezes"*,[244] denominado fundamento do signo.

A semiótica do autor supracitado, como refere Streck, é importante para a viragem lingüística, *"pois todo pensamento é signo; a palavra ou o signo que utiliza o homem é o homem mesmo; o pensamento é de natureza lingüística; não se pensa sem signos; o vir a ser de um interpretante é dependente do ser do signo, muito mais do que do ser de um ato de interpretação do signo"*.[245]

A questão de uma (re)significação da razão jurídica, com efeito, passa pela linguagem, mas como possibilidade de direcionar um novo paradigma centrado no *"medium universal da linguagem"*, utilizando a expressão de Marques.[246] Desta forma, será possível a abertura do próprio Direito Administrativo para as questões hermenêuticas, em que o conhecimento não mais é visto como uma mera relação sujeito-objeto.[247] O operador jurídico deve passar a ser visto como um "sujeito capaz da linguagem" (Marques), ultrapassando-se o caráter prevalente da razão monológica da Ciência Jurídica, calcada em significações de autoridade.

3.2. A viragem lingüístico-pragmática da filosofia do Século XX

A reviravolta lingüística do pensamento filosófico do Século XX *"vai se centralizar justamente na tese de que é impossível filosofar sobre algo sem filosofar sobre a linguagem, uma vez que esta é momento necessário constitutivo de todo e qualquer saber humano, de tal modo que a formulação*

---

[243] Cf. PIERCE, Charles Sanders. *Semiótica e Filosofia*, p. 94.

[244] *Idem, ibidem.*

[245] STRECK, Lenio Luiz. *Hermenêutica e Dogmática: aportes críticos acerca da crise do Direito e do Estado*, p. 102.

[246] MARQUES, Mário Osório. *Conhecimento e Modernidade em Reconstrução*, p. 71.

[247] Este tipo de relação acaba sendo responsável pela elaboração de posturas jurídicas formalistas, em que o sentido dos signos jurídicos é buscado nos próprios signos através de métodos-reveladores-de-sentido. Tal entendimento só tem contribuído para o agravamento da crise do Direito Administrativo e a sua (des)funcionalidade. Os termos indeterminados, por exemplo, passam a ser examinados de uma forma abstrata e isolada. Por certo, uma visão mais pragmática pode contribuir para uma abertura dos signos jurídico-administrativos. No âmbito da semiótica, fala-se em "leitura transversal do signo", quer dizer, a leitura do signo passa a ser feita através de seu relacionamento com a sociedade, cf. COELHO NETO, J. Teixeira. *Semiótica, Informação e Comunicação*, p. 46-7.

de conhecimentos intersubjetivamente válidos exige reflexão sobre a infraestrutura lingüística".[248]

Abandona-se aquilo que até então caracterizava a filosofia clássica, tradicional, ou seja, fundamentar a racionalidade na essência.[249] Os trabalhos do Círculo de Viena[250] foram importantes para o desenvolvimento de tal postura, pois postulava-se uma aproximação entre a filosofia e a metodologia usada pelas ciências. Partia-se do pressuposto de ser necessário abandonar o caráter metafísico da filosofia, impondo-se pôr à prova o conteúdo empírico de suas afirmações, quer dizer, *"submeter as sentenças filosóficas aos critérios da verificação empírica"*.[251]

No entanto, neste momento de reviravolta lingüística, primeiramente adota-se uma análise da linguagem através de sua dimensão sintática e semântica,[252] sendo as sentenças examinadas pela sua for-

---

[248] STRECK, Lenio Luiz. *Dogmática e Hermenêutica*, Cadernos de Pesquisa nº 02, Curso de Mestrado em Direito da UNISINOS, p. 25.

[249] OLIVEIRA, Manfredo Araújo de. *Sobre a Fundamentação*, p. 44. Busca-se, exatamente como mencionado pelo autor, a substituição da metafísica pela ciência. É importante, mais uma vez, ressaltar a especial importância que adquire a superação do paradigma da filosofia da consciência, adotando-se o paradigma da filosofia da linguagem. Como esclarece STRECK, Lenio Luiz. *Hermenêutica...*, ob. cit., p. 89, "no paradigma da filosofia da consciência a concepção vigente é a de que a linguagem é instrumento para a designação das entidades independente desta ou para a transmissão de pensamentos pré-lingüísticos, concebidos sem a intervenção da linguagem". Rompendo-se com a filosofia da consciência, a linguagem é vista como constitutiva de nossas relações com o mundo.

[250] Segundo WARAT, Luis Alberto. *O Direito...*, ob. cit., p. 37, n.1, o Círculo de Viena foi o fundador do chamado Positivismo Lógico, sendo que Schlick e Carnap podem ser indicados como seus membros mais destacados, tendo Pierce, Frege e Wittgenstein (*Tratactus*) como precursores necessários.

[251] Cf. OLIVEIRA, Manfredo Araújo de. *Sobre...*, ob. cit., p. 45. Para PANNENBERG, citado pelo autor, "a questão central do positivismo lógico é se e como sentenças, que afirmam algo sobre estados de coisas, são verificáveis. Portanto, o objeto das pesquisas filosóficas não são mais as coisas e eventos do mundo, mas enunciados e conceitos científicos" (*Idem*, p. 45, n.86).

[252] Para o neopositivismo, o signo lingüístico poderia manter três tipos de vinculações, o que determinaria as partes da semiótica, cf. WARAT, Luis Alberto. *O Direito...ob.cit.*, p. 40. Uma primeira vinculação seria aquela que ocorre com os outros signos, chamada de sintaxe. É a parte da semiótica que, prescindindo dos usuários e das designações, estuda as relações dos signos entre si. Esta relação ocorre através das regras sintáticas de formação e de derivação. Do ponto de vista sintático, um enunciado não teria sentido se não viesse a satisfazer tais regras. A segunda vinculação dos signos ocorre com os objetos que designa, falando-se aqui em semântica. Esta parte da semiótica ocupa-se em averiguar os modos e as leis segundo os quais as palavras aplicam-se aos objetos, surgindo o problema da verdade semântica. O enunciado deve conter uma informação verificável, e a verdade opera como condição de sentido. A terceira vinculação do signo é aquela que se estabelece com os usuários, recebendo o nome de pragmática. O seu problema central gira em torno da análise dos modos de significar, usos ou funções da linguagem. Conforme WARAT, Luis Alberto (*O Direito..., ob.cit.*, p. 46) parte-se da idéia de que fatores intencionais dos usuários provocam alterações na relação designativa-denotativa dos significados das palavras ou expressões. Também, quando se utiliza uma expressão em um contexto comunicacional, esse emprego provoca uma alteração na estrutura conceitual. A importância da pragmática para o Direito reside na possibilidade de

ma, não havendo ainda uma preocupação em localizá-la em um determinado contexto (Oliveira). De qualquer sorte, mostra-se importante este novo entendimento, pois instaura-se uma postura mais reflexiva, *"renuncia-se a uma referência imediata aos objetos do campo respectivo, mas se procura pesquisar estes campos na medida e enquanto eles são articulados na linguagem"*.[253]

A estruturação deste pensamento importou em vislumbrar o sentido das sentenças, a fim de estabelecer o afastamento daqueles conteúdos metafísicos, pois segundo o neopositivismo, *"toda sentença com sentido tem que ser logicamente coerente e testada na experiência"*.[254]

3.2.1. O contributo de Wittgenstein: linguagem e práxis social

Para o presente estudo, a abordagem será mais centrada na grande contribuição da reviravolta pragmática,[255] sendo que Ludwig Wittgenstein, através de sua obra *Investigações Filosóficas*, forneceu fundamental direcionamento. A linguagem antes era vista como um instrumento secundário. Possuía como função primordial a designação das coisas. Logo, através das palavras tem-se acesso à essência. A relação entre a linguagem e o mundo é realizada através deste caráter designativo da linguagem.[256] Tratava-se de uma "metafísica clássica", eis que a busca de um conhecimento verdadeiro importa em desvendar a essência das coisas, posteriormente comunicada pela linguagem.

Dentro de uma concepção ontológica, a linguagem tinha por função exprimir o mundo real, como se houvesse um mundo-em-si. Há de se reconhecer que no Direito, muitas vezes, trabalha-se com

---

visualizar a relação indissociável entre a ideologia e o direito, sendo um instrumento importante para a formação de juristas críticos (WARAT, Luis Alberto, *O Direito...ob.cit.*, p. 47). Para uma análise mais profunda, ver MORRIS, Charles. *Fundamentos de la teoria de los signos*, p. 43-79.

[253] Cf. SCHLICK, M., citado por OLIVEIRA, Manfredo Araújo de. *Sobre...*, *ob. cit.*, p. 46, n.90.

[254] Cf. OLIVEIRA, Manfredo Araújo de. *Sobre...*, *ob. cit.*, p. 47. Para examinar a relação do positivismo lógico com o Direito, ver WARAT, Luis Alberto. *O Direito...*, *ob. cit.*, Capítulo II, p. 37-62.

[255] Cf. OLIVEIRA, Manfredo Araújo de. *Sobre...*, *ob. cit.*, p. 51, n.103, a reviravolta lingüística "fez a passagem da análise do entendimento puro ou da consciência enquanto tal da filosofia transcendental para a análise da *forma da linguagem*, o que faz da filosofia uma crítica da linguagem". Já a visão pragmática "vai aprofundar esta reviravolta lingüística na medida em que vai considerar uma dimensão da linguagem esquecida, em sua significação fundamental, pela reviravolta lingüística: a dimensão da linguagem enquanto práxis social".

[256] Dentro desta concepção tradicional, "a palavra designa, precisamente, não a coisa individual, mas o comum a várias coisas individuais, ou seja, sua essência", conforme OLIVEIRA, Manfredo Araújo de. *Reviravolta...*, *ob. cit.*, p. 120.

esta visão de mundo, conforme inclusive já mencionado anteriormente, onde a aplicação de um signo jurídico revela a sua essência, há um significado em si. A função da linguagem seria meramente secundária, no sentido de só ser utilizada para exprimir o mundo. Ora, a partir do momento em que se busca traduzir o mundo real, para que haja um processo perfeito, a concepção tradicional buscava a construção de uma linguagem igualmente perfeita e ideal, o que Wittgenstein buscou construir em sua primeira fase no *Tractatus*.[257]

Tal concepção essencialista reflete a própria questão da compreensão. Conforme Oliveira, *"compreender é apropriar-se da essência de algo, ou seja, é o evento espiritual de posse de determinado sentido"*[258] dentro deste entendimento.

A reviravolta lingüística, no entanto, caracteriza-se pela mudança na própria idéia de importância da linguagem. Abandona-se aquele entendimento de uma função secundária de apenas transmitir o real, pois Wittgenstein refere que a linguagem faz mais do que designar o mundo. No nº 23 de suas *Investigações Filosóficas*, enumera diversas funções que ela possui, variadas atividades humanas que podem ser feitas com a linguagem, referindo, expressamente, que *"essa variedade não é algo fixo, dado de uma vez por todas; mas podemos dizer, novos tipos de linguagens, novos jogos de linguagem surgem, outros envelhecem e são esquecidos"*.

O entendimento tradicional de que a linguagem possui tão-somente uma função de designar, decorreria do que ele aponta como *"dieta unilateral: alimentamos nosso pensar só com uma espécie de exemplos"*.[259]

Mas a grande mudança com a filosofia de Wittgenstein foi o abandono do essencialismo e de que não existe um mundo-em-si independente da linguagem, pois só temos o mundo na linguagem,[260] passando a ser tida como uma condição de possibilidade do conhecimento. As coisas do mundo, portanto, só nos são dadas através da mediação lingüística. Daí a importância também para o Direito Administrativo, pois trata-se de ciência que utiliza a linguagem natural. O mundo jurídico não nos é revelado em sua essência,[261] sob pena de

---

[257] Quando se fala do "segundo Wittgenstein", cuja obra mais representativa foi *Investigações Filosóficas*, se quer significar que o autor introduziu mudanças com relação a sua filosofia anterior, representada pelo *Tractatus*, cf. BLANCO, Carlos Nieto. *Ob. cit.*, p. 122.
[258] OLIVEIRA, Manfredo Araújo de. *Reviravolta...*, ob. cit., p. 123.
[259] WITTGENSTEIN, Ludwig. *Ob. cit.*, nº 593, p. 208.
[260] *Idem*, nºs 101, 104, 380, 379, 384.
[261] *Idem*, nº 66, p. 51. O autor abandona como objetivo a busca da essência, substituindo-o pelo olhar como as palavras são usadas. Não se trata de uma busca do que há de essencial, mas de ver semelhanças e parentescos.

cairmos em um verdadeiro ontologismo. No entanto, só podemos ter acesso ao jurídico através de uma relação de mediação.

O abandono de tal ontologismo é importante para o próprio entendimento do uso das palavras. Não sendo o objetivo a descoberta da essência, lança-se um olhar para verificar as semelhanças, por meio do que Wittgenstein chama de "semelhanças familiares", não se podendo falar, assim, em fronteiras definitivas nos usos das palavras.[262] Como decorrência, não é através de princípios hermenêuticos que se poderá determinar uma definição acabada e definitiva de um termo jurídico indeterminado. Eventuais tentativas importariam em instituir um essencialismo. As decisões jurisprudenciais antes referidas, onde houve a conceituação estandardizada de "normas constitucionais programáticas" ou de "autoridade pública", são bons exemplos de tal proceder, mas que não resistem a uma crítica mais científica.

Os juristas e a dogmática jurídica ainda operam dentro de uma concepção mais tradicional, marcada pela constante busca e pelo estabelecimento de definições acabadas, com fronteiras específicas e bem delimitadas, olvidando que a significação das palavras não está estabelecida de modo definitivo.[263] De qualquer sorte, como refere Oliveira, "*o fato de não ser possível conhecer, de modo definitivo, todos os casos de aplicação de uma palavra não significa que ela não tenha sentido*".[264]

Contributo importante desta viragem pragmática foi o entendimento de ser necessário um abandono do ideal de exatidão da linguagem,[265] não passando de um mito filosófico, adquirindo especial importância a verificação da situação concreta de uso da linguagem. A significação das palavras deve ser feita dentro de um contexto *socioprático* (Oliveira), não havendo uma significação definitiva, mas

---

[262] *Idem*, p. 52. Refere o autor: "Não posso caracterizar melhor essas semelhanças do que por meio das palavras 'semelhanças familiares'; pois assim se sobrepõem e se entrecruzam as várias semelhanças que existem entre os membros de uma família: estatura, traços fisionômicos, cor dos olhos, andar, temperamento, etc, etc.-E eu direi: os jogos formam uma família".

[263] WITTGENSTEIN, Ludwig. Ob. cit., nºs 79, 80, p. 58-9.

[264] OLIVEIRA, Manfredo Araújo de. *Reviravolta...ob.cit*, p. 130. Com isto se quer dizer que não há uma significação prévia, certa e totalmente dada de antemão, podendo simplesmente ser revelada pela linguagem, muito embora na Ciência Jurídica ainda trabalhe-se com este paradigma. O Supremo Tribunal Federal, na ADIN nº 178, RGS, rel. Min. Maurício Corrêa, j. 22.02.96, RDA 205/165, realizou a interpretação do termo indeterminado "efetivo exercício em funções de magistério". Um dos fundamentos utilizados foi o seguinte: "Tenho que a expressão 'efetivo exercício em funções de magistério', contida no art. 40, III, *b*, da Constituição está ali para dizer que o direito à aposentadoria especial dos professores só se aperfeiçoa quando cumprido o especial requisito temporal no exercício das específicas funções de magistério, excluída qualquer outra". Configura uma argumentação típica de uma interpretação que parte da concepção de uma realidade-em-si, fulcrada em conceitos tidos como precisos. A interpretação é capaz de dar "a resposta", como se houvesse um sentido unívoco a ser revelado.

[265] WITTGENSTEIN, Ludwig. *Ob. cit.*, nº 88, p. 64.

de acordo com semelhanças e parentescos. Aqui reside um aspecto fundamental deste filósofo, a inserção da linguagem em sua práxis social, não sendo possível conhecer os significados sem recorrer ao seu uso, às normas e práticas sociais que subjazem a seu uso.[266]

Wittgenstein, assim, estaria a conceber a existência de uma abertura dos conceitos, como algo próprio da linguagem. Dentro de tal perspectiva, parece desnecessário e inútil, no campo do Direito Administrativo, estabelecer discussões para a classificação e determinação específica do que é um termo indeterminado e o que não se enquadra na sua conceituação. A especificação de critérios para eliminar a vaguidade seria a volta a um essencialismo, pois tal tarefa mostra-se impossível, sendo admissível tão-somente diminuir este campo da incerteza. Como refere Oliveira, *"nossos conceitos são essencialmente abertos por admitirem a possibilidade de aplicação a casos não previstos".*[267]

A linguagem é uma ação, um processo de socialização entre os homens, e a significação das palavras necessita do exame das formas de vida, quer dizer, do contexto onde as palavras foram utilizadas. Para o autor em debate, *"todo signo sozinho parece morto. O que lhe confere vida? Ele está vivo no uso. Ele tem em si o hálito da vida?-Ou é o uso o seu hálito?"*[268]

O que estaria a conferir significação às palavras seria o seu uso, sendo imprescindível, para compreender o significado, a constatação da situação histórica, o uso real, não adquirindo maior importância a intenção de quem quer significar algo.[269] No entendimento de Wittgenstein,

---

[266] OLIVEIRA, Manfredo Araújo de. *Sobre... ob. cit*, p. 52.
[267] OLIVEIRA, Manfredo Araújo de. *Reviravolta...ob.cit.*, p. 131. WITTGENSTEIN, Ludwig. *Ob. cit.*, p. 57, refere que a palavra tem uma família de significados, não possuindo, portanto, "o significado". Considerando a complexidade dos conceitos no Direito Administrativo, há juristas desenvolvendo trabalhos no sentido de aglutinar definições lexicográficas neste ramo, criando verdadeiros dicionários. Exemplificativamente, o conceito de "ato administrativo". Cf. CRETELLA JÚNIOR, José. *Dicionário de Direito Administrativo*, p. 44, seria "a manifestação unilateral de vontade da Administração, em matéria administrativa, que tem por efeito mediato ou imediato a aquisição, o resguardo, a transferência, a modificação ou a extinção de direitos". O mencionado autor, ainda, refere tratar-se de uma noção repleta de incertezas, necessitando de um aperfeiçoamento contínuo. Em outra passagem, busca estipular um conceito de "idoneidade funcional", esclarecendo ser a "condição pessoal que se exige do agente público para o exercício de suas funções" (CRETELLA JÚNIOR, José. *Dicionário...ob.cit.*, p. 244). O estabelecimento de tais conceitos, no entanto, não pode significar a criação de fronteiras dogmáticas, pois devemos compreender os conceitos jurídicos como abertos e que podem ser aplicados a casos não previstos nas construções lexicográficas.
[268] WITTGENSTEIN, Ludwig. *Ob. cit.*, nº 432, p. 173.
[269] Com relação aos termos indeterminados no Direito Administrativo, mostra-se equivocada a postura que busca nos próprios termos a sua significação, como se ali estivesse um sentido a espera de ser revelado. A dogmática jurídica, no entanto, ainda insiste com tal prática, buscando, sob o pretexto de sistematizar, criar uma rede ontológica de significados jurídicos.

a linguagem é uma atividade humana, uma espécie de ação realizada em diversos contextos, só podendo ser compreendida através do "horizonte contextual". Tais contextos de ação são chamados de "formas de vida",[270] havendo diversas formas de vida, ou seja, diversos "jogos de linguagem".[271]

A importância dos jogos de linguagem para a pragmática é ressaltada por Oliveira:

"O conceito de jogo de linguagem pretende acentuar que, nos diferentes contextos, seguem-se diferentes regras, podendo-se, a partir daí, determinar o sentido das expressões lingüísticas. Ora, se assim é, então a Semântica só atinge sua finalidade chegando à pragmática, pois seu problema central, o sentido das palavras e frases, só poderá ser resolvido pela explicitação dos contextos pragmáticos".[272]

No Direito Administrativo, mostra-se fundamental a inserção de alguns pontos da perspectiva de Wittgenstein, a fim de melhor aclarar a aplicação dos termos indeterminados. Não se pode olvidar o equívoco da própria dogmática jurídica em isolar dos seus contextos os termos indeterminados, adotando posturas essencialmente abstratas, deixando de considerar a linguagem jurídica como um fenômeno histórico. Não há uma essência nas palavras a ser revelada pela linguagem, pois em razão dos diversos jogos de linguagem, as suas fronteiras não são precisas e definitivas. Deveria ser lançado um olhar, com maior profundidade, para as atuações pragmáticas, ao invés de construir raciocínios abstratos.

Mostra-se importante mencionar o pensamento de Gordillo. Este administrativista, muito embora ainda tenha como objetivo a busca de um campo preciso de aplicação dos conceitos no Direito Administrativo, reconhece expressamente não ser possível estipular um campo preciso de aplicação das palavras. A definição de vocábulos como

---

Mostra-se, assim, um trabalho importante desmistificar tais entendimentos, mostrando que a significação nada mais reflete do que um momento histórico, não definitivo e despido de autonomia.

[270] WITTGENSTEIN, Ludwig. Ob. cit., p. 19: "E representar uma linguagem eqüivale a representar uma forma de vida" e p. 23: "A expressão 'jogos de linguagem' deve salientar aqui que falar uma língua é parte de uma atividade ou de uma forma de vida".

[271] Conforme OLIVEIRA, Manfredo Araújo de. Reviravolta..., ob. cit., p. 138, Wittgenstein não estabelece um conceito de "jogos de linguagem", o que seria impossível, sob pena de voltar a um essencialismo. No entanto, fornece diversos exemplos, como aquele referido no nº 2. De qualquer sorte, nos "jogos de linguagem" deveriam sempre haver três elementos: os puramente lingüísticos, os parceiros da conversa e a situação lingüística (forma de vida).

[272] OLIVEIRA, Manfredo Araújo de. Reviravolta... ob. cit., p. 139.

"função administrativa", "Direito Administrativo", sempre será uma questão de estipulação.[273]

A concepção até aqui exposta, com efeito, mostra-se importante para um entendimento mais crítico da hermenêutica jurídica dominante que, como foi visto, não adotou a devida mediação lingüística na Ciência Jurídica. A postura de Wittgenstein combateu o objetivo de construir uma linguagem ideal, privilegiando uma análise no nível pragmático. Mas, como refere Warat, não introduziu o exame de fatores sociopolíticos, em que pese o exame da linguagem como fenômeno histórico, dimensão esta imprescindível para a desconstrução do discurso ideológico da Ciência Jurídica, isto é, *"uma instância ideológica que funciona como lei dos discursos, influenciada pela ação política da sociedade"*.[274]

3.2.2. O referente da pragmática existencial: linguagem e ontologia

Martin Heidegger foi o grande impulsionador de uma mudança de paradigma em relação à filosofia tradicional. Com a sua obra clássica *Ser e Tempo*, publicada em 1927, *"desejava por em causa toda a tradição metafísica ocidental"*,[275] partindo do pressuposto de que só se poderia falar em linguagem no homem. Aliás, a sua vasta obra publicada após consubstancia-se em um processo de explicitação de várias questões debatidas no *Ser e Tempo*. Busca, assim, superar o entendimento comum de ver na linguagem um mero instrumento, através do qual o homem toma conhecimento das coisas. A linguagem passa a constituir "momento fundamental para toda a experiência do real".[276]

O filósofo citado deixa de tratá-la como um mero objeto, conforme examinada em outros ramos do conhecimento, não sendo estudada como linguagem dentro do mundo. Trata-se de uma concepção em que é necessário ter a consciência de que *"não podemos falar do mundo*

---

[273] GORDILLO, Agustín. *Ob. cit.*, p. I-6 e I-8.

[274] WARAT, Luis Alberto. *O Direito...*, ob. cit., p. 64.

[275] PALMER, Richard E. *Hermenêutica*, p. 129-30. Conforme o autor, "o ser, tal como se revela na experiência vivida, escapa às categorias conceptualizantes, especializantes e intemporais de um pensamento centrado em idéias. O ser era o prisioneiro escondido, quase esquecido, das categorias estáticas do Ocidente, que Heidegger esperava libertar". Heidegger menciona que dentro do pensamento filosófico da época a investigação dos entes estava limitada a uma mera descrição deles, sendo que o que procurava era o ser. Com isto, a sua "interpretação ontológico-existencial debruça-se sobre a constituição do ser e não sobre a sua generalização teórico-crítica", cf. BLEICHER, Josef. *Hermenêutica Contemporânea*, p. 139.

[276] OLIVEIRA, Manfredo Araújo de. *Reviravolta...*, ob. cit., p. 205. Como menciona o autor, Heidegger não nega o caráter instrumental da linguagem, mas tenta avançar na discussão, a fim de examinar de que modo, por meio da linguagem, o Ser se desvela a nós.

a não ser falando da linguagem".²⁷⁷ O mundo é tido como linguagem. O próprio pensar movimenta-se nela. Logo, o homem só fala a partir e na linguagem, e o ser-no-mundo é sempre mediado por ela, responsável pela própria manifestação do ente a nós.²⁷⁸

O ente só pode revelar-se como tal onde existe linguagem, sendo ela, portanto, *"o evento de desvelamento do sentido do ser"*. No entanto, é preciso entender que não há um acesso ao mundo descontextualizado, isto é, o homem só conhece em uma determinada época, inserido em uma determinada história.²⁷⁹ Entre a linguagem e os objetos, portanto, há todo um mundo da cultura, da história, o que importa em reconhecer uma insuficiência das análises de cunho lógico-formal, havendo a necessidade de examinar a interpretação, a compreensão.

Com isto, Heidegger propõe um novo paradigma, abandonando as visões anteriores e objetivantes: trata-se do paradigma hermenêutico, fundamental posteriormente para o desenvolvimento do trabalho de Gadamer. A compreensão é um dos existenciais do eis-aí-ser (*Dasein*),²⁸⁰ que *"se entiende como un existir en el mundo y tal intelección es una autorrevelación; su apertura es por lo que existe en el mundo, como correvelado simultáneo con el mundo"*.²⁸¹

O homem enquanto ser-no-mundo é o novo paradigma filosófico, só havendo mundo porque ele é *Dasein*, quer dizer, eis-ai-ser, que é essencialmente compreendedor de ser, revelador do ser. No entanto, o homem não é simplesmente, mas somente é homem enquanto ser-no-mundo, ou seja, desde sempre está em um mundo hermenêutico, sendo a compreensão uma dimensão constitutiva; como o ho-

---

²⁷⁷ STEIN, Hernildo. *Aproximações...*, ob. cit., p. 14. O autor menciona que o problema não pode ser reduzido ao entendimento da linguagem enquanto meio no qual os sujeitos têm acesso aos objetos. Passa a questionar como conhece alguém quando só conhece através da linguagem? Como deve ser constituído alguém que só conhece através da linguagem? Logo, todo o conhecimento se dá através da linguagem (*Idem*, p. 15-6).

²⁷⁸ OLIVEIRA, Manfredo Araújo de. *Reviravolta...*, ob. cit., p. 206.

²⁷⁹ STEIN, Ernildo. *Aproximações...*, ob. cit., p. 17: "O ser humano sempre aparece dentro de uma determinada cultura, dentro de uma determinada história, aparece dentro de um determinado contexto".

²⁸⁰ Também utilizada como "pre-sença", em que pese ser comum a tradução para línguas latinas a expressão "ser-aí", cf. CARNEIRO LEÃO, Emmanuel. Notas de *Ser e Tempo*, p. 309. Segundo esclarece "pre-sença não é sinônimo de homem, nem de ser humano, nem de humanidade, embora conserve uma relação estrutural. Evoca o processo de constituição ontológica de homem, ser humano e humanidade. É na pre-sença que o homem constrói o seu modo de ser, a sua existência, a sua história, etc.", segundo entrevista de Heidegger ao *Der Spiegel*, Rev. *Tempo Brasileiro*, n. 50. Em outra passagem menciona: "Quanto à formação do termo pre-sença, observar: 'pre' corresponde a 'Da' e 'sença', como forma derivada de 'esse', corresponde a 'sein'.

²⁸¹ Cf. FERNÁNDEZ-LARGO, Antonio Osuna. *La hermenéutica jurídica de Hans-Georg Gadamer*, p. 43.

mem é um ser histórico, não se poderia falar em uma compreensão definitiva, como um conceito *a priori*.

No Direito Administrativo, muitas vezes, os operadores do direito olvidam esta premissa, e trabalham com compreensões definitivas e dados *a priori*. A lei, ensejadora do princípio da legalidade, leva à construção de tal forma de pensamento, funcionando como depositária das compreensões estandardizadas do mundo, prontas para serem desveladas. A discussão relativa ao controle dos atos discricionários pelo Poder Judiciário, por exemplo, passa por tal questão, pois em geral há a busca de uma construção lógica da discricionariedade, fulcrada no conteúdo legal, como se fosse algo-em-si localizado no interior dos dispositivos normativos.[282]

Cumpre mencionar o seguinte sobre a compreensão:

"A compreensão não se concebe como algo que se possua mas antes como um modo ou elemento do ser-no-mundo. Não é uma entidade no mundo, antes é a estrutura do ser que torna possível o exercício actual da compreensão a um nível empírico. A compreensão é a base de toda a interpretação; é contemporânea da nossa existência e está presente em todo o acto de interpretação".[283]

A compreensão, portanto, é inseparável da existência do homem. Aqui reside um importante aspecto desta concepção, pois *"pretende pensar o homem em sua condição prática, como ser-no-mundo, num processo de compreensão produtora de sentido, e que, portanto, supera a teoria da tradição, antes, contempladora do mundo..."*.[284]

A linguagem se revela como a vinculação do homem com o evento do ser. O homem é enquanto manifestação do ser e isto só acontece enquanto linguagem. Para Heidegger, *"a linguagem é um dizer, dizer no sentido original da palavra, isto é, mostrar, deixar aparecer, ver, ouvir"*,[285] a linguagem é assim a casa do ser e o caminho necessário para o encontro do homem com o mundo.

É importante aduzir que a compreensão opera no interior de um conjunto de relações já interpretadas, num todo relacional, quer dizer, que atua dentro de um "círculo hermenêutico", inseparável da exis-

---

[282] A discricionariedade é trabalhada como algo dado pelas normas legais, estando presente em algumas hipóteses: quando a lei expressamente confere à Administração Pública tal poder; quando a lei é omissa e quando a lei estabelece determinada competência, mas não estabelece a conduta a ser adotada.
[283] Cf. PALMER, Richard E. *Ob. cit.*, p. 136.
[284] STEIN, Ernildo. *Seis Estudos sobre 'Ser e Tempo'*, p. 104.
[285] OLIVEIRA, Manfredo Araújo de. *Reviravolta...*, *ob. cit.*, p. 215.

tência do homem. Não se pode conceber a compreensão fora da história, da cultura, da tradição. Ademais, ela produz história, cultura e tradição, surgindo a circularidade: enquanto nos compreendemos, compreendemos o todo.[286]

Para Heidegger, o horizonte de sentido é dado pela compreensão, o que ele desenvolve através do seu método fenomenológico,[287] onde busca sempre fazer uma análise da singularidade e da sistematicidade, sendo o primeiro aspecto referente ao fenômeno e o segundo ao *logos* (ao discurso). Tal método conduz a uma descoberta daquilo que se esconde no discurso, que é exatamente a singularidade que tenta se expressar no *logos*, mas que é oculta.[288]

Daí falar-se em hermenêutica em nível ontológico, sempre ressaltando que a expressão *ontologia* passa a ter um outro significado, não se referindo à existência de um outro mundo paralelo, mas no sentido de uma compreensão da totalidade, conforme refere Stein. Quer dizer, *"a compreensão que o homem tem do sentido é a de que nós só temos o sentido pela compreensão porque se realizam no ser humano duas compreensões: a compreensão de si mesmo e a compreensão do ser"*.[289]

A compreensão passa a ser constitutiva do próprio ser e só se pode compreender o ser quando compreende a si mesmo - aqui reside a circularidade. Heidegger menciona expressamente que *"compreender é o ser existencial do próprio poder-ser da pre-sença"*, do ser-aí.[290]

A linguagem aparece como ponto fundamental mais uma vez, pois nosso acesso aos objetos só se dá pela linguagem. Mas não chegamos aos objetos apenas, chegamos aos objetos sob um determinado ponto de vista, na medida em que só compreendemos algo como algo. Stein menciona um dos aspectos importantes da obra de Heidegger, qual seja, a introdução do aspecto prático na filosofia, em que o homem vai ser descrito como ser-no-mundo, sendo a compreensão um dos existenciais. Este entendimento prático é fundamental para visua-

---

[286] STEIN, Ernildo. *Aproximações...*, ob. cit., p. 42. As compreensões dos termos indeterminados no Direito Administrativo, com efeito, estariam inseridas neste círculo hermenêutico. Uma produção de sentido, elaborada por um autor, representaria algo que opera num conjunto de relações já interpretadas, não se podendo aceitá-la como abstração, fora de uma determinada história e tradição, pronta para ser imposta e aceita acriticamente.

[287] HEIDEGGER, Martin. *Ser e Tempo I*, § 7º, p. 56.

[288] STEIN, Ernildo. *Aproximações...*, ob. cit., p. 55-6. Também, conforme o autor, pode-se dizer que o diferencial em relação ao método analítico é que a filosofia hermenêutica busca dar atenção aos dois lados do discurso, isto é, ao lado hermenêutico e ao lado aponfântico (lógico-analítico).

[289] *Idem*, p. 57.

[290] HEIDEGGER, Martin. *Ob. cit.*, § 31, p. 200.

lizar que a compreensão nunca é pura, mas sempre decorrente de uma compreensão ligada às condições e ao modo de ser-no-mundo.[291]

As construções doutrinárias e jurisprudenciais não se consubstanciam em fontes capazes de revelar o acesso aos objetos. Diversos operadores do Direito Administrativo conceituam a razoabilidade, por exemplo, como sendo um requisito necessário para a validade do ato administrativo.[292] Tais entendimentos, em última análise, representam a razoabilidade sob um determinado ponto de vista, muito embora seja comum a utilização-fetichizada, isto é, a inserção de um caráter denotativo no ponto de vista, através de uma reconhecimento de autoridade. A inserção do elemento dialógico na construção do discurso jurídico, portanto, parece inevitável.

3.3. A construção de uma hermenêutica crítica: por uma compreensão dialógica

No Capítulo I, houve a exposição do entendimento dogmático sobre os termos legais indeterminados. No entanto, o presente estudo busca realizar uma tematização do assunto voltada para um caráter interdisciplinar, com o objetivo de possibilitar outra instrumentalização para a análise do problema jurídico ora em debate. A complexidade do mundo já não comporta a redução das questões jurídicas a uma lógica puramente formal ou uma estruturação através do raciocínio silogístico, como inclusive já mencionado.[293] Destarte, há necessidade de ser implementada uma própria mudança na questão hermenêutica, ultrapassando-se os processos puramente formais,

---

[291] HEIDEGGER, Martin. *Idem*, p. 61.

[292] FIGUEIREDO, Lúcia Valle. *Curso de Direito Administrativo*, p. 46. MEDAUAR, Odete. *Direito Administrativo Moderno*, p. 146. DI PIETRO, Maria Sylvia Zanella. *Direito Administrativo*, p. 72. BANDEIRA DE MELLO, Celso Antônio. *Curso..., ob. cit.*, p. 63.

[293] Cf. FREITAS, Juarez. *A Substancial Inconstitucionalidade da Lei Injusta*, p. 19, há um abismo concreto entre a lógica formal e a lógica que comanda a vida, sendo esta última, sem dúvida, dialética. O pensamento de cunho positivista, calcado em uma visão silogística da aplicação da norma e, no caso concreto, dos termos legais indeterminados, funda-se em asserções insustentáveis. Parece difícil conceber a compreensão como algo matemático, como uma pesagem, em que os métodos de interpretação constituem instrumentos precisos da calibragem significativa. Em última análise, a conseqüência é a retirada do intérprete do próprio contexto histórico-social!! Trata-se de uma concepção onde prevalece o entendimento dogmático de que o legislador seria o único a inovar na ordem jurídica, construindo um universo lógico, completo e justo. Ver FARACO, Plauto. *Aplicação do Direito e Contexto Social*, p. 110 e ss., sendo referido pelo autor que este foi o caminho seguido pela Escola da exegese, "que entendia estar a solução jurídica no texto da lei, cabendo ao juiz o trabalho quase mecânico de estabelecer o seu significado segundo a linguagem jurídica corrente e aplicá-la ao caso" (*Idem*, p. 124).

cujo objetivo é a busca de um sentido primeiro de significação.[294] Seria possível, através de um método exegético, ter acesso a uma única e "verdadeira significação" dos termos legais indeterminados?

A questão do significado está intimamente relacionada com a hermenêutica, palavra cuja origem grega é *hermeneia*, estando atrelada à figura de Hermes, o tradutor da linguagem dos Deuses, tornando-a acessível aos homens.[295] Um marco significativo dentro do seu processo histórico-evolutivo é o pensamento dos sofistas, pois passa-se a afirmar a convencionalidade da relação entre a linguagem e o ser. Sem a pretensão de realizar uma descrição do processo de construção das teorias hermenêuticas, faz-se mister também referir outra de suas raízes, a noção socrático-platônica do "diálogo" com a primazia que nela se concede à pergunta nascida da aporia. Em virtude desta primazia da pergunta, cabe dizer que na base de todo pensar há (mais ou menos oculta ou implícita) uma dialética (ou um jogo) de pergunta e resposta que transcende sempre o propriamente dito".[296]

A hermenêutica de Gadamer, que a seguir será melhor explicitada, procura entender a questão hermenêutica não como um problema filológico ou metodológico, mas como um problema universal, isto é, "filosófico e ontológico, que afeta em geral a toda a relação entre o homem e o real",[297] buscando uma crítica à pretensão de absolutizar a atitude positivista cientificista e a vinculação ao método, reafirmando a impossibilidade de alcançar uma fundamentação racional e definitiva do conhecimento e do mundo. A interpretação deixará de ser

---

[294] V. NEVES, Castanheira A. *Metodologia Jurídica - Problemas Fundamentais*, p. 84. O autor coloca com propriedade que o lugar comum freqüentado pelo pensamento jurídico acrítico consiste na hermenêutica jurídica como um método destinado a esclarecer a essência da norma, procurando critérios do seu correto interpretar. Inclusive, "uma boa interpretação não é aquela que, numa pura perspectiva hermenêutico-exegética, determina correctamente o sentido textual da norma...". Daí a importância de considerar que as estruturas lógicas já não conseguem dar conta do mundo e a interpretação é hermenêutica, pois não se pode ter acesso aos objetos via significado, cf. STEIN, Ernildo. *Aproximações...*, ob. cit., p. 18. O acesso aos termos legais indeterminados ocorre via significado num mundo histórico determinado, numa cultura determinada, sendo que a verdade das proposições jurídicas não é inteiramente fundamentada na sua forma lógica. Como já mencionado "chegamos aos termos indeterminados como termos indeterminados"- algo como algo.

[295] Cf. GARAGALZA, Luis. *In Diccionario de Hermenéutica*, p. 252.

[296] GARAGALZA, Luis. Ob. cit., p. 253. Por tal razão, afirma-se que "entender o que alguém diz não será, pois, captar (abstratamente) sua opinião pessoal-privada, senão reconstruir a pergunta à que está respondendo, uma pergunta que já não é meramente privada, porquanto que nela está implicado também, e ao menos, o intérprete." A questão do diálogo é fundamental para o pensamento hermenêutico, chegando Gadamer a afirmar que "a hermenêutica como teoria filosófica concerne à totalidade de nosso acesso ao mundo (Weltzugang). Pois é o modelo da linguagem e sua forma de realização - ou seja o diálogo - quem suporta não só o entendimento entre os homens senão também o entendimento sobre as coisas de que consta nosso mundo" (*Idem*, p. 228).

[297] *Idem*, p. 255.

vista sob a perspectiva meramente procedimental, mas como algo inerente à nossa condição de humanidade, vinculada à finitude, sendo uma tarefa infinita, circular, que ocorre no seio da linguagem.[298]

Aqui, de plano, faz-se mister examinar a própria questão da compreensão inserida em um processo histórico-dialético, onde Gadamer, com sua obra *Verdade e Método*, contribuiu sobremaneira para a reviravolta hermenêutica da ontologia e que será repensada em razão da finitude e historicidade do homem. A linguagem é o centro das reflexões filosóficas, sendo que *"a constituição do sentido não é obra de uma subjetividade isolada e separada da história, mas só é explicável a partir de nossa pertença à tradição"*.[299]

Logo, imprescindível uma explicitação da historicidade da compreensão e como ela acontece. Pode-se dizer que a fenomenologia da compreensão identifica-se com a fenomenologia da experiência humana e compreender é a forma originária de realização do estar-ai (*Dasein*),[300] englobando toda a experiência e autoconsciência que é capaz de assumir o existente humano, derivadamente de sua abertura ao mundo e enraizada em sua condição de possibilidade finita.[301]

---

[298] A reflexão sobre a linguagem passa a ser o fio condutor da hermenêutica. No entanto, e aqui reside um dos aspectos importantes da teoria de Gadamer, a linguagem não é vislumbrada sob a perspectiva de um conjunto de enunciados, mas desde o ponto de vista do diálogo. Com relação ao Direito Administrativo, e em especial os termos indeterminados, a questão hermenêutica é essencial, pois compreender um signo jurídico não será somente captar o que diz a opinião do seu autor, mas também o que quer dizer aquilo que está oculto neste dizer, o que será possível a partir do momento em que ocorre a introdução no diálogo em que o signo jurídico surgiu (*Idem*, p. 259).

[299] OLIVEIRA, Manfredo Araújo de. *Reviravolta..., ob. cit.*, p. 227.

[300] Conforme já mencionado no item anterior, não é sinônimo de homem, mas evoca o processo de sua constituição ontológica, podendo ser descrito como uma situação de compreender, de sentido e de interpretação. O *Dasein* "se entende como um existir no mundo e tal intelecção é uma auto-revelação; sua abertura é pelo que existe no mundo, como co-revelado simultâneo com o mundo...", cf. FERNANDEZ-LARGO, Antonio Osuna. *Ob. cit.*, p. 43. Possui uma característica de presencialidade e de um ser aberto para o mundo. O *Dasein*, como estrutura do homem, é que possibilita a compreensão, mas não como uma compreensão fechada a definitiva, pois é exatamente em virtude do caráter histórico do Ser-aí que não se possui um horizonte verdadeiramente imutável.

[301] FERNANDEZ-LARGO, Antonio Osuna. *Ob. cit.*, p. 42. É exatamente este caráter histórico e de finitude do intérprete que impede estabelecer critérios dogmatistas de interpretação dos termos indeterminados, pois estar-se-ia desconhecendo a dimensão ontológica do compreender. Ademais, a adoção de tais critérios, muitas vezes, impossibilita uma atividade mais intensa de controle por parte do Poder Judiciário. Em outro caso de controle jurisdicional de edição de MP (ADIN nº 1.397, Rel. Min. Carlos Velloso, j. 28.04.97, RDA 210/294), o STF considerou que a definição dos termos indetermiandos urgência e relevância, como requisitos necessários para a edição de medidas provisórias, são definidos por critérios políticos, quer dizer, será aquilo que o Presidente da República disser que é, não cabendo ao Poder Judiciário apreciar a sua caracterização ou não. Vale mencionar também que recentemente na ADInMC 1.753-DF, Rel. Min Sepúlveda Pertence, j. 16.04.98, o STF exerceu um controle sobre tais pressupostos previstos no artigo 62 da CF, mas constou que estaria "excepcionalmente" reconhecendo ofensa ao dispositivo constitucional pela ausência de relevância e urgência.

A interpretação, para Gadamer, começa sempre com conceitos prévios que tenderão a ser substituídos progressivamente por outros mais adequados.[302] No entanto, não se trata apenas, na tarefa interpretativa, de introduzir direta e acriticamente nossos hábitos lingüísticos,[303] mas de estar aberto à opinião do outro ou do texto.[304]

É importante atentar para o fato de que a compreensão ocorre a partir de nossos preconceitos (pré-juízos)[305] e que são muito mais do que juízos individuais, mas a realidade histórica do nosso ser (Gadamer). Aliado ao caráter da finitude, está posta a grande problemática da hermernêutica.

Os pré-conceitos estruturadores da compreensão não são arbitrários. Aqui entra a noção gadameriana de tradição, pois:

> "compreendemos e buscamos verdade a partir das nossas expectativas de sentido que nos dirigem e provêm de nossa tradição específica. Essa tradição, porém, não está a nosso dispor: antes de estar sob nosso poder, nós é que estamos sujeitos e ela. Onde quer que compreendamos algo, nós o fazemos a partir do horizonte de uma tradição de sentido, que nos marca e precisamente torna essa compreensão possível".[306]

---

[302] GADAMER, Hans-Georg. *Verdad y Método I*, p. 333.

[303] *Idem*, p. 334.

[304] *Idem*, p. 335. Aqui entra em jogo a noção de alteridade do texto exposta pelo autor, pois o que quer compreender um texto tem que estar em princípio disposto a deixar-se dizer algo por ele. Segundo Gadamer, é importante para o hermeneuta mostrar-se receptivo para a alteridade do texto, o que não implica neutralidade frente às coisas. Por tal razão é que se deve adotar uma postura reservada em relação aos critérios normalmente utilizados pela dogmática jurídica para enfrentar a problemática dos termos indeterminados, não sendo crível aceitar as construções do sentido comum teórico dos juristas de maneira acrítica e como capazes de revelar a essência, por exemplo, de signos jurídicos como interesse público, bem comum, serviço público, etc. Admitir tal dogmatismo importaria em eliminar a capacidade significativa do homem.

[305] *Idem*, p. 337. Trata-se de importante categoria utilizada pelo autor para explicar a compreensão. A palavra alemã é *Vorurteil*, em francês *préjuge*, traduzida para o espanhol como *prejuicio*. Em português há autores que a mencionam como pré-conceito ou como preconceito. Não se trata de um sentido pejorativo que desde a Ilustração adquiriu a palavra *prejuicio*. Para GADAMER, quer dizer um juízo que se forma antes da convalidação definitiva de todos os momentos que são objetivamente determinantes (*Idem*, p. 337). No âmbito do Direito, pode-se falar em *prejuicio* como uma decisão prévia antes de ser adotada uma decisão definitiva sobre um caso. Constitui-se em uma condição inerente do *Dasein* como ser que está no mundo. Os pré-juízos devem ser entendidos "como uma compreensão prévia que introduzem em um círculo não fechado ou vicioso, senão hermenêutico ou aberto" (cf. GARAGALZA, Luis. *Op. cit.*, p. 257).

[306] Cf. OLIVEIRA, Manfredo Araújo de. Reviravolta..., *ob. cit.*, p. 228. É importante entender o homem como um ser que conhece somente através da linguagem e o seu acesso ao mundo ocorre via significado dentro de um determinado contexto histórico, cf. STEIN, Ernildo. Aproximações..., *ob. cit.*, p. 16-17. Desde já, é fundamental entender a tradição não como algo que leva à absolutização, mas exatamente como uma "comunidade de interrogação" e que introduz o homem no diálogo (cf. GARAGALZA, Luis, *Ob. cit.*, p. 257). De qualquer sorte, a tradição acaba funcionando como possibilidade de sentido e estruturadora da linguagem do *Dasein*, dos prejuízos dos operadores jurídicos.

Considerando que somos seres históricos e finitos,[307] passamos a compreender através de conceitos consagrados, não somente aqueles aceitos de uma maneira razoável, mas aquilo que herdamos como algo já posto. Pode-se dizer que há uma determinação de nossas instituições e de comportamentos. A tradição, no entanto, não se relaciona apenas com o aspecto de conservação de algo, eis que nunca deixa de estar presente nas mudanças históricas, pois quando a vida sofre as suas transformações *"en medio del aparente cambio de todas las cosas se conserva mucho más legado antiguo de lo que nadie creería, integrándose con lo nuevo en una nueva forma de validez"*.[308]

Uma proposta hermenêutica deve ultrapassar a questão do método, como forma de compreender, direcionando-se para um acontecer da tradição, abandonando-se as concepções subjetivistas. Faz-se mister considerar que o passado e o presente estabelecem uma relação de contínua mediação,[309] surgindo um importante questionamento: que conseqüências têm para a compreensão o fato de o homem pertencer a uma tradição? Gadamer menciona ser necessário recordar a regra hermenêutica de compreender o todo desde o individual e o individual desde o todo, estando subjacente uma relação circular.

O círculo hermenêutico não é simplesmente formal, não é subjetivo nem objetivo, mas *"descreve a compreensão como a interpenetração do movimento da tradição e do movimento do intérprete"*,[310] não sendo

---

[307] A finitude do homem funciona com limitação do ser humano, mas também como possibilidade, pois pode-se vislumbrá-lo em razão de seu caráter de ser-para, de ser incompleto, onde a sua existência é um contínuo tornar-se, projetar-se. Ademais, a sua temporalidade e espacialidade determinam o caráter histórico do homem.

[308] GADAMER, Hans-Georg. *Ob. cit.*, p. 350.

[309] Trata-se de vislumbrar a relação entre o homem e os objetos do mundo, que não se dá de maneira imediata, pois cada conhecimento de um determinado objeto pressupõe um sujeito de conhecimento, sujeito que deve apropriar-se do objeto por realização própria (cf. CORETH, Emerich. *Diccionario de Hermenéutica*, p. 308). O objeto, assim, é dado pela mediação do sujeito, através da linguagem. Com relação aos termos indeterminados, a conclusão será de que não há uma acesso imediato à significação de interesse público, interesse coletivo, propaganda imoral, senão pela mediação lingüística, não sendo possível estabelecer-se uma compreensão abstrata. Ver STEIN, Ernildo. *Aproximações...*, *ob. cit.*, p. 19. O autor sustenta que o acesso aos objetos se faz pela clivagem do significado, pela via dos significados, havendo assim sempre um acesso indireto, pois chegamos a algo, *mas enquanto* algo. Outrossim, fala-se em "relação" porque a linguagem não é somente um depósito de sentidos, mas a articulação deles, consubstanciando-se em mediação de toda experiência humana (cf. MARQUES, Mario Osório. *Conhecimento...*, *ob. cit.*, p. 92).

[310] GADAMER, Hans-Georg. *Ob. cit.*, p. 363. A questão da circularidade é fundamental para a compreensão. Como menciona STEIN, Ernildo, *Aproximações...ob cit..*, p. 42, já sempre compreendemos, enquanto compreendemos o todo e enquanto compreendemos o todo, já sempre nos compreendemos. Logo, torna-se impossível estabelecer uma separação entre sujeito e objeto, pois o homem já está sempre no fato histórico, como ser-no-mundo. Como ser-no-mundo, o homem se ocupa de interrogar sobre o mundo, como alguém que está no mundo e o

também um pressuposto sob o qual nos encontramos sempre, pois esta relação com a tradição é instaurada pelo próprio homem enquanto ele compreende. Com efeito, há uma participação no acontecer da tradição que é também continuamente determinada e formada. Por tal razão é que Gadamer entende o círculo hermenêutico não no sentido metodológico, mas como um momento estrutural ontológico da compreensão.

O entendimento de um texto passa por uma base de expectativas de sentido e que é extraída da própria relação precedente do homem com o assunto, podendo-se abstrair a primeira das condições hermenêuticas, a pré-compreensão. Quando o intérprete depara-se com um texto, acaba por ver-se diante de uma situação importante: a distância no tempo e sua significação para a compreensão. De plano já se pode afastar a concepção de que na hermenêutica se está simplesmente reproduzindo uma produção original. Entre o intérprete e o autor do texto há uma diferença insuperável e que está dada pela distância histórica.

Por tal razão, é necessário atentar para o fato de que cada época entende um texto transmitido de uma maneira peculiar, pois o texto forma parte do conjunto de uma tradição pela qual cada época tem um interesse objetivo.[311] Assim, o sentido do texto dado por um autor é determinado por uma situação histórica em que ele se encontra,[312] sendo sempre o processo de compreensão uma forma de compreender de um modo diferente.

A compreensão, como *factum* existencial, não toma o tempo como um abismo a ser superado, mas exatamente como o fundamento que é capaz de sustentar o acontecer, fornecendo possibilidades de significação. A inserção do texto no tempo não quer dizer que os sentidos errados são superados ou abandonados por sentido corretos, mas que constantemente aparecem novas fontes de compreensão que estabe-

---

descreve, que fala de sua estrutura. Ele não tem propriamente o objeto, mas descreve as condições de possibilidade do objeto ou do conhecimento dos objetos. Assim é que aparece o acesso do homem aos objetos via linguagem (STEIN, Ernildo, *Aproximações...*, *ob. cit.*, p. 60). Como refere expressamente o autor, "chegamos ao objeto sob um ponto de vista e neste sentido a estrutura do discurso sobre os objetos no mundo tem uma estrutura de algo como algo, a cadeira como cadeira, algo enquanto algo." (*Idem.*, p. 60).

[311] GADAMER, Hans-Georg. *Ob. cit.*, p. 366.

[312] *Idem, ibidem*. Por tal razão é que GADAMER diz que o sentido de um texto supera a seu autor não ocasionalmente, mas sempre, não sendo nunca a compreensão um comportamento somente reprodutivo, mas sempre também produtivo. Tal característica será fundamental para a hermenêutica dos termos indeterminados, pois quando se faz a aplicação de um texto contendo tal espécie, significa que há uma atividade produtiva.

lecem relações de sentido antes impensadas, são sentidos diferentes atribuídos, não importando um processo hermenêutico concluído.[313]

Esta dimensão possibilita uma visualização crítica da hermenêutica, sendo que uma consciência formada hermeneuticamente há de ser uma consciência histórica. Os pré-juízos, para que possam aflorar, necessitam de um estímulo e que procede precisamente do encontro com a tradição, realizado através da forma de perguntas. A pergunta tem como essência manter aberta as possibilidades significativas, surgindo o chamado princípio da história efeitual.[314]

A hermenêutica deve atentar para o aspecto construtivista da história, não podendo, quando se deparar com um texto, ficar restrita à intenção do seu autor ou o primeiro significado, sendo um aspecto primordial a ser considerado o influxo operado no decurso da história.[315] A consciência histórica é uma consciência da própria situação hermenêutica, assumindo a condição de finitude e temporalidade, ao contrário da metafísica que prima por uma verdade absoluta realizando uma autonegação destes dois postulados.

A historicidade do ser importa na idéia de horizonte, isto é, aquele âmbito de visão que é dado desde um ponto de vista da história. A compreensão, como refere Gadamer, é sempre o processo de fusão de horizontes, em que há um encontro com a tradição, experimentando-se uma relação de tensão entre o texto e o presente. A compreensão pode ser tida como o sobrepassar o limitado horizonte histórico e ganhar um novo horizonte superador (fusão),[316] em que os

---

[313] *Idem*, p. 369. A inconclusão é fundamental para entender que uma compreensão é sempre limitada, na medida em que o homem não consegue dar conta do passado e não consegue dar conta do futuro, cf. STEIN, Ernildo. *Aproximações...*, *ob. cit.*, p. 63. Com efeito, deve-se pensar na pretensão "científica" de compreender um termo indeterminado plenamente. Como menciona o autor, "não nos damos conta de que compreender plenamente algo não é pleno, porque lidamos com uma carga histórica que nos limita. Somos limitados por uma história que está atrás de nós".

[314] GADAMER, Hans-Georg. *Ob. cit.*, p. 369 A compreensão possui uma condição de história. A razão suficiente vai ser buscada no sentido atualizador dos textos, não sendo ela dona de si mesma, mas existente como real e histórica, sempre estando referida ao dado, no qual se exerce, cf. FERNANDEZ-LARGO, Antonio Osuna. *Ob. cit.*, p. 53. A expressão história efeitual não permite definições breves, mas GADAMER evidencia os seus elementos estruturais: conhecimento da situação hermenêutica especial e do horizonte que a caracteriza; relação dialógica entre intérprete e texto; dialética entre pergunta e resposta e abertura à tradição, cf. BLEICHER, Josef. *Ob. cit.*, p. 157.

[315] FERNANDEZ-LARGO, Antonio Osuna. *Ob. cit.*, p. 58. Por tal razão é que os métodos de interpretação não podem conduzir a uma única possibilidade interpretativa, pois olvidam que o compreender incorpora-se a um processo histórico do qual fazemos parte. As nossas compreensões, portanto, não são definitivas, mas históricas e inacabadas.

[316] FERNANDEZ-LARGO, Antonio Osuna. *Ob. cit.*, p. 55-6. Como menciona o autor, "os horizontes não se criam à margem do contraste com o passado e são fruto dialético do enfrentar-se desde o presente com o passado". Pode-se falar, então, não simplesmente em uma consciência histórica, mas em uma consciência crítica, quer dizer, "aquela que não está intei-

conceitos de um passado histórico são recuperados e incluem também o nosso próprio passado.

Com efeito, não se há de ter como meta, por parte do jurista, a busca de um sentido originário dos termos indeterminados, para, em um segundo momento, aplicá-los ao presente, pois *"não há uma compreensão originária da norma e, posteriormente, uma aplicação (dogmática então) da mesma, senão uma só interpretação suscitada por uma condição do intérprete e em um processo circular com a tradição do mesmo texto"*.[317] Não há como se garantir um sentido original a ser descoberto, pois sequer a interpretação histórica é capaz de reconstruir o passado como passado, mas tão-somente como compreensão atual do passado.

A interpretação não possui uma diferenciação do ato de compreender, eis que compreender é sempre interpretar. Aliás, Gadamer entende como processo unitário a interpretação, compreensão e a aplicação inclusive,[318] e o trabalho do intérprete não consiste simplesmente em reproduzir o que foi dito, mas deve também fazer valer a sua opinião dentro de uma concepção dialógica. A hermenêutica aqui não é vista de uma forma acessível através de um método, nem como uma atividade reprodutiva.[319]

É importante que o jurista realize uma tarefa de reflexão,[320] sendo fundamental vislumbrar que, na aplicação de um termo legal indeterminado, referido em um corpo jurídico, vai ser realizada uma tarefa prática, relacionada com as necessidades do presente. Esta reflexão vai ser caracterizada por uma atividade de mediação da norma juri-

---

ramente de acordo com o seu tempo, cuja situação hermenêutica nunca está parada, é uma consciência que procura dar conta das mudanças e saber que essas mudanças são produzidas em boa parte pelas ciscunstâncias presentes...", cf. STEIN, Ernildo. *Aproximações...*, ob. cit., p. 76-7. Este mesmo autor bem refere que GADAMER defende a idéia de que a hermenêutica também possui uma tarefa crítica, não podendo subsumir-se em uma hermenêutica do método.

[317] FERNANDEZ-LARGO. Antonio Osuna. *Ob. cit.*, p. 65.

[318] GADAMER, Hans-Georg. *Ob. cit.*, p. 379. O autor defende a tese de que a aplicação é um momento do processo hermenêutico tão essencial e integral como a compreensão e a interpretação.

[319] Esta postura, inclusive, é fundamental para o desenvolvimento de um Estado Democrático, pois o Poder Judiciário deve ser visto como criador, sob pena de servir apenas ao Estado formal do Direito. Ao realizar a aplicação de uma norma, o juiz não exerce uma mera atividade subsuntiva, mas acaba fazendo por revivê-la. Com efeito, tomando-se a concepção dogmática dos termos indeterminados como a tradição com a qual vai ser estabelecido o diálogo, mostra-se imprescindível desenvolver uma interpretação que vá além da dogmática.

[320] A reflexão constitui elemento importante para romper com as forças dogmatistas do Direito. Tal aspecto da atividade hermenêutica foi objeto das críticas formuladas por HABERMAS com relação à teoria de GADAMER. No entanto, as duas posturas - hermenêutica filosófica e hermenêutica crítica - , como bem ressaltado por STEIN, Ernildo, *Dialética e Hermenêutica – Uma Controvérsia sobre Método em Filosofia.* In: Dialética e Hermenêutica: Para a crítica da hermenêutica de Gadamer, p. 105 constituem momentos necessários na produção de racionalidade e desta maneira operam indissoluvelmente como elementos de uma unidade.

dica com o presente. Para Gadamer,[321] a tarefa da interpretação consiste em concretizar a lei em cada caso, isto é, em sua aplicação. O trabalho de concretização, no entanto, não pode resumir-se simplesmente em um conhecimento dos artigos correspondentes, exigindo-se um conhecimento do labor desenvolvido pelos Tribunais, da dogmática jurídica, o que também não importa em uma atividade de mera subsunção. A interpretação de uma norma jurídica não está relacionada com o sentido intentado pelo autor, mas muito mais com um sentido a ser desvelado pelo intérprete, entendendo-se a lei como um texto necessitado de interpretação.

A reflexão é o que possibilita a contínua mediação entre o presente e o passado, possibilitando que o jurista rompa com os poderes dogmáticos. Habermas menciona:

"... a reflexão não trabalha na facticidade das normas transmitidas (*überlieferten*) sem deixar vestígios. Ela é condenada a chegar depois, mas, ao olhar para trás, desenvolve uma força retroativa. Nós só podemos nos voltar para as normas interiorizadas depois de termos aprendido primeiro cegamente a segui-las sob um poder que se impôs de fora. A medida, porém, que a reflexão recorda aquele caminho da autoridade, no qual as gramáticas dos jogos de linguagem foram exercitadas dogmaticamente como regras da concepção do mundo e do agir, pode ser tirado da autoridade aquilo que era pura dominação, e ser dissolvido na coerção sem violência da intelecção e da decisão racional".[322]

Uma hermenêutica crítica pode ser pensada a partir da reflexão, tendo esta como propriedade ser em si enquanto se relaciona com o outro, produzir identidade exatamente pela oposição, não havendo uma incompatibilidade entre crítica e hermenêutica, como já mencionado, pois *"a crítica não recusa inteiramente a realização da mediação e a compreensão hermenêutica não elimina toda a instância crítica"*.[323] Num dos pólos da reflexão situa-se, assim, a crítica da ideologia, o que proporciona a produção de racionalidade e o diagnóstico das patologias sociais, desmitificando certas produções sígnicas, fruto muito mais de fenômenos ideológicos.

A aplicação dos termos indeterminados pode ser entendida como uma fusão de horizontes e uma mediação da distância no tem-

---

[321] GADAMER, Hans-Georg. *Idem*, p. 401-2.

[322] HABERMAS, Jügen. *Sobre Verdade e Método de Gadamer*. In: *Dialética e Hermenêutica: Para a crítica da hermenêutica de Gadamer*, p. 18.

[323] Cf. STEIN, Ernildo. *Dialética...*, ob. cit., p. 103. Esta junção possibilita que o método crítico apresente-se como um instrumento útil para detectar a ruptura do sentido, enquanto o método hermenêutico busca nos muitos sentidos a unidade perdida.

po, em que o intérprete vale-se da experiência da tradição e em um movimento circular que vai do hermeneuta ao texto e deste ao hermeneuta. A partir do texto procede-se a uma atualização, sendo assim exigível a presença de um intérprete atual. A tarefa hermenêutica não restará realizada caso houver somente a captação no passado de coisas cerradas e conclusas, em vez de algo sempre inacabado ou que possa ser de novo interrogado para extrair dele o inédito.[324]

Assim, a experiência hermenêutica passa a ter a forma de uma dialética que *"tem sua própria consumação não em um saber concludente, senão nessa abertura para a experiência que é posta em funcionamento pela experiência mesma"*,[325] constituindo-se, em última análise, em experiência da finitude humana, onde o homem mostra-se consciente desta limitação, não sendo senhor do tempo nem do futuro. A hermenêutica se enfrenta com o texto e com a tradição como com um tu personalizado, com o que se deve estabelecer comunicação, e esta forma de experiência hermenêutica é designada como *consciência histórica*.[326]

A tradição constitui-se em possibilidade da hermenêutica na medida em que com o passado se discorre e mantém-se um diálogo, mas não se sujeita pura e simplesmente, não se lhe atribuindo um caráter dogmático para o presente. A concepção aqui adotada é dialógica, e não de domínio, sendo importante estar aberto para o que diz a tradição. No entanto, estar aberto não significa realizar o que o outro diz, mas ouvir o que tem para dizer. Uma consciência hermenêutica tem sua consumação na abertura para a experiência que caracteriza o homem experimentado frente ao dogmático.[327] Não se pode olvidar que a hermenêutica tem como tarefa um descortinar, o que ocorre através da compreensão da multiplicidade de sentidos dados (Stein).

Esta abertura acima mencionada inicia-se com uma pergunta, pois não se faz experiência sem a atividade da pergunta. Abrir perguntas sem reservas e delas servir-se como um caminho a ser percorrido de maneira conjunta. Na elaboração de uma pergunta, direcionada para um sentido, o perguntado é colocado sob uma determinada perspectiva, adotando uma posição de quem quer saber e

---

[324] FERNANDEZ-LARGO, Antonio Osuna. *Ob. cit.*, p. 79. Segundo o autor, GADAMER chama isto de "expressão", "no sentido de desvelar o que permanece oculto e que reclama de alguém que o desvele, ou seja, ser portador de um sentido que tem que ser elucidado mais além de seu sentido literal. E esta expressão está aberta, inclusive a uma interpretação distinta a que ofereceria o texto em si mesmo ou a que pretendia originariamente seu autor".

[325] GADAMER, Hans-Georg. *Ob. cit.*, p. 432.

[326] FERNADEZ-LARGO Antonio Osuna. *Ob. cit.*, p. 81.

[327] GADAMER, Hans-Georg. *Ob. cit.*, p. 438.

não de quem pergunta para ter razão. Perguntar é saber que não se sabe. A razão dialética[328] passa por perguntas e respostas. Perguntar quer dizer abrir, e a abertura do perguntado quer dizer que não está fixada a resposta.[329]

Na hermenêutica jurídica dos termos legais indeterminados, deve-se então falar de um horizonte do perguntar como a perspectiva para entendê-los. Como salienta Fernández-Largo, *"isto equivale a dizer que um texto pode nos oferecer múltiplas respostas, pode ocorrer inclusive que a resposta que surja esteja mais além de nossa pergunta"*.[330] Com efeito, em uma concepção hermenêutica, o texto vai explicando as suas possibilidades de sentido conforme se vai transformando a compreensão dele mesmo e com a operação de resgate para o presente.

Compreender é retroceder com perguntas, isto é, aquele que pretende compreender deve retroceder com suas perguntas mais além do que está dito e entender o texto como uma resposta a uma pergunta para a qual é a resposta.[331] A conversação estabelecida faz aflorar à superfície a comunicação de sentido que caracteriza a hermenêutica (Fernández-Largo), não se reduzindo esta a uma atividade

---

[328] A razão dialética está no cerne da hermenêutica, possibilitando exatamente a tomada de uma consciência histórica e crítica, abrindo o homem para uma pluralidade de interpretações. Uma razão hermenêutica é sempre interpretadora, estando sempre marcada pelo caráter da finitude, o que leva à conclusão de que não possuímos nenhum saber absoluto e, como refere MARDONES, José Maria, *Diccionario de Hermenêutica*, p. 693, "tão pouco gozamos de nenhuma posição privilegiada que nos procure acesso à realidade em si mesma. Conhecemos desde uma situação no mundo, na cultura, na história, que nos possibilita ao mesmo tempo que nos limita ou nos unilateraliza nossa visão da realidade."

[329] MARDONES, José Maria. *Ob. cit.*, p. 440-441. A pergunta, no entanto, deve ter um horizonte, pois caso contrário seria uma pergunta no vazio, sem sentido. A pergunta, portanto, deve ser colocada. Para GADAMER "sin sentido quiere decir pérdida de orientación. La falta de sentido de una pregunta consiste en que no contiene una verdadera orientación de sentido y en que por eso no hace posible una respuesta". A jurisprudência é farta em exemplos de aplicação dos termos indeterminandos onde não prevaleceu o horizonte da pergunta, como na AC nº 594000655, TJRGS, 3ª CC, Rel. Des. Flávio Pâncaro da Silva, j. 10.11.94, já citada anteriormente, onde em vez de ser estabelecido um horizonte de sentido, através de uma postura dialética, com relação ao termo indeterminado "desvio de função", simplesmente acabou prevalecendo o entendimento de que, por força do princípio da separação de poderes, ao Poder Judiciário não caberia acolher o pedido do autor sobre a concessão de gratificação de insalubridade. Em que pese esta ser a postura que vem sendo adotada, não se pode olvidar a decisão dada pelo mesmo Tribunal, no Reexame Necessário nº 596235010, 3ª CC, Rel. Des. Moacir Adiers, j. 27.02.97, em que houve o controle jurisdicional efetivo do termo indeterminado "desvio de função", entendendo caracterizada a situação, mas não sendo dado à Administração Pública adotar uma prática imoral e não efetuar o pagamento do correspondente adicional de insalubridade. Em tal decisão, sob o ponto de vista hermenêutico, pode-se dizer que o Tribunal acabou por colocar como horizonte de sentido para significar o signo jurídico "desvio de função", a questão da moralidade administrativa e como, dentro de uma concepção dialética, melhor realizar a democracia.

[330] FERNÁNDEZ-LAGO, Antonio Osuna. *Ob. cit.*, p. 82.

[331] GADAMER, Hans-Georg. *Ob. cit.*, p. 448.

de recuperar a intenção de um autor, mas um produzir e perguntar. A atualização de um texto nada mais é do que uma possibilidade histórica do compreendido. Por tal razão, não há como absolutizar-se o sentido do termo indeterminado *interesse público*, pois a finitude histórica da existência humana faz com que o homem seja consciente de que o entender está inserido em um processo histórico que prosseguirá posteriormente.

Perguntar permite sempre ver as possibilidades significativas de um texto. Assim, compreender é sempre algo mais do que tão-somente reviver uma opinião de autoridade. A atividade de perguntar implica deixar abertas as possibilidades de sentido, mostrando-se imprescindível considerar que a compreensão e o acordo entre os interlocutores são desenvolvidos em forma lingüística.

A relação do intérprete com o texto é uma conversação, muito mais do que mera adaptação ao dito, não sendo a compreensão uma "compreensão histórica", que busca reconstruir a gênese do texto. Desta forma, a linguagem é o meio no qual se realiza a compreensão mesma e a forma de realização da compreensão é a interpretação.[332] Não está em jogo um atividade de mera reconstrução de algo que foi dito no passado, mas através da linguagem o intérprete participa no que o texto está comunicando.[333] A atividade da interpretação importa em colocar os próprios conceitos prévios com a finalidade de que a referência de sentido do texto se faça linguagem,[334] constituindo-se em uma mediação entre o texto e o próprio pensar. A compreensão é sempre uma apropriação do dito (Gadamer).

A linguagem, portanto, possibilita uma abertura significativa, não se podendo falar em um "mundo em si", como se fosse algo dado e externo a toda lingüisticidade. O comportamento do homem frente ao mundo realiza-se com base em pré-juízos e aquilo que está posto lingüisticamente, podendo-se dizer que neste acontecer tem lugar não apenas o que se mantém, mas também a mudança das coisas.[335] O fenômeno hermenêutico, seguindo o rastro da linguagem, é determinado pela finitude da experiência histórica do homem, não se podendo falar em interpretação capaz de construir um universo de seres objetivados e disponíveis graças ao cálculo, como no universo mate-

---

[332] GADAMER, Hans-Georg. *Ob. cit.*, p. 467.

[333] *Idem*, p. 471. Para GADAMER, "a leitura compreenssiva não é a repetição do passado, senão participação em um sentido presente".

[334] A importância da linguagem na obra de GADAMER é também sentida quando menciona não ser a linguagem simplesmente um dote, mas ela representa o próprio fato de que os homens têm mundo, cuja existência está constituída lingüisticamente. A linguagem só tem sua verdadeira existência no fato de que nela se representa o mundo. (*Idem*, p. 531).

[335] *Idem*, p. 539.

mático.³³⁶ A historicidade é primordial para o caráter finito da fala humana. Para Gadamer:

> "Todo falar humano é finito no sentido de que, nele, jaz uma infinitude de sentido a ser desenvolvida e interpretada. Por isso também o fenômeno hermenêutico deve ser esclarecido a partir dessa constituição fundamentalmente finita do ser, que desde o seu fundamento está construída lingüisticamente".³³⁷

A experiência hermenêutica acontece no "modo" da linguagem, havendo entre a tradição e o seu intérprete uma conversação, não sendo a consciência do intérprete senhora do que chega a ele como palavra da tradição. Com efeito, não é dado a ele, através de meios metodológicos, extrair o que queria ser dito e como realmente era. O acontecer hermenêutico, como já referido, estrutura-se em colocar-se a perguntar, significando que *"o conteúdo da tradição entra em jogo e se desenvolve em possibilidades de sentido e ressonância cada vez novas e ampliadas de modo novo, pelo outro receptor"*.³³⁸ Esta fala com a tradição faz emergir algo e entrar em cena algo que não era, através de um processo dialético. A dialética, aqui, é concebida como o que leva à conversação, formulando-se perguntas e mais perguntas (Gadamer), adquirindo o caráter especulativo, ou seja, uma postura contrária ao dogmatismo, *"não se entregando direta e imediatamente à solidez dos fenômenos ou à determinação fixa do que se opina, mas que sabe refletir"*.³³⁹ Outrossim, a especulação acaba por possibilitar o entendimento de que o ato interpretativo não consiste em copiar a coisa dada, *"mas em um vir-à-fala, onde se anuncia um todo de sentido"* (Gadamer), eis que *"o ser que pode ser compreendido é linguagem"*.

O caráter especulativo possibilita uma atualização do texto jurídico, já que o caráter circular do processo hermenêutico não busca um sentido primeiro, *"mas renovar a efetividade histórica do texto por referência à nova situação em que procede a interpretação"*, onde os pré-juízos são colocados criticamente frente às possibilidades significativas do texto.³⁴⁰ No desenvolvimento de compreensão dos termos indeterminados, o intérprete coloca-se frente às produções doutrinárias e jurisprudenciais, liberando os seus pré-juízos através da situação da

---

³³⁶ GADAMER, Hans-Georg. *Ob. cit.*, p. 548.
³³⁷ *Idem*, p. 549.
³³⁸ *Idem*, p. 553.
³³⁹ *Idem*, p. 558. Como bem refere o autor, "a palavra interpretadora é a palavra do intérprete, não a linguagem nem o vocabulário do texto interpretado. Nisso se torna patente que a apropriação não é mera reprodução ou mero relato posterior do texto interpretado, mas é como uma nova criação do compreender" (GADAMER, Hans-Georg. *Ob. cit.*, p. 565).
³⁴⁰ FERNÁNDEZ-LARGO, Antonio Osuna. *Ob. cit.*, p. 87.

pergunta frente ao texto. Não se pretende, por óbvio, entender a aplicação destes termos jurídicos através do rigor metodológico propugnado pelos critérios anteriormente expostos no Capítulo I, sob pena de cair em um positivismo rígido.[341]

Na aplicação dos termos indeterminados não há uma atividade de mera subsunção dos casos concretos dentro da generalidade da lei, pois, se assim fosse, haveria uma simplista aplicação a-histórica e fixista. Com efeito, pode-se falar em algo externo, quer dizer, a história efeitual da norma, sendo a aplicação fulcrada no devenir histórico da compreensão dos signos jurídicos, que é por onde são captadas as suas virtualidades.[342] É claro que, neste processo de compreensão, como ser histórico que é o intérprete, ele está vinculado ao conjunto de expectativas de sentido da doutrina e jurisprudência, pois é um sujeito integrado à tradição. No entanto, e aqui reside um aspecto importantíssimo, *"não está atado indefectivelmente a uma compreensão, pois entender é sempre uma atitude de abertura e prévio a algo criador e complementar do passado"*.[343]

O intérprete de um termo indeterminado irá compreendê-lo através de interrogações sobre o texto, levando em consideração os seus significados potenciais, implementando-se uma mediação entre a história e o presente, quer dizer, *"o jurista deve trazer para cá algo que está distante no tempo, porém que condiciona o presente ou pretende influir nele"*.[344] Este entendimento hermenêutico pode, sem dúvida, contribuir para uma aplicação mais crítica do Direito e possibilitar a realização das potencialidades significativas da norma, deixando de entender a teoria dos termos indeterminados como algo reduzido a suas expressões

---

[341] Para superar tal entendimento é necessário visualizar que "a distância entre a generalidade da lei e a situação jurídica concreta que está em cada caso particular é essencialmente insuperável" (*Idem*, p. 89). Com efeito, não se pode conceber um processo de interpretação da norma jurídica, independente da aplicação desta lei, o que envolve uma tarefa de concreção.

[342] *Idem*, p. 92. Por tal razão é que se pode dizer que o conhecimento científico do Direito e, no caso da teoria dos termos legais indeterminados, é do tipo hermenêutico e não aquele próprio das ciências da causalidade.

[343] FERNÁNDEZ-LARGO, Antônio Osuna. *Ob. cit.*, p. 93. A inserção do intérprete de um termo indeterminado como "manifestamente imoral" na história, fará com que ele proceda a uma confrontação com o conjunto significativo da doutrina e jurisprudência, ensejando um processo de tensão e dialética e obrigando a que seja realizada uma atividade justificada de diálogo, mas sempre com aquela atitude de reflexão. Logo, a compreensão não envolve uma atividade conformista, pois resulta de um interrogante dirigido a um texto, representando uma pergunta motivada, fruto de uma inquietude do investigador.

[344] *Idem*, p. 97. A atividade de proceder ao deslocamento da norma para o presente é imprescindível neste processo hermenêutico, eis que, como menciona o autor, a norma é muda caso não seja interrogada, reclamada e trazida para um presente espaço-temporal, onde deve mostrar suas virtualidades (*Idem*, p. 98). Haverá, assim, na aplicação dos termos indeterminados no Direito Administrativo, uma mediação entre o passado e o presente, o geral e o concreto.

linguísticas e formais, inserindo a referência aos fatos sociais, vislumbrando-se os textos normativos como algo incompleto, dependente da experiência humana. Só assim será possível estabelecer a aplicação como um diálogo incessante, realizado de forma dialética e apto para criar um terreno histórico e político de transformação social.[345]

Uma interpretação dialógica, calcada também em um processo de reflexão-crítica, possibilita um melhor entendimento, por exemplo, dos critérios exegéticos de interpretação dos signos jurídico-administrativos, em que se busca identificar uma visão mítica da "vontade do legislador" com a vontade do povo, quando, em última análise, não passa de um recurso retórico que busca outorgar precisão a um discurso ideológico, com o fulcro de fixar uma univocidade de sentido.[346] Entender que os termos legais indeterminados possuem um sentido fixo, imutável, significa negar a dialeticidade da compreensão, apresentando uma tendência antinatural de congelar tudo o que vive.

Mostra-se imprescindível desmitificar a tendência metafísica e refletir sobre as práticas dogmáticas, desvelando o oculto de suas falas e a pretensão de ser a última palavra.[347] A lógica da hermenêutica é também uma lógica do conflito, não se podendo pressupor, por exemplo, que na compreensão da dogmática jurídica do termo indeterminado *"desvio de finalidade"* não haja a disputa de um campo de forças, muitas vezes, em clara oposição.[348] Como a hermenêutica dá-se na linguagem, faz-se mister, cada vez mais, a adoção de uma postura crítica, buscando-se o rompimento da resistência ideológica dos signos jurídicos e abandonando-se o juridicismo-ontológico. Só assim será possível falar em uma nova razão jurídica e abarcar o fenômeno da mediação linguística no Direito Administrativo, rompendo-se com o paradigma da metafísica, deixando a linguagem de ser uma terceira coisa que se interpõe entre o sujeito e o objeto.[349] A linguisticidade

---

[345] Aqui é importante a observação de WARAT, Luis Alberto. *Introdução...I, ob. cit.*, p. 26-7, no sentido de que ainda há uma predominância no pensamento jurídico de não aceitar o Direito como um instrumento transformador. Pelo contrário, "o Direito e suas crenças secularmente consagradas estão hoje favorecendo a desintegração do tecido social e as identidades fragmentadas".

[346] Cf. WARAT, Luis Alberto. *Introdução... I, ob. cit.*, p. 68-9. Como menciona o autor, tais critérios acabam por criar uma estratégia simulada para a afirmação de valores sociais. Ademais, constitui importante instrumento à dogmática jurídica para a redefinição dos termos, alterando as significações dos textos legais, em forma não confessada, sob a aparência de conservar o dogma da segurança jurídica.

[347] *Idem*, p. 51: "Como bem mostrou HABERMAS, a postura positivista mascara a problemática da constituição-de-mundo, a qual é sempre dialética, ato-conceito, não devendo ser absolutizada, por não pretendermos um saber final".

[348] *Idem*, p. 53.

[349] Cf. STRECK, Lenio Luiz. *Hermenêutica. e Dogmática: aportes críticos acerca da crise do Direito e do Estado*, p. 104.

passa a ser condição de possibilidade para que os operadores do Direito passem a (re)significar os signos jurídico-administrativos, inserindo um horizonte de sentido voltado para a concretização de um Estado Social e Democrático de Direito, conforme a seguir será examinado.

4. O controle dos termos indeterminados no Estado Democrático de Direito: novas possibilidades significativas

4.1. A crise do Estado e o paradigma dogmático-jurídico: o simulacro da modernidade

O questionamento das possibilidades significativas dos signos jurídico-administrativos, igualmente, deve ser acompanhado de um dar-se-conta do aprofundamento da irracionalidade pela chamada pós-modernidade. Hodiernamente, estamos imersos em plena onda (neo)liberal, passando o Estado a ser visto dentro de uma perspectiva da necessidade de circulação de capitais frente a um mercado globalizado.[350] Pode-se dizer haver uma crise não apenas dos entes estatais, mas sobretudo dos próprios instrumentos de regulação social tradicionais. O Direito, assim, está a sofrer os reflexos deste contexto histórico, sendo propalados discursos voltados para uma adequação dos institutos jurídicos e padrões de comportamento aos parâmetros de uma visão dita "pós-moderna".[351]

---

[350] Cf. DEZALAY, Yves e TRUBEK, David M. *A Restruturação Global e o Direito.* In: Direito e Globalização Econômica, José Eduardo Faria (org.), p. 29-30, com a globalização estão ocorrendo diversos fenômenos no cenário mundial, dentre eles: mudança dos padrões de produção, união de mercados financeiros, aumento da importância das empresas multinacionais, aumento da importância do intercâmbio e crescimento de blocos regionais de comércio, ajuste estrutural e privatização, hegemonia de conceitos neoliberais de relações econômicas, tendência mundial à democratização, proteção dos direitos humanos, renovado interesse do direito e o surgimento de protagonistas supranacionais e transnacionais.

[351] Busca-se, assim, com a institucionalização de uma fala-falada (STRECK), fazer com que os operadores jurídicos atuem dentro de um *habitus* caracterizado pela desnecessidade de questionar os próprios legados da modernidade, que estão longe de acontecer. Segundo GENRO, Tarso. *Direito, iluminismo e nova barbárie.* In: Direito e Democracia. Kátia Argüelo (org.), p. 67, a modernidade, através da realização da razão, estaria a propor a concretização do princípio da igualdade formal e a conseqüente redução das desigualdades. No entanto, o que se pode verificar é exatamente o contrário, pois na chamada "pós-modernidade", há um aumento das diferenças sociais, *"consolidando relações cada vez mais alienadas".*

Mas, é preciso compreender a grande contradição existente. O Estado Moderno (Sec. XVI) assumiu uma feição liberal, após emergir de um período de absolutismo, sendo, por razões óbvias, predominante o aspecto de limitação da atividade estatal, mostrando-se imperiosa uma necessária tutela das liberdades individuais. Dentro de uma perspectiva econômica, *"o liberalismo que lhe inspira está baseado sobre o princípio da limitação da intervenção estatal, da liberdade do indivíduo e da crença na superioridade da regulação espontânea (Hayek) da sociedade"*.[352]

Como especifica Morais, podem ser apontadas como características do Estado do tipo liberal a separação entre Estado e Sociedade Civil mediada pelo Direito; as garantias das liberdades individuais; surgimento da democracia vinculada ao ideário da soberania da nação produzido pela Revolução Francesa e o Estado passa a ser apresentado como Estado Mínimo, possibilitando uma maior atuação dos indivíduos.[353]

No entanto, além deste modelo liberal, o Estado passou a adquirir uma feição social, onde os direitos passaram a ser incluídos não apenas para uma atividade limitadora do ente estatal, mas direitos para as "prestações do Estado", eclodindo o chamado Estado Providência (*Welfare State*), pois *"a destruição rápida das solidariedades tradicionais, familiares e territoriais, obrigou o Estado a intervir cada vez mais, desde o último quarto do século XIX e, sobretudo, desde a Primeira Guerra Mundial, nos campos econômico e social"*.[354] Aqui a própria noção de legalidade deixa de ser utilizada simplesmente como ordem geral e abstrata, passando a ser concebida como instrumento de ação concreta do Estado, podendo ser direcionada para atender determinadas peculiaridades.[355]

---

[352] ROTH, André-Noël. *O Direito em Crise: fim do Estado Moderno*. In: Direito e Globalização Econômica, José Eduardo Faria (org.), p. 17. É preciso mencionar que efetivamente o Estado liberal constituiu-se em um grande esforço de limitar o poder estatal. No entanto, assim como estabelecia esta intenção limitativa, no plano político, o liberalismo oitocentista entendeu ser necessária a redução do Estado a um mínimo, quer dizer, o necessário à manutenção da "ordem". Mas, tal ordem era uma "determinada ordem, dominada por determinados padrões e dirigida por uma classe", cf. SALDANHA, Nelson. *O que é o liberalismo*. In: Estado de Direito, liberdades e garantias (estudos de direito público e teoria política), p. 98-91.

[353] MORAIS, José Luis Bolzan de. *Do Direito Social aos Interesses Transindividuais - O Estado e o Direito na ordem Contemporânea*, p. 70-1. O autor menciona algo extremamente importante que, como será visto posteriormente, irá influenciar na espécie de hermenêutica construída no Estado Liberal. A nota principal deste Estado reside em apresentar-se como uma limitação jurídico-legal negativa, quer dizer, "como garantia dos indivíduos-cidadãos frente à eventual atuação do Estado, impeditiva ou constrangedora de sua ação cotidiana" (*Ob. cit.*, p. 72).

[354] *Idem, ibidem*.

[355] *Idem*, p. 73-4. Segundo o autor, "a lei assume uma segunda função, qual seja, a de instrumento de ação concreta do Estado, aparecendo como mecanismo de facilitação de benefícios" (Idem, p. 79).

A crise atualmente em debate surge exatamente da construção de teses de que este modelo de Estado já não consegue absorver as demandas, cujos mecanismos econômicos não mais funcionam, havendo a necessidade de redimensionar a atuação estatal. Fala-se, então, na volta de um modelo liberal de Estado, cuja atuação estatal deve ser reduzida, a fim de possibilitar o "progresso da sociedade" (de que sociedade?) e a melhor defesa dos "interesses dos cidadãos" (quais cidadãos?). Parece difícil aceitar acriticamente tais postulados quando mostra-se evidente que no Brasil não houve a efetiva implementação do chamado *welfare state*. Ora, como agora se quer diminuir o Estado se as ditas promessas da modernidade sequer foram cumpridas?

Uma postura hermenêutica, em que cada vez mais esteja sendo diminuída a esfera de controle do Poder Judiciário sobre a atividade do Administrador Público, favorece que tipo de Estado? Os operadores do Direito devem adotar suas posturas de acordo com um modelo jurídico do tipo liberal ou social?[356] Em face desta evidente crise do fenômeno jurídico, qual será a função do Direito?

É importante visualizar que o paradigma dogmático prevalecente, sustentado pelo sentido comum teórico dos juristas e alimentado pelo *habitus*, tem-se mostrado incapaz de evidenciar o simulacro da modernidade, desnudando os dicursos liberais que propugnam que a modernidade já está esgotada, havendo a necessidade de voltarmos para uma postura liberal do ente estatal. Como bem coloca Vieira, este simulacro significa que estamos diante de um projeto de modernidade que nunca existiu, não se podendo falar em pós-modernidade,[357]

---

[356] Importante mencionar que o Direito do Estado Liberal possui como característica básica o objetivo de proteger os indivíduos do Estado, possibilitando uma melhor circulação das idéias, das pessoas e dos bens. De outra banda, o Direito do Estado Social "busca orientar as condutas humanas para a promoção do desenvolvimento econômico e social, sendo que o Direito é vislumbrado como uma técnica de regulação social", cf. ROTH, André-Noël, *ob. cit.*, p. 19. Destarte, o Direito não deve ser visto como um obstáculo ao resgate das promessas não cumpridas, mas um instrumento capaz de mediar a implementação do Estado Social e Democrático de Direito. No âmbito da hermenêutica, igualmente vai ser importante perceber qual o tipo de postura a ser adotada pelo jurista. No primeiro caso, haverá uma "hermenêutica de bloqueio" - postura limitadora da atividade estatal. No segundo, será predominante uma "hermenêutica de legitimação das aspirações sociais", segundo CAMPILONGO, Celso Fernandes. *Os Desafios do Judiciário: um enquadramento teórico*. In: Direito Humanos, Sociais e Justiça, p. 46.

[357] VIEIRA, José Ribas. *Teoria do Estado (A Regulação Jurídica)*, p. 74. Para o autor, o simulacro apresenta dois pontos centrais. Um seria o próprio resultado do processo de industrialização e, o outro, o debate sobre a existência ou não do Estado do Bem-Estar Social entre nós. Tal tipo de Estado, que nunca chegou a ser verdadeiramente implantado no Brasil, com as atuais políticas liberais, onde o Estado cada vez mais retira-se do cenário de legitimação das pretensões sociais, eis que submetido ao projeto econômico globalizado, tem agora menos perspectivas de desenvolvimento. Com efeito, a atuação estatal apresenta-se mais impotente de resolver problemas sérios de acumulação e distribuição eqüitativa dos benefícios econômicos, juntamente com a função de reestruturação democrática.

pois a industrialização sequer foi capaz de instituir e consolidar uma ordem legal formalmente igualitária, sendo que a construção do *Welfare State* sofreu diversos condicionantes e desvios, deixando também de haver uma atuação eficaz dos movimentos sociais.

As políticas intervencionistas que ocorreram ao longo da história do Brasil muito mais contribuíram para o favorecimento das elites e para acentuar um caráter autoritário, corporativo e excludente, do que cumprir as promessas da modernidade e do sistema capitalista, como ocorreu na Europa social democrática, deixando de haver a distribuição do que se acumulou ao longo da história, bem como olvidando-se o poder dominante de distribuir eqüitativamente os benefícios econômicos, além de estabelecer a democratização do Estado.[358]

As verdades institucionalizadas, calcadas por um discurso monológico, buscam inserir os operadores jurídicos no *topos* estruturalista dos textos fechados e autônomos, estabelecendo-se um mecanismo de distanciamento do contexto histórico, social e econômico acima mencionado. O controle jurisdicional do signo jurídico "interesse público", por exemplo, tão-somente passa a ser exercido dentro de um imaginário reduto normativo, por meio de instituições, conceitos e classificações dogmáticas, quando, a fim de ser produzida uma melhor compreensão hermenêutica, deveria haver a constatação de sua atual situação histórica em um Estado cada vez mais excludente. Parece que o Direito não cumprirá com sua missão transformadora enquanto estiver atrelado acriticamente aos padrões significativos do modelo liberal, acéptico, individualista. O ente compreendedor do Estado liberal não é o mesmo do Estado Social, pois o homem só se conhece em uma determinada época, inserido em uma determinada história e, hoje, a "história é outra". É óbvio que para a manutenção do *status quo* uma análise de cunho lógico-formal ainda é o grande *ethos* da modernidade.

É preocupante a advertência feita por Roth sobre a proposta do chamado "direito reflexivo", como solução para retirar os Estados da atual crise, importando em criar um modelo de regulação social neofeudal.[359]

---

[358] VIEIRA, José Ribas. *Ob. cit.*, p. 74-8.

[359] ROTH, André-Noël. *Ob. cit.*, p. 22-7. O direito reflexivo seria "um direito procedente de negociações, de mesas redondas, etc., constitui uma tentativa para encontrar uma nova forma de regulação social, outorgando ao Estado e ao direito um papel de guia (e não de direção) da sociedade". O caráter neofeudal pode ser representado pela interpenetração cada vez maior das esferas públicas e privadas, pelo caráter do poderio econômico que passa a pesar mais sobre as políticas socioeconômicas internas e a multiplicação das instâncias decisórias, em níveis diferentes ao Estado, acaba por dissolver o ente estatal dentro de uma infinidade de

O fato é que o Poder Público, bem como a Ciência Jurídica, cada vez mais são imobilizados e atrelados a esta estrutura liberal-individualista, mas, ao mesmo tempo, premidos pelos novos movimentos sociais que clamam pela redução das desigualdaes e implementação de uma justiça social, criando novas demandas incapazes de serem resolvidas pelos paradigmas prevalecentes.

O aspecto atinente à crise do Estado, com efeito, não se trata de uma invenção, mas resultado do próprio contexto histórico-social, onde as instituições estão desacreditadas, assim como o ente estatal e seus instrumentos de participação,[360] acrescido da absoluta falta de competência do Poder Público em prover a população mais carente com serviços básicos de saúde, moradia, escola, saneamento básico e outros,[361] enfim mostra-se combalido quando o assunto é a implementação efetiva de direitos sociais assegurados constitucionalmente.

Diante deste quadro desolador é que surgem os questionamentos dos paradigmas dogmáticos. Os fenômenos jurídicos, como menciona Campilongo,[362] tendem a ser unicamente examinados sob a perspectiva dos formalismos procedimentais. O Direito Administrativo, em especial as doutrinas que se criaram sobre os termos indeterminados, objeto desta pesquisa, já não comporta mais uma análise deste tipo, pois o dogmatismo tão-somente tende a agravar a falta de efetividade da Administração Pública, do Processo Administrativo e de outros institutos próprios e típicos deste ramo da Ciência Jurídica. Estruturado com base em parâmetros liberais, o Direito Administrativo passa a apresentar como características: ser instrumental, normatizando a sociedade através de condicionantes; ser formal, pois fundamentado no mito da igualdade de direito dos sujeitos, até porque mostra-se imperioso que, formal e racionalmente, garanta o fun-

---

instâncias de promulgação e de aplicação de regras jurídicas. Cf. RAMOS FILHO, Wilson. *Direito Pós-Moderno: Caos Criativo e Neoliberalismo*. In: Direito e Neoliberalismo (Elementos para uma leitura interdisciplinar), p. 86, "Os Estados nacionais, sob vários aspectos, perdem o monopólio do direito, da violência física legítima, em face de uma normatividade supranacional, de mecanismos de redes de decisões não localizados ou localizáveis em um único país, com normas próprias, jurisdição própria, jurisprudência própria, e o que é mais importante, com padrões éticos diferenciados. Ou seja, microssistemas interligados e imbricados entre si, substituem os 'monismos'estatais".

[360] CAMPILONGO, Celso. *Representação Política e Crise do Estado*. In: Representação Política e ordem Jurídica: os dilemas da democracia liberal, p. 98. O autor analisa com propriedade a questão atinente à representação política e a crise do Estado. Pode-se dizer que as instituições, e porque não o Direito, deixaram de ser portadores de demandas sociais específicas, fracassando igualmente na produção de identidades coletivas. Tal fenômeno está inserido na problemática já mencionada, pois "crise de representação, déficit de legitimidade, ingovernabilidade e crise fiscal são, assim, parte de um todo: a crise do Estado social".

[361] RAMOS FILHO, Wilson. *Direito Pós-Moderno...*, ob. cit., p. 82.

[362] CAMPILONGO, Celso. *Representação Política...*, ob. cit., p. 89.

cionamento do Estado, propalando verdades e certezas jurídicas; legitima-se através da dominação racional/legal e, finalmente, é pacificador, utilizando como instrumento o Poder de Império, o que acaba por transformá-lo em um direito repressivo.[363]

Na primeira parte deste trabalho, foram examinados os limites institucionalizados pela doutrina em matéria de termos indeterminados, sendo referido que uma das construções doutrinárias reside exatamente no caráter vinculado de sua aplicação, quer dizer, o Administrador Público, ao aplicar tal espécie de termo, apenas deve levar em consideração o seu sentido legal, decidindo pela sua verificação ou não.

A evidência trata-se de uma postura dogmatista e fruto de um pensamento liberal, restando evidenciado o seu caráter formalista; como se o Direito pudesse abarcar todas as circunstâncias da indeterminação lingüística, importando, em última análise, em uma técnica de domesticação dos conflitos sociais, excluindo aspectos determinantes do processo de produção do sentido por serem elementos pré-jurídicos.

A construção de um saber dogmático, forma esta assumida pelo Direito Moderno, apresenta como tendência fazer com que os operadores jurídicos exagerem no geral, no sistema de conceitos engenhosamente construídos e desprezem o particular, o individualizado.[364] A conseqüência é o surgimento de uma racionalidade baseada em esquemas de subsunção lógica, não podendo responder aos problemas concretos da sociedade de hoje.[365]

O paradigma dogmático, fulcrado em seus pressupostos de base,[366] restou estruturado por algumas grandes linhas mestras como a herança jurisprudencial, a herança exegética e a herança sistemática,[367] mas que acabam sendo questionadas, o que não se constitui em

---

[363] Tais características do Direito Liberal foram formuladas por CAMPILONGO, Celso. *Idem*, p. 95.

[364] ADEODATO, João Maurício. *Direito: Crise e Crítica*. In: Direito e Democracia, p. 151.

[365] NEVES, Marcelo. *Teoria do Direito na Modernidade Tardia*. In: Direito e Democracia, p. 104.

[366] Cf. ANDRADE, Vera Regina Pereira. *Dogmática Jurídica - Esforço de sua configuração e identidade*, p. 24, menciona que seriam os seguintes: a) a consolidação de um conceito moderno de Ciência, basicamente voltado ao seu caráter sistemático e coerência lógico-formal; b) separação entre teoria e práxis, saber jurídico como atividade teórica, presidido por uma atitude axiologicamente neutra; c) a superação das doutrinas de Direito Natural; d) consolidação de um conceito moderno de Estado, onde predomina o monopólio estatal; e) separação de poderes e f) a ênfase sobre a segurança jurídica como certeza de uma razão abstrata e geral.

[367] *Idem*, p. 31-6, onde a autora faz referência a estes modos de pensar e que influenciaram a dogmática jurídica, responsáveis por uma visão toda especial de resolver os problemas através de decisões de autoridade, com base em fórmulas doutrinárias genéricas, imprimindo ao Direito a condição de Ciência da ação. A exegética acabou por determinar uma das características atualmente discutidas: a dogmaticidade, responsável pela sacralização do Direito que,

nenhum privilégio do atual momento da ciência jurídica. Desde a segunda metade do século, vários pensadores já examinavam a chamada "crise do Direito", sob a perspectiva dos conflitos entre leis e fatos, a insuficiência do legalismo, o próprio conceito de Estado de Direito vindo do liberalismo, além de indagações sobre a noção de Estado Social.[368]

Para Boaventura de Souza Santos é importante distinguir duas espécies de crises: as crises de crescimento e as crises de degenerescência. As primeiras ocorrem no âmbito *"da matriz disciplinar de um dado ramo da ciência, isto é, revelam-se na insatisfação perante métodos ou conceitos básicos até então usados sem qualquer contestação na disciplina, insatisfação que, aliás, decorre da existência, ainda que por vezes apenas pressentida de alternativas viáveis".*[369]

As segundas, por sua vez, *"são crises do paradigma, crises que atravessam todas as disciplinas, ainda que de modo desigual, e que as atravessam a um nível mais profundo. Significam o pôr em causa a própria forma de inteligibilidade do real que um dado paradigma proporciona e não apenas os instrumentos metodológicos e conceituais que lhe dão acesso".*[370]

O Direito, acompanhando as crises de outras ciências, encontra-se numa fase de crise de degenerescência. O próprio paradigma predominante está a ser questionado, caracterizado por uma postura dogmatizante do fenômeno jurídico, como se fosse um aparelho privilegiado da representação do mundo, auto-suficiente e sem outros fundamentos que não aqueles resultantes de processos de subsunção lógica.[371] Surgem, assim, os movimentos de desdogmatização, sendo importante aquele de cunho filosófico, inserindo o Direito não ao tribunal da razão, mas *"ao tribunal do devir histórico do homem no mundo".*

As posturas dogmatistas do Direito, sustentadas por um sentido comum teórico dos juristas, devem ser vistas como obstáculos a serem superados através de uma *vigilância hermenêutica*, sendo o conhecimento jurídico entendido como uma prática social, não havendo uma concepção terminal de verdade, deixando de ter sentido aquela pro-

---

desde a Idade Média, adquire uma dimensão sagrada transcendente, surgindo um saber prudencial com traços dogmáticos. Finalmente, através da herança sistemática, fruto de uma crítica à falta de sistematicidade dos glosadores, a teoria jurídica passa a ser construída em bases racionais, deslocando-se o ponto de partida e estruturando-se um sistema que se constrói a partir de premissas cuja validade repousa na sua generalidade racional.

[368] Cf. SALDANHA, Nelson. *Crises e Expectativas: o pensamento jurídico nos finais do Século XX.* In: Perspectivas do Direito Público. Carmen Lúcia Antunes Rocha (Org.), p. 23-9.
[369] SANTOS, Boaventura de Souza. *Introdução a Uma Ciência Pós-Moderna*, p. 18.
[370] *Idem*, p. 18.
[371] SANTOS, Boaventura de Souza. *Introdução...*, ob. cit., p. 23.

palada busca de uma verdade real.[372] Tal entendimento pode ser detectado na própria doutrina predominante dos termos indeterminados examinada anteriormente, em que os diversos critérios formulados são direcionados para um revelar de sentidos ocultos nos signos jurídicos, ainda atrelados à filosofia da consciência, permanecendo a linguagem como uma instância diferente da compreensão. Destarte, a estruturação de um sistema fechado de controle dos termos plurissignificativos não se constitui em uma mera questão acadêmica, mas, como adverte Santos, um objetivo claro de restringir o campo de interpretação.[373] A maior problematização na órbita do dogmatismo não está em reconhecer o seu caráter legalista, voltado para a manutenção da segurança jurídica, pré-fixando os critérios hermenêuticos. A questão a ser construída reside exatamente em examinar segurança "para que" ou "para quem"?[374]

Mais uma vez pode-se dizer que o paradigma dogmático-jurídico está em crise e, por via reflexa, os critérios hermenêuticos, começando pelo aspecto de sua eficiência na resolução das demandas típicas de um Estado Social. Relativamente ao controle dos termos indeterminados, é característica a dificuldade em exercer uma atividade mais contundente quando são levados para exame do Poder Judiciário signos jurídicos como bem comum, interesse público, interesse coletivo, etc., funcionando como entrave para uma postura mais efetiva, os postulados já referidos de um modelo típico de um Estado liberal, como a separação de poderes e o mérito dos atos administrativos.

O Tribunal de Justiça do Paraná,[375] ao entabular a discussão sobre o controle do signo jurídico "necessidade de serviço", acabou por admitir que quando a lei faz tal espécie de previsão, em última análise, importa em atribuir ao Administrador a margem de subjetivismo própria dos atos discricionários, não se consubstanciando em ato vinculado. Aduz que tal distinção seria importante, pois para os atos vinculados é admitido, indiscutivelmente, o seu controle pelo Poder Judiciário, enquanto isso não ocorreria, via de regra, nos atos discricionários. Com relação à "necessidade de serviço", somente o Administrador poderia apreciar da oportunidade e conveniência de aplicação desse critério que estaria situado na área de avaliação subjetiva. É claro que o Tribunal, posteriormente, menciona a possibili-

---

[372] *Idem*, p. 47-9.
[373] *Idem*, p. 95.
[374] ANDRADE, Vera Regina Pereira. *Ob. cit.*, p. 114.
[375] Reexame Necessário nº 43324-9, Rel. Des. Pacheco Rocha, j. 18.12.95.

dade de um controle deste signo jurídico com base no princípio da razoabilidade e motivação, mas não seria dado ao Poder Judiciário penetrar no exame das circunstâncias (??), segundo restou decidido.

No entanto, de contrapartida, quando estão em jogo liberdades individuais, como as sanções administrativas aplicadas pelo Poder Público, pode-se verificar um exame mais fácil e profundo por parte do Poder Judiciário, sem que seja alegada violação da separação de poderes. O Tribunal Regional Federal da 1ª Região,[376] ao examinar a legalidade ou não de pena disciplinar de suspensão, aplicada a servidor público, acabou decidindo de maneira tranqüila que a aplicação desta pena administrativa deve ser precedida de apuração em processo disciplinar, no qual será assegurada a ampla defesa. No caso concreto, como restou mencionado, o Poder Judiciário entendeu por invalidar o ato administrativo.

Já o Tribunal de Justiça de São Paulo, por ocasião do julgamento da Apelação Cível nº 255.126-1/4,[377] exerceu o controle sobre um ato administrativo exoneratório de um servidor em estágio probatório, sem justa causa. O Poder Judiciário controlou os termos indeterminados "inaptidão" e "desídia", entendendo que deveria haver a devida especificação dos fatos concretos caracterizadores desta inaptidão, fulcrando sua decisão no princípio da motivação. No entanto, na decisão jurisprudencial citada, acabou sendo decidido que *"a exoneração na fase probatória deve basear-se em motivos e fatos reais que revelam a inaptidão ou desídia do servidor em observação, defeitos esses apuráveis e comprováveis pelos meios administrativos consentâneos, sem o formalismo de um processo disciplinar"*. Logo, houve uma qualificação dos fatos que devem servir para fundamentar tal espécie de ato administrativo,

---

[376] REO nº 92.01.06812-3-AM-2ª T., j. 12.03.96, Rel. Juiz Antônio Sávio de Oliveira Chaves, DJU 01.07.96. Mesmo em matéria disciplinar, quando estão em jogo determinados elementos não perfeitamente adequados aos paradigmas liberais da legalidade, há uma limitação do controle a ser exercido. No julgamento do MS nº 8.166, TJSC, Pleno, Rel. Des. Anselmo Cerello, j. 16.08.95, restou decidido que uma vez constatada a prática de falta grave, apurada com a observância das formalidades legais, não pode o Poder Judiciário recusar à Administração Pública o direito de demitir o servidor faltoso, não sendo o mandado de segurança meio idôneo para aferir a injustiça da penalidade aplicada, uma vez que esta é uma área interdita ao Judiciário que só se presta a corrigir ilegalidade extrínseca ou inobservância de formalidade legal. Logo, faz-se mister uma mudança das práticas jurídicas. No Estado Democrático, ao Poder Judiciário incumbe realizar um atividade interventiva de controle dos atos administrativos, com base não apenas nas leis infraconstitucionais, mas, sobretudo, utilizando as potencialidades significativas dos princípios e valores constitucionais. Com relação aos primeiros, a proporcionalidade pode servir como espécie de interrogante das práticas administrativas, sendo fundamental redimensionar o significado de que incumbe àquele Poder de Estado afastar lesão ou ameaça de lesão aos direitos dos administrados.
[377] TJSP, 4ª Câm., Rel. Des. Soares Lima, j. 15.08.96, RT 734/239.

quer dizer, aqui ocorreu um exame mais profundo das circunstâncias capazes de caracterizar a inaptidão.

Mas, a dogmática jurídica, também, acha-se imersa em uma crise de identidade, muito bem constatada por Faria,[378] com relação ao Poder Judiciário, cujo raciocínio pode ser aqui aplicado, pois a postura formalista e dogmatista, calcada no senso comum, acaba apenas lidando com leis que não foram modernizadas, havendo um descompasso entre o ordenamento jurídico e o contexto histórico-social-econômico-cultural.

Quando os operadores do Direito defrontam-se com normas jurídicas cunhadas na tentativa de implementar um Estado Social - e a Constituição Federal é um exemplo em diversos preceitos e princípios - esbarram em uma cultura excessivamente individualista e formalista,[379] até porque possuem uma formação dogmática voltada muito mais para posturas corretivas do que distributivas. Deste quadro, decorre uma prática (des)funcional e contraditória da própria Ciência Jurídica, mostrando-se, até hoje, muito mais eficiente para atender somente alguns setores minoritários e economicamente favorecidos, contribuindo, assim, para o aumento da grande dívida social das promessas da modernidade que não foram cumpridas.

Os diversos critérios até então cunhados para o controle dos termos indeterminados, em última análise, constituem-se, quando utilizados dogmaticamente e de maneira acrítica, em técnicas de domesticação dos conflitos sociais, onde através de argumentações lógico-normativas são olvidados importantes aspectos políticos e históricos. Como menciona Faria, *"trata-se de uma estratégia seletiva, expressa pelas categorias normativas forjadas pelo Estado liberal e operacionalizadas pelo Poder Judiciário nos casos de conflito concreto. Este sistema é auto-limitado para resolver conflitos jurídicos a partir de decisões estritamente legais".*[380]

As dúvidas do autor acima citado são absolutamente pertinentes para o atual momento pelo qual passa a Ciência Jurídica. O paradigma normativista, típico de uma sociedade liberal, é eficaz em uma sociedade com enormes desníveis culturais, estigmatizada pelos mais diversos dualismos estruturais? Até que ponto é possível separar o Direito Positivo, tido como um sistema fechado, coerente e abstrato,

---

[378] FARIA, José Eduardo. *O Poder Judiciário no Brasil: paradoxos, desafios e alternativas*, p. 13.

[379] *Idem.* 14. Conforme o autor, tal individualismo pode ser traduzido pela convicção de que os direitos do indivíduo estão acima dos direitos da comunidade. Outrossim, o formalismo é caracterizado por um apego a um conjunto de ritos e procedimentos burocratizados e impessoais, justificados em nome da certeza jurídica a da segurança do processo.

[380] FARIA, José Eduardo. *O Poder Judiciário...*, ob. cit., p. 28-9.

das variadas implicações sociais, políticas e econômicas inerentes ao seu funcionamento?

Hodiernamente, parece razoável admitir a necessidade de adequar a cultura jurídica a uma sociedade complexa, inserida em um Estado Social de Direito, com o objetivo de implementar um Estado Democrático, o que, por certo, exige a substituição de objetivos jurídicos a serem alcançados: a certeza jurídica e a proteção da liberdade negativa cedem lugar para uma postura dos operadores mais teleológica, *"valorizando antes os resultados do que os meios e contrapondo a liberdade positiva à negativa"*.[381]

Destarte, faz-se mister ultrapassar o dogmatismo calcado em categorias normativas abstratas, passando a pensar as situações jurídicas dentro de uma perspectiva mais concreta, sem um *a priori* formal, devendo as condutas serem orientadas por um sistema promocional.[382] A conseqüência, na doutrina dos termos indeterminados, reside no fato de que não se há de excluir abstratamente o controle a ser exercido pelo Poder Judiciário ou a exercê-lo com fulcro em categorias abstratas, cunhadas pelo senso comum, como "desvio de poder", "abuso de poder", "discricionariedade", etc., como se fossem categorias estanques e acabadas, dissociadas de todo um contexto histórico-social ou como se estivessem a revelar um sentido oculto e de essência, inserido no significante.

Os termos indeterminados, pode-se dizer, constituem um fenômeno próprio da linguagem jurídica. Não obstante, como adverte Faria, o caráter polissêmico passa a ser cada vez mais acentuado na medida em que aumenta a complexidade social, consubstanciando-se, muitas vezes, em uma estratégia legislativa para enfrentar tais problemas. Por tal razão, torna-se imperioso reformular os instrumentos liberais-individualistas para enfrentar a questão, sob pena de o operador jurídico estar lidando de maneira mais intensa com um fenômeno jurídico complexo, mas utilizando mecanismos ultrapassados e inadequeados.[383]

---

[381] *Idem*, p. 54.

[382] FARIA, José Eduardo. *O Poder Judiciário...*, ob. cit., p. 51.

[383] *Idem.*, p. 66. Segundo o autor, "a polissemia também encerra outro problema: a necessidade de novas técnicas hermenêuticas para determinar as condições de ocorrência de determinadas palavras ou expressões num texto legal, com o objetivo de inferir as suas regras de utilização (suas ligações semânticas, os contextos pragmáticos, os sentidos denotados e conotados, etc.)". A utilização de mecanismos não apropriados para um Estado Social acaba levando a decisões do tipo da que foi proferida pelo Tribunal de Justiça do Estado do Rio Grande do Sul, AC nº 594000655, 3ª CC, onde acabou prevalecendo o entendimento de que um servidor público, em "desvio de função" não possui direito a qualquer vantagem pecuniária pelo desenvolvimento de atividade insalubre (Rel. Des. Flávio Pâncaro da Silva, j. 10.11.94). Fica patente a inadequação do critério da separação de poderes e do normativismo-legalista, próprios de um Estado

Com efeito, pode-se concluir que, em virtude desta crise pela qual passa o Estado, em que está obviamente inserido o Direito, o caminho mais frutífero parece ser a estruturação de um conhecimento voltado para a interdisciplinariedade. Os termos indeterminados, até mesmo pelos aspectos supracitados, necessitam da inserção, em seu campo de conhecimento, de discussões sociológicas, filosóficas e políticas, oferecendo mecanismos de comutação discursiva, de compreensão e enriquecimento.[384]

Como lembra Warat, a tematização do papel da dogmática é um espaço aberto, não havendo trabalhos sistemáticos sobre uma metadogmática, mas cujo crescimento deveria orientar-se para uma desdogmatização e *"abrir-se para os domínios afins ao jurídico, desde os quais pode extrair novos critérios de significação jurídica, mais conformes com a dinâmica social atual, cuja complexidade e alterabilidade estão crescendo aceleradamente."*[385]

O controle jurisdicional dos signos jurídico-administrativos não se dá fora da linguagem e da compreensão, logo, está inserida em um conjunto de relações já interpretadas e significadas pelo *habitus* jurídico. As respostas da dogmática jurídica devem ser postas em xeque, pois como respostas a um modelo liberal-individualista já não estão contextualizadas atualmente. Outras respostas hão de ser dadas no Estado Social e Democrático de Direito, o que exige uma nova tarefa do perguntar. Problematizar o legado não cumprido da modernidade é corolário da necessária explicitação da historicidade da compreensão[386] e elemento primordial para o desvelamento de um sentido democrático.

Liberal, para enfrentar a questão do "desvio de função". Obviamente, não se quer dizer que haverá uma co-relação lógica entre o desvio e o pagamento de vantagens pecuniárias. O entendimento hermenêutico do Direito Administrativo exige que se faça um exame concreto da situação, alocando-se no processo de produção de sentido interrogantes como ética, democracia, justiça social, razoabilidade, etc.

[384] Cf. NEVES, Marcelo. *Ob. cit. In: Direito e Democracia*. Kátia Argüello (Org.), p. 104. O autor faz uma análise sobre a própria Teoria Geral do Direito, cujo raciocínio aplica-se ao tema aqui em discussão. Refere que "nesta perspectiva, a TGD não vai apenas facilitar a compreensão da dogmática jurídica. Ela vai oferecer mecanismos para a ampliação do horizonte dessa disciplina técnico-jurídica. A TGD pode advertir que a dogmática, na medida em que permanece presa aos esquemas de subsunção lógica, não pode responder aos problemas concretos da sociedade de hoje. Torna viável que dados sociológicos e nova valoração sejam transmitidos à dogmática numa roupagem lingüística e conceitual compreenssiva a essa e, portanto, passível de releitura e aplicabilidade dogmáticas às situações sociais emergentes".

[385] WARAT, Luis Alberto. Introdução... II, *ob. cit.*, p. 39.

[386] Os textos jurídico-administrativos são entendidos hermeneuticamente dentro de uma determinada época, o que caracteriza uma maneira peculiar de significar. A título exemplificativo, o Decreto-Lei nº 3.365/41, referente à Desapropriação, é lido pela tradição jurídica, doutrina e jurisprudência, conforme uma pré-compreensão específica. É detectável o viés liberal-individualista quando ainda se aceita a constitucionalidade do artigo 9º que impede o

4.2. Controle dos termos indeterminados e democracia

A indeterminação lingüística não deve representar para o operador jurídico um aspecto negativo do Direito, mas o aumento substancial das possibilidades hermenêuticas. Daí ser fundamental (re)significar a importância do Poder Judiciário ou o protagonismo judicial na atualidade.[387] É profícua a afirmação de Cárcova quando menciona que o juiz:

> "não poderá considerar a lei acrítica ou incondicional, e sim submetê-la à hierarquia constitucional, garantindo assim os direitos fundamentais nela consagrados. Ali radica substancialmente o fundamento da legitimação da jurisdição. Uma legitimação que não é equiparável àquela que provém da representação política, derivada da vontade majoritária, mas que concerne à tutela da intangibilidade dos direitos fundamentais consagrados".

O controle jurisdicional dos termos indeterminados, portanto, deve ser examinado sempre sob esta perspectiva de entender o Poder Judiciário como necessário garantidor da democracia, não o único, por óbvio, mas como um dos poderes de Estado responsáveis por tal desiderato. De outra banda, faz-se mister que os juízes percebam que há necessidade de avançar sobre a forma de encarar a hermenêutica jurídica. No Estado de Direito de cunho liberal, havia uma preocupação estrita em garantir as liberdades dos cidadãos, sendo que a hermenêutica tinha uma *orientação de bloqueio*,[388] fulcrada na legalidade. No entanto, há de ser considerada a passagem para o Estado Social, ou *Welfare State*, havendo necessidade de serem criadas novas cate-

---

exame, no processo de Desapropriação, por parte do Poder Judiciário, dos casos de utilidade pública. Verifica-se, assim que dito dispositivo não passou por um processo de re-significação frente à CF de 1988, não se possibilitando uma fusão de horizontes com elementos democráticos. Não havendo este processo, a compreensão do dispositivo é feita de maneira objetificante, standartizada.

[387] Como lembra CÁRCOVA, Carlos María. *Direito, Política e Magistratura.*, p. 167, por uma série de razões há um aumento crescente das exigências populares com relação ao Poder Judiciário. A própria crise dos sistemas de representação política que afeta as democracias ocidentais, faz com que os juízes apareçam com *ultima ratio*, como uma garantia final do funcionamento do sistema democrático. No entanto, no Brasil, deve ser mencionada a existência de pesquisas sobre a visão que a sociedade tem do Poder Judiciário. Quando feito um questionamento sobre quem ajuda mais a fazer justiça para a maioria dos brasileiros, só 10% dos entrevistados responderam a própria Justiça, sendo que a esmagadora maioria (84%) respodeu "a mídia", conforme ROSSI, Clóvis, Folha de São Paulo, 27.09.98.

[388] Cf. CAMPILONGO, Celso Fernandes. *Os Desafios do Judiciário: um enquadramento teórico*, In: Direitos Humanos, Direitos Sociais e Justiça, p. 45. A expressão utilizada é de Tércio Sampaio Ferraz Júnior.

gorias cognitivas por parte do intérprete, caminhando-se para a chamada hermenêutica de *legitimação das aspirações sociais*, conforme já referido anteriormente. O controle jurisdicional está a exigir a sua inserção crescente no campo do Direito Constitucional em que *"as combinações entre o interesse público e o interesse privado, entre os direitos individuais, coletivos e difusos, entre as regras de aplicabilidade imediata, restrita e dependente e uma infinidade de outras situações inéditas, irão consolidar a nova imagem do juiz: o sujeito ativo do processo político"*.[389]

Aliás, Enterría coloca com propriedade, o caráter imperioso de um reforço dos controles sobre a Administração Pública, mencionando que a situação atual da democracia impõe este reforço, havendo uma crescente tendência de reduzir, por exemplo, as margens de discricionariedade, consubstanciando-se em uma forma de privilegiar o primado do Direito.[390] O aumento do controle dos termos indeterminados, de outra banda, pode ser tido como uma imposição do fato de a Administração Pública estar submetida a toda uma gama de princípios (artigo 37 da CF) e de que nenhuma lesão ou ameaça de lesão poderá ser afastada do Poder Judiciário (artigo 5º, inciso XXXV, CF), elementos estes indispensáveis para a construção de um Estado Democrático de Direito (artigo 1º da Carta da República).[391] Não se pode olvidar que *"no hay Derecho sin juez. El juez es una pieza absolutamente esencial en toda la organización del derecho y esto no es excepción en el Derecho Público cuando se trata de la observancia del Derecho por la Administración"*.[392]

Como já mencionado anteriormente, a indeterminação lingüística é típica da Ciência Jurídica. Ora, em outras áreas do Direito parece não haver dúvida: quando as partes não acordam sobre a significação de um signo jurídico, corresponde ao juiz determinar se o fato discutido amolda-se na capacidade significativa do termo indeterminado ou não. No âmbito do Direito Administrativo, quando o Poder Público, por exemplo, declara um bem como de utilidade pública, para fins de desapropriação, com base no artigo 5º, letra *h*, do Decreto-Lei nº 3.365/41, não seria crível, dentro de um Estado Democrático de Direito, admitir que a Administração Pública pudesse desapropriar pro-

---

[389] *Idem.*, p. 47.

[390] ENTERRÍA, Eduardo Garcia de. *Democracia...*, ob. cit., p. 122-4.

[391] *Idem*, p. 127, segundo o autor, o verdadeiro fim da construção constitucional é implantar o Direito, mediante a justiça, a liberdade, a igualdade e o pluralismo político, tidos como valores superiores do ordenamento jurídico. Com efeito, não se poderia falar em um limite *a priori* para o controle dos termos indeterminados, sempre considerando que o Poder Público está submetido à Constituição, podendo esta funcionar como espaço garantidor da realização democrática.

[392] ENTERRÍA, Eduardo Garcia de. *Democracia...*, ob. cit., p. 128.

priedades só por causa de utilidade pública caracterizada através de *"uma simples vontade e critério subjetivo e circunstancial"* (Enterría) do poder expropriante.

Muito embora não se possa fugir da indeterminação valorativa dos termos indeterminados, do processo de anemia significativa que sofrem, não havendo um sentido a ser revelado e que esteja atrás do signo jurídico, pronto a ser descoberto com os métodos tradicionais de controle, isto não quer dizer que ao Poder Judiciário não seja dado exercer o controle significativo. Concorda-se com Enterría quando menciona que a Administração Pública apenas possui *"uma posição privilegiada de decisão prévia, que lhe permite avançar sua estimação própria da realidade do conceito legal de cuja aplicação se trata"*,[393] cabendo ao Poder Judiciário aplicar e interpretar a norma jurídica, como forma de concretização da Constituição. O texto constitucional, inclusive, foi o viés hermenêutico utilizado por este autor em um interessante trabalho sobre os princípios gerais do Direito,[394] partindo do pressuposto da submissão da Administração Pública não apenas à lei, mas ao Direito, o que engloba o sistema de valores materiais abertos estabelecidos na Constituição.

No entanto, a existência de normas constitucionais não é suficiente para resolver a questão da democracia. É imprescindível a superação do que anteriormente já foi referido, a filosofia da consciência, rompendo-se com os paradigmas metafísicos. Os operadores do Direito devem adotar uma postura de diálogo com a tradição democrática, a fim de que venham a ser desveladas novas possibilidades significativas do texto constitucional. As pré-compreensões, estruturadas pelo sentido comum teórico dos juristas, devem ensejar um processo de fusão de horizontes hermenêuticos. Os juízes, ao exercerem o controle dos signos jurídico-administrativos, vão fazer

---

[393] *Idem*, p. 137. É preciso salientar que para o administrativista não há de se falar em discricionariedade, pois vislumbra uma questão de legalidade, cabendo ao Administrador Público aplicar a lei. Segundo já examinado nos capítulos anteriores a aplicação de signos jurídicos é muito mais complexa do que a dicotomia discricionariedade e vinculação. Trata-se de uma construção típica do sentido comum teórico dos juristas, sendo que toda esta problemática deve sofrer o viés da hermenêutica, não se podendo conceber como um sentido posto na norma e que, em um momento posterior, vai ser aplicado pelo Administrador Público e pelo Juiz, através de um raciocínio silogístico. A questão do controle jurisdicional mais profundo não passa por esta dicotomia, mas sim pela competência semiótica-jurídica-democrática do Poder Judiciário.

[394] ENTERRÍA, Eduardo Garcia de. *Reflexiones sobre la Ley y los principios generales del Derecho*, p. 96. Em razão desta vinculação a valores abertos, não se poderia falar em um sistema positivista, nem como um sistema formal e cerrado, mas orientado por valores e que vão determinar a aplicação das normas jurídicas. A constituição, assim, deixa de ser vista como um sistema formal de articulação de poderes para compreender-se como um *parâmetro de valores materiais de todo o ordenamento*.

algo e entrar em cena com algo que não era, através de um processo dialético, sendo formuladas perguntas de como consolidar o ideal democrático, insculpido na Constituição Federal de 1988, possibilitando o surgimento de novas áreas simbólicas de realização democrática.³⁹⁵ É imprescindível, como lembra Hesse, que haja uma disposição de reconhecer os conteúdos da Constituição como obrigatórios, constituindo-se uma forma de garantir a sua *força normativa*.³⁹⁶

No âmbito das produções jurídico-dogmáticas, não se pode olvidar o contributo de Tomas R. Fernandez. De plano, o autor afasta a questão da legalidade ou oportunidade, adjetivando-a como um falso dilema, pois o Administrador Público está sempre atrelado ao Direito e *"siempre que la decisión administrativa en causa sea susceptible de una crítica concluyente en nombre del Derecho, el juez deberá anular dicha decisón, pues en el ejercicio de su función jurisdiccional sólo le está vedada la arbitrariedad, el juicio que no tenga otro apoyo que su propia voluntad o su mero capricho"*.³⁹⁷ É claro, e isto o próprio administrativista admite, esta crítica concludente realizada pelo Juiz é algo que não pode ter seus contornos definidos *a priori*, não se podendo estabelecer, de uma forma abstrata, a relação dos conflitos possíveis onde o Direito não possa chegar em nenhuma hipótese.³⁹⁸

Aduz que a última palavra, constitucionalmente falando, não tem nem a Administração, nem o Juiz, mas a tem o Direito, sendo que, na hipótese de serem possíveis diversas soluções pelo Poder Público, deve haver a opção pela que estiver mais conforme com o Direito.³⁹⁹

---

³⁹⁵ ENTERRÍA, Eduardo Garcia de. *Reflexiones...*, *ob. cit..*, p. 102, coloca com propriedade que o juiz deve construir no Direito os preceitos legais antes de sua aplicação. Outrossim, o fim de toda construção constitucional seria implantar o Direito, mediante a justiça, a liberdade e a igualdade (*Idem*, p. 103). O trabalho do jurista, dentro desta concepção de construção, seria trabalhar com as normas no sentido de funcionalizá-las, assumindo o juiz um papel primordial no sentido de "garantir" o Estado material de Direito. É claro que esta idéia do autor pode também adquirir outra dimensão quando inserida no universo da hermenêutica, pois, como menciona Gadamer, aplicação e interpretação constituem um único momento. Assim, a construção dos preceitos legais é igualmente sua aplicação e vice-versa.

³⁹⁶ HESSE, Konrad. *Elementos de Direito Constitucional da República Federal da Alemanha*, p. 502.

³⁹⁷ FERNANDEZ, Tomas R. *De La Arbitrariedad de La Administración*, p. 90.

³⁹⁸ Acrescenta o autor que: "A la Administración corresponde, desde luego, ejercer esa libertad, mayor o menor, pero siempre limitada por el Derecho, y elegir en base a ella las soluciones que le parezcan mejores. A los Jueces y Tribunales compete, por su parte, verificar en caso de conflicto, sin otras limitaciones que las que el Derecho, que es su único norte, les impone, si esa elección es conforme a los requerimientos de éste" (*Idem.*, p. 92).

³⁹⁹ Cf. FERNANDEZ, Tomas R. *Ob. cit.*, p. 151. É claro que a afirmação de que a "última resposta tem o Direito" deve ser bem entendida e funcionalizada apenas como um *topos* hermenêutico (STRECK), sob pena de voltar ao paradigma de coisificar o objeto de conhecimento como um "Direito-em-si-mesmo". Poder-se-ia entender que a partir do momento em que os operadores do direito formam lingüisticamente a Ciência Jurídica, pois estão irreme-

O controle jurisdicional a ser exercido não é de mera legalidade, senão de juridicidade.[400] O Poder Judiciário não tem outra ferramenta que não seja o Direito, não podendo chegar mais adiante além do que o Direito permita, não se podendo também dizer abstratamente qual é a alternativa mais racional dentre as possíveis.[401]

Assim, a construção da chamada "margem de discricionariedade" ou do "mérito do ato administrativo", em que não seria possível um controle jurisdicional, parecem muito mais com dogmas, sustentados pelo sentido comum teórico dos juristas, operacionalizando um *habitus* dogmático, do que algo capaz de sustentar-se frente a um Estado Democrático de Direito. É claro que há uma posição privilegiada da Administração em previamente aplicar a norma, mas *"la posibilidad del control judicial está siempre abierta, pues, para verificar si esa posición inicial de objetividad en la apreciación administrativa puede mantener-se, lo cual deberá ejecerse normalmente através de un control de los límites o de los excesos, simpre, por supuesto posibles y que la prueba puede perfectamente poner de manifesto y acreditar"*.[402]

O estabelecimento de uma margem de discricionariedade está intimamente relacionado com o princípio da separação de poderes, pois não são raras as decisões jurisprudenciais em que o Poder Judiciário fica impedido de exercer o seu controle com plenitude, sob a

---

diavelmente inseridos na tradição e com ela mantêm uma relação dialógica e de produção de sentidos, a última palavra está nas possibilidades significativas da Ciência Jurídica. A lingüisticidade é o sentido dos limites e o limite dos sentidos.

[400] *Idem*, p. 152.

[401] *Idem*, p. 171. No entanto, se não há um limite *a priori*, dogmático, absoluto, como inibidor do controle jurisdicional, sendo que toda a decisão da Administração Pública está submetida ao Direito, o autor faz o seguinte questionamento: até onde pode chegar o Direito? O ilustre administrativista acaba chegando à conclusão de que o limite é aquilo que é razoável, adotando uma concepção tópica da razoabilidade jurídica. Para ele, uma escolha razoável pode qualificar-se como tal quando se acomoda a uma realidade objetiva ou quando se apresenta de tal maneira que sua claridade e distinção nos obrigue a submetermos à evidência. Ou então, quando se sustenta em razões de Direito, quer dizer, esteja precedida de uma argumentação que a fundamente, de forma que se possa comprovar que a solução dada é conseqüência de uma exegese racional do ordenamento e não fruto de uma arbitrariedade, ou seja, do simples capricho de seu autor, quando responde a uma determinada interpretação do Direito (*Idem*, p. 196-223).

[402] ENTERRÍA, Eduardo Garcia de. *Democracia...*, ob. cit., p. 138. O autor, voltando à questão da desapropriação por utilidade pública, coloca, com razão, que se a Constituição estabelece a possibilidade de a expropriação ocorrer por utilidade pública, quer dizer algo completamente distinto se dissesse que a expropriação pudesse ocorrer sempre que quisesse a Administração ou seus gestores. Inclusive, pode-se mencionar que é imperioso, no Direito Administrativo Brasileiro, questionar as próprias hipóteses de utilidade pública previstas na legislação infraconstitucional, pois ao Poder Judiciário cabe exercer o controle das leis que estabelecem a qualificação de uma determinada causa de utilidade pública ou interesse social, a fim de estabelecer a sua constitucionalidade ou não. Será que o legislador possui ampla liberdade para dizer o que é utilidade pública? E o Administrador Público?

alegação de ingerência no chamado mérito do ato administrativo ou, então, alguns argumentos de ordem pragmática, como a melhor condição técnica da Administração Pública para aplicar a norma em situações especiais, a falta de especialização do Poder Judiciário em determinadas matérias e, finalmente, a antiga idéia da vontade do legislador em delegar tais matérias para o Poder Executivo. De qualquer sorte, todas acabam tendo como fundamento último a questão da separação de poderes.[403]

A problemática que surge em torno deste dogma está em não localizá-lo historicamente como uma construção necessária, por exemplo, na obra de Montesquieu, para estabelecer limites ao poder soberano.[404] Igualmente, faz-se mister construir uma re-significação ante o surgimento do Estado Social de Direito, pois que ele significa exatamente *"uma correção não superficial, senão de fundo, não parcial, senão sistemática do status quo"*. Sem negar os valores básicos do Estado Democrático-Liberal, liberdade, propriedade individual, igualdade e segurança jurídica, o Estado Social e Democrático de Direito passa a ser concebido como Estado distribuidor, em que há o primado de garantir a "procura existencial" (Forsthoff).[405] García-Pelayo coloca que, no Estado Social, há necessidade de intervenção concentrada e não separada dos Poderes do Estado, sendo que a tripartição de poderes tem efeito demasiado simples para explicar a divisão de poderes em um Estado e em uma sociedade acentuadamente complexos, como a atual, devendo haver uma relativização de sua importância e uma modificação substancial em sua estrutura interna.[406]

---

[403] Cf. ENTERRÍA, Eduardo Garcia de. *Democracia...*, ob. cit., p. 194, menciona que, em 1804, Jefferson expressava que nada na Constituição havia dado aos juízes um direito de decidir sobre o Executivo, como tampouco ao Executivo para decidir sobre o Judiciário. As duas magistraturas são independentes nas esferas de ação respectivamente designadas a cada uma. Posteriormente, em 1820 novamente insistiu nesta tese de que o Executivo não podia ser controlado pelo Judiciário, mas apenas pelos eleitores.

[404] Ver ODDONE, Guillermo A. *Administración y División de Poderes*, p. 7-30. Vale mencionar que nem mesmo Montesquieu concebeu uma idéia rígida sobre a separação de poderes. No entanto, como assevera FARACO, Plauto. *Direito, Justiça Social e Neoliberalismo*, p. 43, a reserva dos revolucionários franceses ao Poder Judiciário tem contornos históricos específicos, pois constituiu-se em uma reação às arbitrariedades dos órgãos judiciários do Antigo Regime, os "Parlamentos". Inclusive a Revolução Francesa pode ser tida como antijudiciária, sendo que houve um enfraquecimento político deste poder nos regimes posteriores a 1791.

[405] Cf. GARCIA-PELAYO, Manuel. *Las Transformaciones del estado contemporáneo*, p. 27-8. Ao Estado corresponde, "como uma de suas principais missões, a responsabilidade da procura existencial de seus cidadãos, quer dizer, levar a cabo as medidas que assegurem ao homem as possibilidades de existência que não pode assegurar-se por si mesmo..". Para tal mister, o Estado passa a ser um Estado de prestações, assumindo a responsabilidade de distribuição e redistribuição de bens e serviços econômicos.

[406] *Idem*, p. 57-61.

Com efeito, a divisão dos poderes deve ser (re)funcionalizada, isto é, inserida em um Estado que possui uma finalidade a ser buscada. Todos os poderes administrativos, bem como a própria atuação da Administração Pública, não são mais que *instrumentos* a serviço de uma eficaz realização e distribuição do bem comum,[407] não se podendo falar em um poder com prerrogativas-em-si, sob pena de dogmatizar a atuação estatal. Na aplicação dos termos indeterminados, não basta que a atuação da Administração Pública seja legal, mas deve ser *útil*, ou seja, capaz de conseguir e manter determinadas condições de realização dos princípios e valores constitucionais, operacionalizando uma legitimação substancial. É preciso que o controle jurisdicional dos chamados termos indeterminados seja estruturado por uma tarefa de reflexão, consciente o operador do Direito de que vai ser realizado um trabalho prático e que deve ser relacionado com as necessidades de um Estado Social e Democrático ainda não implementado. A Constituição passa a ser vislumbrada como um texto necessitado de interpretação e impregnado de direitos não concretizados. O juiz, dentro desta concepção, assume-se como agente criador, pois a linguagem é ação, e a estruturação hermenêutica das sentenças ocorre pelo desvelamento das possibilidades significativas das normas jurídicas, orientadas por *standards* democráticos.

No Brasil, a Constituição Federal de 1988, como lembra Faria, privilegiou os chamados "conceitos abertos", "indeterminados", havendo uma certa discrepância com alguns postulados cultivados pela dogmática jurídica, como a certeza, a univocidade do Direito, etc., fazendo com que haja um questionamento da própria preparação técnica do Poder Judiciário,[408] pois *"aplicar judicialmente essas leis passa a ser, portanto, promover a realização política de determinados valores, moldando e afetando a realidade sócio-econômica..."*.[409] Os novos textos legais deixam de ter uma função precípua de estabelecer-delegar competências, fixar obrigações ou enunciar princípios, mas tais textos destacam-se por duas funções inéditas:

---

[407] ODDONE, Guillermo A. *Ob. cit.*, p. 46.

[408] FARIA, José Eduardo. *Transformações do Judiciário em Face de suas Responsabilidades Sociais*. In: Direitos Humanos, Direitos Sociais e Justiça, p. 62. O autor menciona a inadequação das atuais pautas hermenêuticas para lidar com algumas legislações recentemente surgidas. Tais pautas seriam bastante restritas para a construção do sentido das normas jurídicas, pois fulcradas basicamente em interpretações lógico-sistemáticas baseadas no princípio da legalidade. Aduz que no Estado-Providência as normas jurídicas passam a ter uma *função promocional*, exigindo um amplo esforço de compreensão valorativa, sendo imperiosa a utilização de procedimentos hermenêuticos mais abertos e flexíveis.

[409] FARIA, José Eduardo. *Transformações...*, *ob. cit.*, p. 62.

"por um lado, impõem tratamentos diferenciados em favor de determinados segmentos sociais, o que corrói e subverte o tradicional primado do 'universalismo jurídico' inerente aos sistemas normativos de inspiração liberal; por outro, exigem iniciativas inéditas por parte do Executivo, em termos de formulação, implementação e execução de políticas públicas. Se no Estado liberal as leis tinham por finalidade básica definir 'as regras do jogo', no Estado-Providência as normas de caráter 'social' são especialmente concebidas para modificar os resultados desse jogo, alterando implicitamente suas regras".[410]

Agora, se no controle jurisdicional, a ser exercido sobre os chamados termos indeterminados, há claramente a necessidade de abandonar os postulados dogmatistas, como evitar uma *"esquizofrenia jurídica travestida de direito livre"* (Faria)? De qualquer sorte, parece crível admitir que os métodos tradicionais já não são suficientes, pois cunhados sob a perspectiva de um Estado liberal, sendo imperioso construir uma hermenêutica voltada para a construção de um Estado Social e Democrático de Direito.

A ampliação do controle jurisdicional sobre a atividade da Administração Pública passa a ser uma imposição democrática. No entanto, não adianta ampliar a base da atividade jurisdicional se não há uma modificação de fundo. Uma hermenêutica democrática, e este passa a ser o viés impeditivo de uma atividade totalitária ou arbitrária, é aquela em que o Juiz assume-se como um intérprete produtor de significados jurídico-democráticos, e não meramente reprodutor de um sentido comum teórico, formalmente estruturado e descomprometido com a *força normativa da Constituição*. A consciência demo-

---

[410] *Idem*, p. 63. Há necessidade de modificar o sentido com que os operadores do Direito encaram a Constituição, não podendo mais prevalecer aquela concepção clássica estabelecida desde o advento do ideário constitucionalista, nos primórdios da Idade Moderna. Como esclarece GUERRA FILHO, Willis Santiago. *A dimensão processual dos direitos fundamentais e da Constituição*. In: *Revista de Informação Legislativa*, Ano 35, nº 137, p. 16, mostra-se insuficiente considerar a Constituição apenas como um instrumento útil para defender os membros de uma sociedade política contra o poder estatal, conferindo aos cidadãos alguns direitos fundamentais. Aduz expressamente: "Atualmente, uma Constituição não mais se destina a proporcionar um retraimento do Estado frente à sociedade civil, como no princípio do constitucionalismo moderno, com sua ideologia liberal. Muito pelo contrário, o que se espera hoje de uma Constituição são linhas gerais para guiar a atividade estatal e social, no sentido de promover o bem-estar individual e coletivo dos integrantes da comunidade que soberanamente a estabelece.". Destarte, as próprias normas jurídicas devem ser modificadas e (re)funcionalizadas no Estado Social e Democrático de Direito. Enquanto antes havia a prevalência de um caráter sancionatório, sendo a norma portadora de uma conseqüência desagradável a ser infligida pelo Estado, na hipótese de um descumprimento, o Direito da atualidade assume um relevante caráter finalístico, em um sentido prospectivo e vinculante, ressaltando-se a normatização de objetivos a serem alcançados.

crática a ser desenvolvida é aquela de que não se trabalha com estrutura de verdades acabadas.[411] A dogmática jurídica deixa de ser vista como aquela instância privilegiada e produtora de discursos unívocos de sentido, mas sim como discursividade produtora de possibilidades de significação.

Conceber a democracia como algo impreterivelmente significado pelo sentido comum teórico dos juristas importa em uma postura dogmatizada, estéril e disciplinada totalitariamente, sendo que o jurista assume o papel de homem-cidadão-burocratizado, como menciona Morais.[412] Uma razão jurídica assim construída não vislumbra a democracia como um processo de construção diária, inacabado, mas como algo formalmente estruturado por padrões inequivocamente estabelecidos, "*a partir de um quadro referencial definido e definitivo*".[413]

O operador do Direito, como um sujeito que produz o sentido das normas, deve desfazer-se dos "*vínculos referentes a um projeto estabelecido e acabado, regrado de uma vez por todas dentro de padrões dogmatizados*".[414] A retomada de uma hermenêutica democrática, com efeito, passa a considerar a aplicação dos signos jurídicos como um vir-a-ser, em que ocorre um retorno às interrogações (Morais). Faz-se mister a elaboração de um projeto instituidor de uma "razão hermenêutica" ou como, menciona Streck, uma "razão emancipatória",[415] sendo importante a fixação de sentidos normativos através de um processo lingüístico que não se vê como totalizador e censor de outras possibilidades, mas como aquele estabelecido dialogicamente num contexto histórico-social por força de uma competência significativa.[416]

O controle jurisdicional dos chamados termos indeterminados deve ser (re)significado no âmbito de uma *hermenêutica garantista* (Ferrajoli), quer dizer, orientada por uma *racionalidade constitucional*[417] e voltada para cada vez mais reafirmar as garantias fundamen-

---

[411] MORAIS, José Luis Bolzan de. *A Subjetividade do Tempo*, p. 85.

[412] MORAIS, José Luis Bolzan de. *A Subjetividade...*, ob. cit., p. 87. A adoção de uma interpretação basicamente reprodutora de padrões fixados aprioristicamente acaba por transformar-se em uma "hermenêutica regulada", adaptando-se a expressão do autor "cidadania regulada".

[413] *Idem*, p. 88.

[414] *Idem*, p. 92.

[415] STRECK, Lenio Luiz. *Hermenêutica Jurídica*, inédito, p. 159.

[416] Ver MORAIS, José Luis Bolzan de. *A Subjetividade...*, ob. cit., p. 100-1.

[417] De plano pode-se afastar a construção de um modelo silogístico. FERRAJOLI coloca que o juiz não é uma máquina automática na qual por cima são inseridos os fatos e, por baixo, "*se sacan las sentencias*" e com a ajuda de um empurrão quando os fatos não se adaptam perfeitamente a ela. Para o jusfilósofo italiano, a idéia de um perfeito silogismo é uma "ilusão metafísica" (FERRAJOLI, Luigi. *Derecho y Razón*, p. 38). Ademais, refere, a interpretação da lei não é nunca atividade somente recognoscitiva, senão é o fruto de uma eleição prática a respeito de hipóteses interpretativas alternativas. E esta eleição, mais ou menos opinável segundo o grau de indeterminação da previsão legal, acaba inevitavelmente no exercício de um poder

tais de defesa da Constituição. Esta passa a ser vista como um espaço garantidor das relações democráticas entre o Estado e a Sociedade (Ribas Vieira), sendo uma zona mais ou menos segura de mediação entre legitimidade e justiça.[418] O texto constitucional deve servir de referencial hermenêutico para a significação de uma validade normativa dos atos administrativos, validade esta vislumbrada não apenas no seu aspecto formal, mas dentro de uma concepção mais substancial, como refere Ferrajoli.[419] A sua teoria do garantismo possui como elemento central a pessoa, *"em nome de quem o poder deve constituir-se e a quem deve servir"*,[420] sendo que o sistema jurídico passa a ser formado por finalidades e valores a serem perseguidos pelo Estado de Direito, isto é, a dignidade humana, a paz, a liberdade plena e a igualdade substancial. Estes valores, portanto, passam a ser alocados na atividade dialógica dos operadores jurídicos com as normas, consubstanciando-se em horizontes de sentido, como situações interrogativas dos textos legais e capazes de orientar uma inovadora atividade reflexiva. Os valores constitucionais são tidos como elementos lingüísticos de mediação das normas jurídicas com o presente – um momento histórico em que não restaram cumpridas as promessas da modernidade.[421]

---

de denotação ou qualificação jurídica dos fatos julgados (*Idem*, p. 38-9). O autor aduz que a decisão judicial seria um "saber-poder", isto é, uma combinação de conhecimento e de poder (*Idem*, p. 46). Pode-se dizer, também, que a aplicação dos termos indeterminados envolve uma motivação calcada em juízos de valor, não vinculados a previsões legais taxativas, mas suscetíveis de argumentação e controle conforme critérios pragmáticos de aceitação (*Idem*, p. 173). Aqui, para o autor, os princípios gerais do direito podem funcionar como critérios de orientação.

[418] DIAZ, Elias. *Etica Contra Política. Los Intelectuales y el Poder*, p. 34. No controle dos termos indeterminados a Constituição é de extremo relevo, consubstanciando-se em um verdadeiro *topos* hermenêutico (STRECK), onde poderão ser buscados elementos de racionalidade para conformar a aplicação dos termos indeterminados feita pela Administração Pública.

[419] FERRAJOLI, Luigi. *Ob. cit.*, p. 355. A visão formal de validade - produto de um ato normativo conforme as normas acerca de sua produção - resulta totalmente insuficiente nos modernos Estados constitucionais de direito. A validade dos atos normativos reside em sua conformidade não apenas formal, senão substancial com as normas superiores. As constituições, além de aspectos formais, também estabelecem limitações de conteúdo ao exercício do poder normativo. É preciso que o Poder Judiciário atente para o fato de que as constituições modernas, típicas de um Estado Social, em razão de sua dimensão teleológica-valorativa, propiciam o exercício de uma hermenêutica muito mais profunda.

[420] Cf. CADEMARTORI, Sérgio. *Estado de Direito e Legitimidade*, p. 72.

[421] Aqui reside uma tarefa prática do intérprete, pois busca adequar uma lei transmitida às necessidades do presente (cf. GADAMER, Hans-Georg. *Verdad y Método I.*, p. 400). No entanto, como refere o autor, não se pode dizer que a interpretação da norma seja uma tradução arbitrária. Como o hermeneuta também está inserido em uma dogmática jurídica, reconhece-se a existência de um sentido vigente, mas busca-se tão-somente mediar este sentido com o presente. O pressuposto da linguagem, viés este adotado ao longo desta pesquisa, apresenta um modelo capaz de explicar a atividade da hermenêutica jurídica, pois "a linguagem não é somente um veículo, senão o paradigma racional da comunicação produzida mediante a execução de atos simbolicamente mediados" (cf. BLANCO, Carlos Nieto. *Ob. cit.*, p. 294).

Este controle acima referido, por certo, pode possuir um grau maior ou menor de garantismo, sendo crível admitir que será do primeiro tipo quando buscar significar os próprios limites substanciais ao exercício do poder administrativo. A utilização deste poder estatal deve ser caracterizada, no plano substancial, pela sua funcionalização a serviço da garantia dos direitos fundamentais dos cidadãos, proibição de lesar os direitos de liberdade e a obrigação de satisfazer os direitos sociais.[422] No primeiro item desta análise, foi examinada a questão da crise do Estado e a necessidade de o operador do Direito vislumbrar a sua atuação em um Estado Democrático e Social de Direito. É exatamente dentro desta perspectiva que cabe a elaboração dos processos de produção de sentido dos signos jurídicos, em que a hermenêutica é vista não apenas para não piorar a situação dos administrados, mas para buscar melhorá-la.[423] O controle jurisdicional a ser exercido, por sua vez, igualmente há de ser finalístico, buscando controlar o grau de legitimidade da aplicação destes signos pelos Administradores Públicos, a fim de sempre conformá-los com os ditames constitucionais, não sendo dado estabelecer zonas de exclusão *a priori*.

Com efeito, o garantismo pode ser vislumbrado[424]:

"... como técnica de limitación y de disciplina de los poderes públicos dirigida a determinar lo que los mismos no deben y lo que deben decidir, puede muy bien ser considerado el rasgo más característico (no formal, sino) estrutural y substancial de la democracia: las garantias, tanto liberales como sociales, expresan en efecto los derechos fundamentales de los ciudadanos frente a los poderes del estado, los intereses de los débiles respecto a los fuertes, la tutela de las minorías marginadas o discrepantes respecto a las mayorías integradas, las razones de los de abajo respecto a las de arriba".

---

[422] GADAMER, Hans-Georg. *Verdad... I. Ob. cit.*, p. 856-7. Por tal razão é que não se pode falar em exercício de poderes administrativos fora, *a priori*, do controle jurisdicional. Há de prevalecer o primado de realização de toda uma gama de princípios, regras e valores constitucionalizados. Outro corolário é que o Direito e o Estado não são vistos como valores em si mesmos ou absolutos, mas como meios para a realização concreta de "fins extrajurídicos úteis, desejáveis, axiológica ou politicamente justos" (cf. LUZZATI, Cláudio. *La figura del Giurista e il Garantismo Penale*, apud CADEMARTORI, Sérgio. *Ob. cit.*, p. 74).

[423] FERRAJOLI, Luigi. *Ob. cit.*, p. 862. Um controle jurisdicional calcado nestes termos tem a possibilidade de abandonar o aspecto dogmatista e passar a adquirir um caráter mais inovador, tendo sempre em mira o futuro dos cidadãos, com uma procedimentalização voltada para aperfeiçoar as garantias constitucionais.

[424] *Idem*, p. 864.

Sob uma perspectiva garantista, a hermenêutica a ser construída com relação aos termos indeterminados deve ser progressiva, e não regressiva, quer dizer, não estaria conforme um Estado Social e Democrático de Direito uma interpretação que simplesmente buscasse a formulação significativa das normas constitucionais no sentido de reduzir o seu alcance, a fim de conformá-las com normas infraconstitucionais, tudo no intuito de manter a chamada coerência do sistema jurídico. De outra banda, para o jusfilósofo, seria progressiva aquela que, em que pese fazer crescer a incoerência do ordenamento, é extensiva dos valores constitucionais.[425] Segundo refere Cademartori, as modernas constituições apresentam como nota característica a incorporação de princípios ético-políticos, ensejando assim valorações ético-políticas e de justiça das normas produzidas,[426] havendo uma mudança também no controle a ser exercido pelo Poder Judiciário que igualmente irá lidar com estes valores, não sendo suficiente a adoção de critérios dogmáticos e típicos do Estado Liberal. A atividade de controle passa a significar a busca de uma *legitimidade substancial*, quer dizer, referida a toda uma gama de conteúdos significados pelas normas superiores.

Não se pode esquecer que uma postura garantista é aquela voltada a aplicar ou modificar o direito. A atividade de controle a ser construída, por certo, exige a estruturação de *"institutos capazes de sustentar, oferecer reparo, defesa e tutela das liberdades individuais e aos direitos sociais e coletivos. Um operador jurídico dir-se-á garantista quando dedica a sua atividade a aumentar o número ou a eficácia das estruturas e instrumentos oferecidos pelo sistema jurídico para tutelar e promover aquelas liberdades e aqueles direitos"*.[427]

---

[425] FERRAJOLI, Luigi. *Ob. cit.*, p. 867. Os operadores do Direito possuem uma missão importantíssima, no sentido de desenvolver uma hermenêutica crítica, ou seja, ao invés de tão-somente o labor jurídico ser voltado para a sistematização e reelaboração das normas do ordenamento, para apresentá-las com uma coerência e plenitude que não possuem, seria mais razoável que procurassem explicitar a incoerência e falta de plenitude mediante juízos de invalidade sobre as inferiores e correlativamente de inefetividade sobre as superiores (*Idem*, p. 879). O Pode Judiciário, assim, assume importante tarefa, pois é capaz de desenvolver uma hermenêutica voltada para fortalecer os espaços democráticos, como forma de buscar utopicamente o resgate da democracia (FARIA, José Eduardo. *Direitos Humanos e Globalização*).

[426] CADEMARTORI, Sérgio. *Ob. cit.*, p. 78. Esta configuração lingüística das constituições determina a inserção, no próprio discurso jurídico, de um princípio de ética discursiva. Na medida em que os signos jurídicos passam a ser orientados para "valores" como liberdade, igualdade, dignidade, etc., eleva-se como um imperativo, um papel dos operadores jurídicos, dirigir o labor doutrinário e jurisprudencial para a formação de verdadeiros "sítios de significância" (ORLANDI) que contenham estas pautas de sentido. Qualquer aplicação de termos indeterminados que possam ser tidos como desestruturadores deste espaço simbólico merece um controle jurisdicional capaz de re-significar aquela aplicação.

[427] CADERMATORI, Sérgio. *Ob. cit.*, p. 86-7.

O controle jurisdicional sobre a aplicação dos termos indeterminados não pode ser fulcrado em uma hermenêutica fechada em si mesma, construída através de critérios orgânicos, mas deve ser, como menciona Ferrajoli, *heteropoiética*, isto é, segundo a qual a legitimação política do Direito e do Estado seja proveniente *"de fuera o desde abajo"*, ou seja, da sociedade, *"entendida como suma heterogénea de personas, de fuerzas y de clases sociales"*.[428] Aqui reside um aspecto importante: a construção de um modelo de controle da validade substancial dos atos administrativos, típico de um Estado de Direito caracterizado pela *"funcionalização de todos os poderes do Estado a serviço da garantia dos direitos fundamentais dos cidadãos"*.[429] No entendimento de Cademartori, ao retratar a teoria do garantismo[430]:

"O estado de direito é caracterizado politicamente pelo garantismo de Ferrajoli como um modelo de ordenamento justificado ou fundamentado por fins completamente externos, geralmente declarados em forma normativa por suas Constituições, mas sempre de forma incompleta, e a política como dimensão axiológica (externa) do agir social, servindo de critério de legitimação para a crítica e a mudança do funcionamento de fato e dos modelos de direito das instituições vigentes".

O controle em questão, no âmbito de um Estado Democrático de Direito, deixa de estar fundamentado em um modelo de uma interpretação constitucional fechada, passando a estruturar-se em uma *"constituição aberta"*,[431] ou seja, um conjunto de normas que é igual-

---

[428] FERRAJOLI, Luigi. *Ob. cit.*, p. 882. Por certo não podem ser esquecidas as advertências de STRECK, Lenio Luiz. *Hermenêutica Jurídica*, p. 162: "Alerte-se - por relevante - que o garantismo é visto, no âmbito e nos (bem delimitados) limites destas reflexões, como uma maneira de fazer democracia dentro do Direito e a partir do Direito. Como 'tipo ideal', o garantismo reforça a responsabilidade ética do operador do Direito. É evidente que o garantismo não se constitui em uma panacéia para a cura dos males decorrentes de um Estado Social que não houve no Brasil, cujos reflexos arrasadores deve(ria)m indignar os lidadores do Direito. O que ocorre é que, em face da aguda crise do positivismo jurídico-normativista, não se pode desprezar um contributo para a operacionalidade do Direito do porte do garantismo, que prega, entre outras coisas, que a Constituição (em sua totalidade) deve ser o paradigma hermenêutico de definição do que seja uma norma válida ou inválida, propiciando toda uma filtragem das normas infraconstitucionais que, embora vigentes, perdem sua validade em face da lei maior".
[429] FERRAJOLI, Luigi. *Ob. cit.*, p. 856.
[430] CADEMARTORI, Sérgio. *Ob. cit.*, p. 164.
[431] Cf. HÄBERLE, Peter. *Hermenêutica Constitucional - A sociedade aberta dos intérpretes da Constituição: contribuição para a interpretação pluralista e procedimental da Constituição* e VERDÚ, Pablo Lucas. *La Constitución Abierta y sus Enemigos*. A abertura da interpretação constitucional possibilita uma vinculação na formação dos conteúdos significativos-constitucionais por parte dos órgãos estatais, bem como cidadãos e grupos. Com efeito, pode-se dizer que a abertura dos critérios de interpretação constitucional há de contribuir para a ampliação das possibilidades hermenêuticas e criação de novos horizontes de sentido e dotados de uma maior legitimidade. Um dos grandes problemas das técnicas formalistas de interpretação dos signos

mente atualizado pelos próprios cidadãos. Como menciona Häberle *"quem vive a norma acaba por interpretá-la ou pelo menos por co-interpretá-la"*.[432] Tal aspecto mostra-se de peculiar relevância no tema desta pesquisa, quando, por exemplo, houver de ser feito um controle jurisdicional sobre termos como "bem comum", "interesse público", "propaganda imoral", não se coadunando com uma democracia apenas o estabelecimento de critérios rígidos e abstratos. O administrador público, também por estar inserido nesta sociedade, pode ser visto não como aquele que atribui a significação última a um termo indeterminado, mas como uma das forças produtivas de interpretação, atuando como um pré-intérprete com que será mantido um diálogo. Aduz Häberle que *"subsiste sempre a responsabilidade da jurisdição constitucional, que fornece, em geral, a última palavra sobre a interpretação"*.[433] A vantagem de um controle jurisdicional possuir esta dimensão hermenêutica é a pontencialidade de ser estabelecida uma mediação entre Estado e Sociedade, cujo espaço garantidor desta atividade passa a ser a Constituição, com todas as suas regras, princípios e valores.

O estabelecimento de critérios "rígidos", dogmáticos, alimentados pelo sentido comum teórico dos juristas só pode contribuir para o desenvolvimento de uma investigação neoformalista e a-histórica dos termos indeterminados, sendo que uma hermenêutica mais aberta deve ser o objetivo de uma interpretação constitucional e que servirá para balizar o controle jurisdicional, adquirindo, assim, uma dimensão dialógica. Para Häberle, a interpretação é um processo aberto, não sendo *"um processo de passiva submissão, nem se confunde com a recepção de uma ordem. A interpretação conhece possibilidades e alternativas diversas. A vinculação se converte em liberdade na medida que se reconhece que a nova orientação hermenêutica consegue contrariar a ideologia da subsunção"*.[434]

---

jurídicos é a ausência de uma maior preocupação na relação de proximidade entre poder e sociedade.
[432] HÄBERLE, Peter. *Ob. cit.*, p. 13.
[433] *Idem*, p. 14.
[434] HÄBERLE, Peter. *Ob. cit.*, p. 30. Uma abertura hermenêutica-constitucional estaria a colaborar para que o controle a ser exercido realizasse um trabalho de integração com o próprio contexto histórico-social, na medida em que igualmente passa a considerar as diversas possibilidades significativas atribuídas por outros intérpretes da constituição. A norma a ensejar o controle não é uma norma-em-si, pronta e acabada. No entanto, por certo, não se está a admitir como legítima uma interpretação arbitrária, sendo que o elemento dialógico pode servir de balisa para calibrar o processo de produção de sentido, na medida em que o aplicador do Direito deve estar em contato com outras forças ativas de significação jurídica. No entendimento de HÄBERLE, "seria errôneo reconhecer as influências, as expectativas, as obrigações sociais a que estão submetidos os juízes apenas sob o aspecto de uma ameaça a sua independência. Essas influências contêm também uma parte de legitimação, e evitam o livre arbítrio da interpretação judicial" (*Idem*, p. 31-2).

O Poder Judiciário, enquanto órgão de controle da aplicação dos termos indeterminados por parte da Administração Pública, é apenas um mediador, sendo que *"o resultado de sua interpretação está submetido à reserva da consistência (Vorbehalt der Berwährung) devendo ela, no caso singular, mostrar-se adequada e apta a fornecer justificativas diversas e variadas, ou ainda, submeter-se a mudanças mediante alternativas racionais"*.[435] Mostra-se relevante que a Constituição aberta possibilita a sua visualização como um processo público, em que haja a possibilidade de ser estabelecido um Estado Social e Democrático de Direito, inspirado em valores superiores, na limitação dos poderes públicos, reconhecendo e garantindo direitos fundamentais. Como menciona Verdú, a questão da abertura constitucional e, aqui se faz a necessária adaptação, do próprio controle jurisdicional, possui também uma dimensão cultural e antropológica, a saber: *"la cultura propia del derecho y de la sociedad occidental y la imago homins en cuanto persona digna con sus derechos inviolables y en cuanto ciudadano libre, social, participador, que desarolla su personalidad en las correspondentes formaciones sociales donde se inserta y mueve"*.[436]

A democracia deve servir de critério para o aprofundamento do controle dos termos indeterminados, o que pode possibilitar exatamente o aparecimento de novas fontes de compreensão, estabelecendo-se relações democráticas de sentido antes impensadas. O operador do Direito, no entanto, deve estar consciente da permanente inconclusão de sua tarefa. A Constituição Federal de 1988 mostra-se apta para servir como espaço de uma constante atualização significativa dos termos indeterminados. Com efeito, verificar se houve lesão ou ameaça de lesão a um direito pela aplicação de um termo indeterminado (artigo 5º, XXXV, CF) importa em realizar uma atividade de pergunta, colocando os questionamentos sob uma perspectiva de melhor implementar um Estado Democrático de Direito. O controle ora em exame é feito pelo Poder Judiciário dentro de uma perspectiva lingüístico-hermenêutica, cabendo ao operador do Direito desenvolver uma atitude dialética frente aos signos jurídicos e realizar uma reflexão crítica sobre as suas possibilidades em uma democracia. A

---

[435] HÄBERLE, Peter. *Ob. cit.*, p. 42.

[436] VERDÚ, Pablo Lucas. *Ob. cit.*, p. 44. Para o autor, um sintoma claro de abertura constitucional é o grau de adesão moral que a Constituição suscita, podendo-se dizer que a Constituição da República Federativa do Brasil possui possibilidades significativas capazes de concluir pela sua abertura constitucional, por exemplo, quando menciona como fundamentos a cidadania, a dignidade da pessoa humana (art. 1º, II e III); quando determina que constituem objetivos fundamentais construir uma sociedade livre, justa e solidária e erradicar a pobreza e a marginalização e reduzir as desigualdades sociais e regionais (artigo 3º, I e III) ou, ainda, em razão de todo o rol de direitos e garantias fundamentais elencados no artigo 5º.

aplicação do texto constitucional não enseja a produção de uma sentença metafísica, calcada em verdades absolutas, mas orientada por *topois argumentativos*, não se prende a uma verdade inconcussa nem definitiva, mas à busca de significações que são correlato de expressões e que, em princípio, estabelecem a relação entre o homem e a norma.[437]

Dentro desta perspectiva hermenêutica de controle jurisdicional dos termos indeterminados, pode ser apontado como importante elemento interrogativo, necessário para ensejar a atividade da pergunta, propiciando, assim, uma fusão de horizontes, o *princípio democrático*, segundo o qual os intérpretes dos signos jurídico-administrativos devem desenvolver uma atividade *"transformadora, conformadora e planificadora das estruturas socioeconômicas, de forma a evoluir-se para uma sociedade democrática"*,[438] o que possibilita seja o Direito Administrativo vislumbrado como instrumento de transformação social. Outrossim, tal *topos* argumentativo determina a assunção, por parte do operador do Direito, de uma postura mais constitutiva e concretizadora dos ditames constitucionais, impondo-lhe sejam postos como elementos discursivos, por exemplo, a dignidade da pessoa humana como um dos fundamentos do Estado Democrático de Direito (artigo 1º, III,CF), a construção de uma sociedade livre, justa e solidária e a redução das desigualdades sociais, como objetivos fundamentais a serem perseguidos (artigo 3º, incisos I e III, CF). A obrigatoriedade de dar eficácia aos direitos fundamentais, igualmente, representa importante elemento para que o jurista possa desenvolver uma atividade dialógica de controle hermenêutico dos termos jurídicos, constituindo-se em um limitador – e ao mesmo tempo uma estrutura constitutiva – do processo de produção de sentido.

No entanto, se no desenvolvimento desta atividade de pergunta, de reflexão significativa, os princípios podem adquirir capital importância, na medida em que passem a figurar como elementos informadores do Direito Administrativo e, por sua vez, da própria atividade administrativa, é claro que eles não podem ser tomados como verdadeiros axiomas, pois devem ser inseridos em uma visão problemática do direito, o que permite, por vezes, serem limitados ou modificados.[439] De qualquer sorte, os princípios são dotados do que comumen-

---

[437] SALDANHA, Nelson. *Filosofia do Direito*, p. 198.

[438] CANOTILHO, J. J. Gomes. *Direito Constitucional*, p. 468. Decorrente deste princípio pode ser alocada a cláusula de proibição do retrocesso social. Logo, em face das possibilidades hermenêuticas que ensejam os termos indeterminados, há de se dar preferência para aquela que melhor aprofunde o sentido democrático, bem como proteja os direitos sociais, os direitos dos trabalhadores, direito à assistência, direito à educação, direito à saúde, etc.

te se chama de *força normativa*, exercendo um influxo nas decisões jurídicas, de cunho positivo, no sentido de estruturação significativa do processo hermenêutico, bem como sob uma perspectiva negativa, excluindo a possibilidade discursiva de utilização de valores contrapostos. Ademais, é importante salientar que não há nos princípios uma univocidade de sentido a ser descoberta pelo operador do Direito, como se fosse um sentido lá, como se possuísse um sentido primeiro a ser resgatado. A sua importância, desta forma, reside em receber um tratamento conjunto com o sistema jurídico, servindo igualmente como *topos* hermenêutico, conforme salientado por Streck.[440]

Parece crível admitir, portanto, que o Poder Judiciário assume um papel relevantíssimo no Estado Democrático de Direito para a construção de uma legitimidade substancial, sendo necessário haver uma re-significação da clássica divisão de poderes. Como menciona Guerra Filho *"do Judiciário hoje, não é de se esperar uma posição subalterna frente a esses outros poderes, a quem caberia a produção normativa. O juiz não há de se limitar apenas, como disse Montesquieu, la bouche de la loi, mas sim la bouche du droit, isto é, a boca não só da própria da lei, mas do próprio Direito".*[441]

---

[439] VIEHWEG, Theodor. *Tópica y Jurisprudencia*, p. 142.

[440] STRECK, Lenio Luiz. *Hermenêutica e(m) Crise*, p. 88. É também importante o contributo deste autor, no sentido de referir a necessidade de considerar os princípios, dentro do Estado Democrático de Direito, como um *plus* deontológico (*idem*, p. 216). No Direito Administrativo, a título exemplificativo, poder-se-ia considerar o princípio da supremacia do interesse público. Ora, o operador jurídico não pode desconsiderar que no Brasil estamos inseridos em um contexto socioeconômico em que os 20% mais pobres do país detêm apenas 2% da riqueza nacional, enquanto os 20% mais ricos ficam com 66%. Assim, o princípio supra não poderia ser utilizado para produzir processos de exclusão social, eis que o Estado Social e Democrático de Direito caracteriza-se exatamente pelo fortalecimento da atividade pública de inclusão social.

[441] GUERRA FILHO, Willis Santiago. *Autopoiese do Direito na Sociedade Pós-Moderna*, p. 37.

Conclusão

1. Quando se fala de termos legais indeterminados é preciso atentar para a circunstância de que não se está a dizer que há termos legais dotados de certezas significativas absolutas, estabelecendo-se assim uma dicotomia significativa. Muitas das teorias que são formuladas acabam por partir de tal pressuposto, mencionando a existência de conceitos determinados, em que há uma delimitação do âmbito da realidade a que se referem de uma maneira precisa e inequívoca. Na presente pesquisa, em postura diametralmente oposta, buscou-se exatamente estabelecer uma re-significação do problema, partindo-se de uma análise do sentido comum teórico dos juristas e do discurso jurídico-administrativo sobre os termos legais indeterminados, evidenciando-se as posturas totalizantes e metafísicas formuladas, bem como as condições de possibilidade dos operadores do Direito em nomear os signos jurídicos. Alguns dos entendimentos estabelecem que, na aplicação dos termos indeterminados, a Administração Pública estaria a exercer uma competência vinculada, ou seja, aquela em que não interfere com apreciação subjetiva alguma, pois a lei já estaria regulando, em todos os aspectos, o comportamento a ser adotado. Outrossim, o aplicador tão-somente deveria levar em consideração o sentido estabelecido "na lei" ou então a "vontade do legislador", não sendo admitida mais de uma solução, em razão da unidade de uma solução justa em cada caso. Na aplicação destes termos não haveria a interferência de nenhuma decisão de vontade do administrador público. Entendê-los como exercício de um poder vinculado seria a única maneira de acabar com subjetivismos!!

2. Em contrapartida, parte da dogmática vislumbra na questão em debate um poder discricionário, sendo que haveria possibilidade de o administrador público adotar diversas soluções e que seriam igualmente validadas pela ordem jurídica, sendo que a própria lei considera como adequadas, para a realização de um determinado valor, as possibilidades normativas. No entanto, não haveria uma

discricionariedade à margem da lei, senão somente em razão da lei e na medida em que ela haja disposto. Tais entendimentos, ainda restritos àquela concepção de que é possível atingir a *ratio essendi* da lei, a correta *men legis*, acabam por influenciar igualmente o entendimento sobre o controle jurisdicional dos termos indeterminados.[442]

3. Parte não muito significativa da dogmática jurídico-administrativa, admite não ser possível o exercício de tal espécie de controle sobre a aplicação pela Administração Pública dos termos legais indeterminados, considerando o dogmatismo referente ao princípio da separação de poderes e a visão absoluta da discricionariedade administrativa. Destarte, há posicionamentos no sentido de ser possível um controle, mas ele acaba sendo parcial, na medida em que resta incólume uma área chamada de "margem de apreciação", "discricionariedade técnica",[443] em que se deve privilegiar o entendimento do administrador. Não se pode olvidar aqueles doutrinadores mais preocupados em garantir valores democráticos e que propugnam um controle total, identificando na aplicação dos termos indeterminados um caso de legalidade, havendo, no caso concreto, sempre uma única solução ótima, correta.

4. Obviamente, não se está nesta pesquisa a desmerecer as diversas construções doutrinárias mencionadas na primeira parte deste trabalho, bem como desconhecer o papel importante de algumas construções dogmáticas elaboradas no âmbito do Direito Administrativo. No entanto, a abordagem interdisciplinar da questão parece fornecer maiores subsídios críticos para os operadores do Direito, além de haver a possibilidade de ultrapassar aquele ontologismo deletério para o próprio desenvolvimento do Direito Administrativo. O abandono do chamado dogmatismo é algo que se impõe, sendo imperioso que o Direito deixe de ser visto simplesmente sob o seu

---

[442] Vale mencionar a teorização de Eva Desdentado Daroca, *Discricionalidad Administrativa y Planeamiento Urbanístico*, p. 110-24, para quem na aplicação dos que chama de conceitos jurídicos indeterminados não há uma "discricionariedade forte" a favor da Administração Pública, mas apenas uma "discricionariedade instrumental". A princípio, os tribunais podem exercer um controle sobre a atividade da Administração Pública ao aplicar tais conceitos. No entanto, em relação a determinado tipo de conceitos jurídicos indeterminados, para cuja concreção e aplicação é preciso levar em consideração valorações de política administrativa que estejam atribuídas, pelo ordenamento jurídico, à Administração, há um poder discricionário forte, devendo a eleição realizada pela Administração ser respeitada.

[443] Sobre o controle jurisdicional da margem de "discricionariedade técnica" há uma obra específica de Juan Igartua Salaverría, *Discricionalidad técnica, motivación y control jurisdiccional*.

aspecto formal.⁴⁴⁴ Os obstáculos dogmáticos com relação ao controle jurisdicional dos termos indeterminados (v.g. separação de poderes, discricionariedade técnica, mérito do ato administrativo) representam a instituição de uma fala monológica, fuclcrada na chamada inegabilidade dos pontos de partida (Ferraz Júnior), em que o operador do Direito simplesmente é visto como ouvinte e portador de uma fala passiva. A tarefa do jurista com relação aos termos indeterminados não é vista como um *locus* privilegiado pela pergunta e questionamento, mas como aquele procedimento dotado de passividade frente às construções significativas postas e herdadas. Faz-se mister inserir uma dimensão problematológica, abandonando-se o *topos* estruturalista dos textos fechados e autônomos, na medida em que os termos indeterminados estão inseridos em textos abertos na sua complexa problematicidade contextual (Manuel Maria Carrilho), sendo, assim, possível superar uma postura dogmaticista. É preciso entender que dogmas como "margem de livre apreciação", "discricionariedade técnica" e outros, são construções que imperam no Direito Administrativo e que devem ser superadas, propiciando assim um controle jurisdicional mais efetivo sobre a atividade administrativa.

5. No artigo 15 do Decreto-Lei nº 3.365/41 há como um dos requisitos para a imissão provisória na posse a urgência. A imissão provisória traz inúmeras conseqüências para o proprietário do bem a ser desapropriado, pois além de poder ser deferida independente da citação do réu, há a imediata perda de disponibilidade do bem. Com efeito, a questão atinente ao controle jurisdicional a ser exercido sobre este termo indeterminado é de extrema importância. Agora, um operador do Direito analítico adotaria uma postura formalista, sendo que o seu abstracionismo seria tão grande que os problemas jurídicos passariam a ser tratados unicamente dentro de um imaginário reduto normativo, voltados para serem decididos com um mínimo de perturbação social. Não se questionaria sobre a própria conformidade deste instituto com o Estado Democrático de Direito e que dimensão deveria adotar no âmbito da Constituição Federal de 1988.⁴⁴⁵ Exem-

---

⁴⁴⁴ Com razão CAMPILONGO, Celso Fernandes. *O Trabalhador e o Direito à Saúde: a eficácia dos direitos sociais e o discurso neoliberal*. In: Direito, Cidadania e Justiça, p. 134, quando menciona que nosso sistema jurídico é concebido como um espaço institucional fechado e homogêneo, quer dizer, um conjunto completo e racional de normas, o que acaba por isolar o direito das demais práticas sociais. Como conseqüência, coloca em funcionamento mecanismos seletivos que acabam por relativizar o alcance das próprias normas jurídicas.

⁴⁴⁵ É louvável a preocupação de LÚCIA VALLE FIGUEIREDO, *Curso de Direito Administrativo*, p. 283, quando questiona a duvidosa constitucionalidade da própria imissão na posse, considerando a garantia constitucional da propriedade (artigo 5º, inciso XXII), não devendo ser

plificativamente, o Tribunal de Justiça do Estado do Rio Grande do Sul já decidiu em julgamento de agravo de instrumento[446] que para a imissão antecipada na posse basta a alegação de urgência, pois que o seu exame por parte do Poder Judiciário importaria em adentrar no próprio mérito do ato administrativo. Com efeito, uma vez alegada a urgência, não caberia ao juiz perquirir as razões dessa alegação para concluir que não ocorre urgência.[447]

6. Via de regra, os operadores do Direito acabam lidando com um arbitrário juridicamente prevalecente (Lenio Streck) e questões relevantíssimas passam a ser resolvidas na órbita de um questionamento controlado, não sendo dado ao aplicador indagar, por exemplo, a possibilidade de um Juiz indeferir o pedido de imissão provisória na posse por entender não estar caracterizada a urgência ou considerar imprescindível o prévio depósito nos termos de avaliação provisória e não segundo o valor meramente cadastral. Esta postura acaba por inserir um dogma, aceito por uma comunidade científica, levando a uma suspensão de maiores apreciações críticas sobre o tema, distanciando-se da concepção problematológica supra-referida. Todo este processo de engendramento de uma verdade jurídica acaba por ser corolário do que Tomas Kuhn chamava de força de um paradigma.[448] Os lidadores do Direito são incapazes de repensar as certezas significativas. Interesse público, desvio de finalidade, abu-

---

vislumbrada como a regra nos processos de desapropriação, devendo ser deferida apenas em casos especialíssimos. Outrossim, parece não estar conforme os pressupostos de um Estado Democrático de Direito o entendimento segundo o qual o valor a ser pago, antes do deferimento da imissão provisória, seria o valor meramente cadastral do bem. Apreciando um recurso extraordinário, o STF deu provimento a um recurso extraordinário para reformar acórdão do Tribunal de Justiça do Estado de São Paulo que, julgando agravo de instrumento, mantivera decisão de juiz de primeira instância, em ação de desapropriação de imóvel proposta pela CESP- Cia. Energética de São Paulo, que determinara o depósito da diferença entre o valor oferecido na inicial e aquele encontrado em avaliação prévia, para fins da imissão provisória na posse. Entendeu o STF que as regras previstas nos parágrafos do art. 15 do Decreto-Lei 3.365/41, entre elas a que autoriza a imissão provisória na posse do imóvel mediante o pagamento de seu valor cadastral (§ 1º, c), são compatíveis com a garantia constitucional da justa e prévia indenização (CF, art. 5º, XXIV). Precedentes citados: RREE 176.108-SP (DJU de 26.2.99) e 141.795-SP (DJU de 29.9.95).
RE 178.215-SP, rel. Min. Moreira Alves, 4.5.99.

[446] AI nº 595048539, 3ª CC, rel. Des. Araken de Assis, unânime, j. 11.05.95, RJTJRGS 173/236.

[447] No entanto, de forma diversa, não se pode deixar de mencionar decisão de Lúcia Valle Figueiredo, quando atuava na 16ª Vara da Justiça Federal, negando imissão provisória na posse sob o fundamento de que era público e notório que o Programa Nuclear Brasileiro já não era mais prioritário para o Governo Brasileiro. Ao examinar a questão da "urgência", referiu que havia prova nos autos de que a desapropriação não era urgente (cf. FIGUEIREDO, Lúcia Valle. Ob. cit., p. 284, n. 21).

[448] Em que pese restar consagrado o termo *paradigma*, não se pode deixar de mencionar que na obra *Tensão Essencial*, p. 381, o autor passou a utilizar a expressão *matriz disciplinar*.

so de poder, propaganda imoral, são estruturados através de um processo de coisificação, e são vistos como realidades em si, olvidando-se que não passam de uma realidade-significativamente-prevalecente, projeções analíticas do sentido comum teórico dos juristas.

7. Pode-se apontar que o dogmatismo acaba por levar a formação de um complexo simbólico, criando consensos significativos. Com efeito, paira sobre os operadores jurídicos um poder simbólico,[449] uniformizador e estruturante. Há a institucionalização de uma divisão do labor jurídico.[450] A dogmática jurídica funciona como instância produtora do dizível, do universo significativo, cabendo aos operadores a reprodução do sentido comum teórico dos juristas, como se a alguns poucos fosse dado o divino dom da nomeação. Uma abertura do discurso no Direito Administrativo passa, então, pela tomada de consciência deste poder de imposição simbólica, buscando-se a construção de uma fala heterodoxa. A indeterminação significativa não é um algo-em-si, captado através de métodos reveladores de verdades jurídicas, sendo que percorrer os caminhos da hermenêutica acaba sendo uma nova possibilidade de redimensionar a questão. O discurso ortodoxo contribui para a formação de um *habitus* jurídico, quer dizer, um modo banalizado e robotizado de compreender e comportar-se frente aos problemas jurídicos.

8. Surge assim o que se chama de campo jurídico, responsável por um modo de produção do Direito e criação do *habitus*, submetendo os atores jurídicos a um constante processo de vigilância simbólica, com o objetivo de institucionalizar algumas univocidades de sentido com relação aos termos indeterminados. Não se pode olvidar a inserção destes operadores jurídicos em um campo fechado de possibilidades. Uma postura diferenciada, portanto, de plano, exige a abertura do campo jurídico, como possibilidade de dar-se conta da institucionalização reprodutora. Outrossim, faz-se mister a tomada de consciência de que os critérios dogmáticos para o controle jurisdicional dos signos jurídicos passam por uma construção significativa,

---

[449] Como conseqüência, a dogmática institucionaliza um poder de construção da realidade, tendente a tornar-se a instância imediata de acesso às coisas, ao mundo. É claro que ela não possui uma função meramente de comunicar *algo*, mas de estabelecer consensos significativos sobre o sentido do mundo social.

[450] Cf. ORLANDI, Eni Puccinelli. *Interpretação* – autoria, leitura e efeitos do trabalho simbólico, p. 66. No trabalho de leitura dos conjuntos significativos há uma divisão social deste trabalho, através do qual institucionaliza-se aqueles que têm direito à interpretação e aqueles que fazem o trabalho cotidiano de sustentação da interpretação que deve ser, a que se estabiliza, sendo possível falar-se em "intérpretes" e "escreventes".

através de um processo de enunciação por um porta-voz autorizado, em busca de um reconhecimento legitimador. O mérito dos atos administrativos passa a ser visto como algo natural, deixando de ser explicitada a sua construção arbitrária. É importante esclarecer que não há uma linha denotativa em si, capaz de excluir do âmbito de apreciação de Poder Judiciário – abstratamente e *a priori* - aquelas condutas enquadradas no espectro significativo do mérito administrativo,[451] discricionariedade técnica, margem de livre apreciação, etc.

9. Uma concepção ideológica dos termos indeterminados não apresenta o seu principal aspecto nos conteúdos que enuncia, mas naquilo que deixa de dizer, não está na presença, mas na ausência. O estratagema utilizado é a referência às evidências,[452] criando-se uma rede de mecanismos discursivos, em que, por exemplo, a noção de "autoridade pública" passa a ser institucionalizada como se realmente estivesse já, desde sempre, contida no artigo 5º, inciso LXIX, da Constituição Federal. Os mecanismos dogmáticos de controle dos termos indeterminados, sem revelar a roupagem que (não)possuem, apresentam uma funcionalização de calibrar os processos hermenêuticos, engendrando esquemas de redefinição. Outrossim, atuam como uma autoridade simbólica, conferindo a determinados esquemas de sentido o caráter de objeto sublime, induzindo a uma postura rigidamente abstrata na aplicação dos signos jurídicos, desconectando os juristas da dimensão sociopolítica do seu agir, como se simplesmente fosse um encontro casual de indivíduos autorizados pela dogmática jurídica. Tal autorização é que será capaz de identificar uma aplicação jurídica daquela que não possui este caráter, sendo que os signos "necessidade pública" ou "urgência" somente terão uma utilização dentro de padrões jurídicos conforme o que como tal foi considerado pela norma jurídica, porque há uma norma-em-si-mesma. O aspecto

---

[451] Vale mencionar recente trabalho de SOARES, José de Ribamar Barreiros. *O Controle Judicial do Mérito Administrativo* em que busca estabelecer um novo critério para controlar o mérito dos atos administrativos, valendo-se do princípio da moralidade administrativa. Refere que tal controle poderá ocorrer "para constatar se a atitude do administrador extrapolou os limites de sua liberdade discricionária, maculando o ato com os vícios de má-fé, da improbidade, da persecução de interesses também privados e da imoralidade administrativa" (p. 87). Aspecto interessante do seu trabalho reside no seu entendimento de que não há questão ou conteúdo do ato administrativo que deva ficar imune ao controle judicial, pois a comunidade teria direito não apenas a uma administração legal, mas moral, digna, proba, correta, quer dizer, uma boa administração (p. 91).

[452] Segundo ORLANDI, Eni Puccinelli. *Interpretação...*, ob. cit., p. 31, "a interpretação é sempre regida por condições de produção específicas que, no entanto, aparecem como universais e eternas. É a ideologia que produz o efeito de evidência, e da unidade, sustentando sobre o já dito os sentidos institucionalizados, admitidos como 'naturais".

significativo da ideologia reside não mais em tornar-se uma falsa consciência da realidade, mas a assunção de um sistema que reivindica a verdade, fechando as possibilidades discursivas.[453] A dogmática jurídica acaba funcionando como a "roda tibetana de orações" (Zizek), pois os operadores do Direito deixam de ser atores das falas jurídicas, isentando-se de maiores responsabilidades, e que são transferidas para o imaginário abstracional da formulação dos conceitos jurídicos.

10. O dogmatismo leva à supressão simbólica da autonomia dos sujeitos, funcionando como uma técnica de fazer crer, responsável pela produção da linguagem oficial do Direito, criando uma representação obstaculizadora de uma maior reflexão sobre a nossa própria experiência sociopolítica. Os padrões dogmáticos de controle dos signos jurídico-administrativos acabam por construir uma língua legítima de caráter censor, instituindo a disciplina e o conformismo dos operadores. Não há a inauguração de novos espaços argumentativos, e sim uma busca de enquadramento e sistematização das contradições sociais.

11. Uma abordagem sob o ponto de vista da linguagem, com efeito, é útil para detectar alguns dos intentos do dogmatismo, como a utilização de uma construção de essências dos institutos jurídicos e que, uma vez sistematizados, passam a dominar as práticas discursivas dos operadores. A doutrina dos signos jurídico-administrativos deve ser vista não como um algo já dado, mas como algo a construir, mostrando-se urgente uma redefinição dos espaços simbólicos do Direito, e não a sua supressão. Não se pode desconsiderar o papel panóptico assumido pela dogmática jurídica, resultando na construção de um saber alicerçado em bases previamente controladas. Os termos indeterminados, como necessariamente inseridos na linguagem do ser, não podem estar estruturados em verdades apofânticas, quer dizer, significados por uma realidade que se apresenta como definitiva, sendo importante o dar-se-conta do operador jurídico e a re-significação da dogmática jurídica, não se olvidando que o significado das normas jurídicas é plurívoco, fruto de um processo de criação, e não de descoberta.

12. A Lei nº 8.666/93 estabelece no seu artigo 3º que a licitação destina-se a selecionar a proposta mais vantajosa, devendo ser obser-

---

[453] A ideologia aqui, portanto, não assume um caráter de representação ou de ocultação, mas como uma prática significativa.

vado, dentre outros, o princípio da moralidade administrativa. No artigo 17, do mesmo diploma legal, há um condicionante para a alienação de bens da Administração Pública, qual seja, a existência de interesse público. Tais signos lingüísticos são estruturados, dentro da concepção de Saussure, por um significante e um significado, cujo laço que os une é arbitrário, querendo-se denotar com isto o seu aspecto convencional, e não metafísico. A dogmática jurídica possui um papel importante, pois é responsável pela instituição deste caráter convencional, muito embora haja um processo de ocultamento desta faceta. A aplicação dos signos jurídicos é robotizada, como se houvesse sempre uma natureza jurídica a ser revelada por alguém, acreditando o jurista como menciona Warat, que interpretar é encontrar a significação real das palavras da lei.

13. A questão dos signos jurídico-administrativos deve necessariamente passar por uma reflexão hermenêutica, fundamentada na viragem lingüística e que possibilitou o rompimento com a filosofia da consciência. A linguagem não há de constituir-se como uma terceira coisa que se interpõe entre o sujeito e o objeto, veiculando a essência do mundo, como se houvesse um mundo-em-si, independente da linguagem. No Direito Administrativo, os operadores jurídicos devem perceber que a linguagem é condição de possibilidade das significações jurídicas, não havendo de deter o seu labor em uma descoberta da essência dos termos indeterminados, mas sim em lançar o olhar sobre as suas possibilidades significativas.[454] Ademais, o dizer juridicamente é aberto, não se podendo pensar que se está dando a palavra final, na medida em que o sentido está (sempre) em curso.

14. É importante a adoção de uma referência pragmática para os termos indeterminados, ou seja, pouca importância possui a intenção de quem quer significar algo,[455] sendo imperioso atentar para a situa-

---

[454] Tal tarefa é importante na medida em que não há "o significado" a ser revelado por uma "comunidade privilegiada", detentora da chave do acesso significativo dos signos jurídicos. Poder-se-ia dizer, então, que os operadores do Direito trabalham com "significados possíveis", lingüisticamente falando.

[455] No âmbito da dogmática jurídica, esta questão diz respeito à antiga polêmica entre *voluntas legis* e *voluntas legislatoris*, quer dizer, interpretar as normas jurídicas conforme a vontade do legislador (subjetivistas) ou nos termos da vontade da norma, o espírito da norma (objetivistas). A concepção hermenêutico-lingüística dos signos jurídicos supera esta dicotomia, na medida em que os sentidos possíveis das normas jurídicas são o resultado de um processo de fusão de horizontes, em que os operadores do Direito colocam-se frente ao texto legal com uma postura dialógica, em que se vai ouvir o que "ele tem a dizer", mas a aplicação vai ser contextualizada, sendo uma nova produção de sentido, fruto das perguntas como respostas a

ção histórica do signo jurídico, pois como refere Wittgenstein *"a linguagem é uma atividade humana, uma espécie de ação que se realiza em diversos contextos, só podendo ser compreendida através do horizonte contextual"*.[456] Parte das doutrinas sobre o controle jurisdicional dos termos indeterminados desconsideram tais aspectos. Os critérios doutrinariamente construídos, conforme referido, são exatamente "a vontade do legislador", "a intenção normativa", "o desvio da finalidade legal", etc. No entanto, uma (re)significação dos chamados termos indeterminados deve passar pelo entendimento de que o homem só conhece em uma determinada época, inserido em uma determinada história (Stein, *Aproximações sobre Hermenêutica*). Assim, é possível romper com as análises de cunho lógico-formal do Direito Administrativo, alocando-se este ramo da Ciência Jurídica nas questões atinentes à interpretação e compreensão. O texto normativo em que estão inseridos os termos indeterminados é multidimensional, enquanto espaço simbólico, não sendo um "texto plano", mas um *"bólido de sentidos. Ele parte em inúmeras direções, em múltiplos planos significantes"*.[457]

15. O *Dasein* (ser-aí) é condição de possibilidade do conhecimento, onde o homem constrói o seu modo de ser, a sua existência, a sua história. Os operadores jurídicos não podem conhecer, significar os termos indeterminados fora do mundo lingüístico, pois o homem só é homem enquanto ser-no-mundo, quer dizer, desde sempre está em um mundo hermenêutico, não se podendo falar em significados *a priori* e definitivos, sob pena de romper-se com a dimensão ontológica do ser. A lingüisticidade é o que possibilita a superação do já dito, da tradição, na medida em que um signo jurídico, ao ser aplicado, é obra de um processo de produção de sentido.[458] A historicidade da compreensão também faz com que se possa vislumbrar que não se chega aos objetos apenas, mas sim sob um determinado ponto de vista. O hermeneuta não chega ao signo jurídico-administrativo em si, mas ao

---

outras perguntas, formadoras do círculo hermenêutico. Não há de se querer resgatar a fiel significação da norma, sob pena de separar a humanidade do jurista da estrutura lingüística do mundo. Sobre esta polêmica ver FERRAZ, Tércio Sampaio. *A Ciência do Direito*, p. 76 e STRECK, Lenio Luiz. *Hermenêutica Jurídica*, p. 52.

[456] Cf. WITTGEINSTEIN, Ludwig. *Ob. cit.*, p. 19.

[457] Cf. ORLANDI, Eni Puccinelli. *Ob. cit.*, p. 14.

[458] Logo, não há um método capaz de fornecer o "verdadeiro" sentido de um termo indeterminado. O controle jurisdicional dos signos jurídicos não há que se calcar em um critério metodológico-silogístico, tornando-se assim uma instância de pacíficas significações normativas. O labor do operador jurídico é muito mais complexo, exigindo uma constante tarefa de explicitação e fundamentação de suas razões, a fim de haver uma dialeticidade hermenêutica.

signo como signo, ou como menciona Stein, compreendemos algo como algo. O intérprete acessa os termos jurídicos com uma pré-compreensão e um problema a partir do qual lança suas interrogações.[459]

16. A compreensão do Direito não pode fugir do modo como situa-se o *Dasein*. O trabalho de interpretação, portanto, começa sempre com conceitos prévios, havendo uma tendência de serem substituídos por outros mais adequados. O intérprete que quer compreender um texto, como menciona Gadamer, realiza uma atividade de projetar sentidos. No entanto, quando coloca-se diante de um signo jurídico, procede a sua leitura desde determinadas expectativas, relacionadas a sua vez com algum sentido determinado.[460] O sentido comum teórico dos juristas desenvolve um processo significativo de fixação de hábitos lingüísticos, fazendo, muitas vezes, com que os operadores jurídicos não visualizem o texto como uma alteridade, em que se deve sim deixar-se dizer pelo texto, mas sem que tal comportamento importe em uma suspensão de juízos críticos.[461]

17. As pré-compreensões são fundamentais para a estruturação significativa da compreensão, sendo uma condição inerente do *Dasein*, como ser que está no mundo, ou, pode-se dizer, no âmbito da Ciência Jurídica, são as pré-decisões jurídicas. Os operadores do direito, no labor de construção dos sentidos das normas jurídicas, chocam-se com os limites de suas situações hermenêuticas. Entender que não cabe ao Poder Judiciário exercer um controle profundo sobre os signos jurídico-administrativos, quando na esfera dos assim chamados "termos indeterminados", adotando como fundamento o princípio da separação de poderes, possui uma pré-compreensão significativa subjacente, qual seja, a visão liberal do Estado.[462] Os

---

[459] FERNANDEZ-LARGO, Atonio Osuna. *Ob. cit.*, p. 86.

[460] GADAMER, Hans-Georg. *Ob. cit.*, p. 333.

[461] Para GADAMER, Hans-Georg. *Verdad... II Ob. cit.*, p. 46, é importante saber ouvir a tradição. No entanto, esta disposição para o diálogo não deve servir só para ratificar, desde a tradição histórica, o que já sabemos sobre nós mesmos, mas senão, diretamente, para algo distinto: receber um incentivo que nos conduza mais além de nós mesmos. O Direito Administrativo assume assim uma postura de questionar os pré-juízos, as pré-compreensões estruturadoras das construções doutrinárias, assumindo uma feição mais criativa.

[462] Há um interessante trabalho sobre o mandado de injunção, conforme o entendimento do Supremo Tribunal Federal, sendo que o autor realiza uma análise da pré-compreensão deste tribunal sobre o princípio da separação de poderes. OLIVEIRA, Marcelo Andrade Cattoni de. *Tutela Jurisdicional e Estado Democrático de Direito*. No paradigma do Estado liberal, o princípio acima mencionado atribui a órgãos estatais distintos diferentes poderes, além de haver um sistema de controles recíprocos. Ao Poder Legislativo cabe a supremacia, pois elabora as leis. O Poder Judiciário tem como incumbência dirimir conflitos quando provocado, através de processos lógico-dedutivos. Finalmente, o Poder Executivo implementa o direito, na busca de

pré-juízos do ser interpretante estão relacionados significativamente com a tradição, havendo uma funcionalização direcionada para as expectativas de sentido, podendo-se falar que os operadores do Direito chegam aos signos jurídico-administrativos através e a partir de um horizonte de uma dada dogmática jurídica.[463] Como corolário, o acesso aos chamados termos indeterminados não pode dar-se fora da linguagem, considerando a formação lingüística do próprio Direito, mas a partir dela e tomando-a como condição de possibilidade, não sendo a linguagem uma terceira coisa que se interpõe entre o jurista e o objeto, mas como a própria estruturação do mundo jurídico. O acesso do hermeneuta aos textos jurídicos, assim sendo, não se dá imotivadamente, mas com toda a problematicidade histórica e a carga de referências significativas previamente dadas.

18. Há uma relação circular na compreensão dos signos jurídicos, considerando a continuidade e interpenetração dos movimentos significativos da tradição e do intérprete – operador jurídico. O controle jurisdicional a ser exercido, portanto, envolverá uma necessária tarefa hermenêutica, um trabalho orientado por uma consciência histórica, em que o operador defronta-se com a dogmática jurídica. Em razão do necessário caráter dialógico a ser adotado, a pergunta deve predominar nesta relação com a tradição, pois só assim serão mantidas abertas as possibilidades significativas.[464] A consciência histórica acima mencionada faz com que se assuma a finitude e incompletude dos resultados hermenêuticos, postura oposta ao conhecimento do tipo metafísico.

19. Quando se fala da inserção do operador na história, não se busca simplesmente uma atividade de mera reprodução, mas um agir

---

certeza e segurança jurídicas (OLIVEIRA, Marcelo Andrade Cattoni de. *Ob. cit.*, p. 38-9). Agora, no entendimento deste autor, "sob o paradigma do Estado Social, assim como os direitos fundamentais, o princípio da separação dos poderes é reinterpretado. Nesse contexto, caberia falar de funções do Estado e não em separação de poderes, já que não haveria propriamente uma atribuição de diferentes poderes a órgãos distintos, mas sim a de funções a órgãos distintos que as exercem cooperativamente, na unidade da soberania estatal".

[463] O caráter dogmatista e totalizante de certas construções jurídicas decorre exatamente das condições de possibilidade significativa, estruturantes das pré-compreensões de alguns juristas, pois alimentadas por conjuntos jurídicos metafísicos. A este fato soma-se uma postura acrítica e passiva, construída a partir de "faladas faladas" e "signos significados".

[464] Daí não ser crível, em matéria de termos indeterminados, a busca de um significante primeiro ou da intenção do seu autor. Assim agir é desconsiderar o princípio da história efeitual. Ao intérprete de um signo jurídico-administrativo cabe dar-se conta de que está a lidar com uma situação hermenêutica especial, calcada em um horizonte de sentido. A desdogmatização, com efeito, passa pela descoberta da relação dialógica entre o operador jurídico e o texto normativo e o caráter dialético entre as perguntas e respostas.

significativo fundamentado por uma consciência crítica, quer dizer, aquela que procura considerar as mudanças ocorridas, admitindo que não se há de ter como objetivo a recuperação de uma significação original, a ser desvelada através de métodos *a priori*. A interpretação, compreensão e aplicação não podem ser dissociadas.[465] Ao compreender um signo jurídico-administrativo sempre tem lugar uma igual aplicação do texto a ser compreendido. Neste processo não se trata simplesmente de o jurista buscar a significação do autor original do texto, mas de fazer valer a sua opinião, cujo limite hermenêutico são as suas próprias pré-compreensões. Não se pode olvidar que aquele que intenta compreender um texto jurídico faz sempre um projeto, ou seja, antecipa um sentido do conjunto, uma vez que aparece um primeiro sentido no texto. Como menciona Gadamer, este primeiro sentido se manifesta, por sua vez, porque lemos o texto com certas expectativas sobre um determinado sentido. A compreensão de um texto, portanto, consiste na elaboração de tal projeto, sempre sujeito a uma revisão como resultado de um aprofundamento do sentido.[466] Na compreensão de um termo jurídico, o intérprete não tratará simplesmente de confirmar as suas pré-compreensões, o seu projeto de sentido, mas de colocá-las em um contraste crítico com as possibilidades que contém o texto.[467]

20. A superação do dogmatismo jurídico implica uma permanente tarefa de *reflexão significativa*, caracterizada pela mediação da norma jurídica com o presente. Os signos jurídicos não são vistos como unidades já portadoras de um sentido *fixista*. Ao jurista cabe desvelar os sentidos jurídicos, sendo a norma entendida como um texto necessitado de interpretação. Este caminho mostra-se capaz de revelar a gramática de produção de sentido utilizada pela dogmática

---

[465] Parte da dogmática jurídica continua a adotar uma postura de diferenciação deste processo. É comum estabelecer que ao jurista cabe identificar a "vontade do legislador" para em um segundo momento aplicar a norma jurídica, o termo jurídico indeterminado. Há um processo descontínuo, como se em um primeiro momento pudesse identificar, aprioristicamente, o conteúdo significativo e após, fora de uma atividade hermenêutica, estabelecer a concreção dos comandos jurídicos. No Direito Administrativo, inclusive, chega-se a sustentar que somente haveria discricionariedade na primeira fase, pois a aplicação seria uma atividade vinculada. Trata-se de uma posição não impregnada pela consciência lingüística do Direito, na medida em que a própria aplicação também é um momento do processo hermenêutico.

[466] GADAMER, Hans-Georg. *Verdad...II Ob. cit.*, p. 65. Este elemento conduz a uma das características fundamentais da hermenêutica de Gadamer: o caráter produtivo. Na compreensão não se desenvolve uma atividade meramente "reprodutiva", mas também um ato de produção, em que se atualiza o passado dentro de um dado momento histórico.

[467] FERNANDEZ-LARGO, Antonio Osuna. *Ob. cit.*, p. 87.

jurídica,⁴⁶⁸ bem como a formulação dos significantes disponíveis coletivamente, além de aproximar os operadores da dimensão simbólica da *praxis social*. Ademais, cria-se a possibilidade da tarefa hermenêutica como algo que pode questionar o já produzido, valendo-se da experiência da tradição, mas sempre circularmente, desvelando os sentidos e interrogativamente extraindo o inédito dos textos jurídicos.

21. A dogmática jurídica é condição de possibilidade do trabalho hermenêutico dos juristas, pois elemento indissociável do processo dialógico de produção de sentido. Não se trata de aceitá-la como instância de revelação de sentidos, mas como elemento lingüístico da fala jurídica. A consciência hermenêutica exige uma abertura para a experiência, realizada através da pergunta⁴⁶⁹ direcionada para um determinado sentido. A posição de quem pergunta, no entanto, ao contrário do que poderia supor um dogmático, não é um lugar privilegiado, mas localizada em um determinado momento histórico e cultural. O operador jurídico, sob uma perspectiva lingüística, assume-se como ser-falante-da-fala-jurídica, participando, ao compreender, do que o texto está comunicando. O desvelamento desta comunicação encontra limite na dogmática jurídica, ou seja, o jurista atua sob uma base de expectativas de sentidos formada pelo conjunto doutrinário e jurisprudencial, sendo imprescindível o desenvolvimento de uma atividade aberta ao questionamento, tendo como horizonte de sentido as significações voltadas para concretizar o Estado Social e Democrático de Direito. O elemento dialógico obriga o operador jurídico a manter uma base de compreensão devidamente justificada, cujos questionamentos são alocados motivadamente.

22. A formulação de uma doutrina dos chamados termos indeterminados com base em uma consciência hermenêutica é fundamental para possibilitar o questionamento do controle jurisdicional a ser exercido. O Direito Administrativo deve assumir-se como instrumen-

---

⁴⁶⁸ A história efeitual das significações normativas é fundamental para entender o processo de construção dos sentidos jurídicos, havendo a possibilidade de identificar as perguntas feitas, desde uma situação real, e que produziram as respostas estruturadoras de tais significações. Por tal razão FERNANDEZ-LARGO, Antonio Osuna. *Idem*, p. 88, aduz que no âmbito do Direito, a história de uma norma jurídica e sua jurisprudência são vias inevitáveis na sua compreensão. Segundo o autor, nenhum intérprete pode pretender estar frente ao texto normativo livre de pré-compreensões, pois isto equivale a estar fora da história e a fazer emudecer a norma.

⁴⁶⁹ Considerando ser inevitável para o operador do Direito estar diante dos signos jurídicos com os seus pré-juízos, é necessário colocar-se em situação de pergunta, como uma atitude inicial de liberação destes pré-juízos, pois há um abrir-se para algo.

to de transformação social, e não como obstáculo, significado, com efeito, por uma hermenêutica de legitimação das aspirações sociais. Assim, será possível desnudar discursos jurídicos que propugnam já estar ultrapassada a modernidade. Como situar o controle dos signos jurídico-administrativos em um país onde há uma grande dívida social a ser resgatada? Qual o papel a ser assumido pelo Poder Judiciário? É bom lembrar que no Estado Democrático de Direito há um deslocamento do foco de decisão dos Poderes Executivo e Legislativo para o Poder Judiciário (Streck). Este poder também assume a tarefa de criar novos horizontes de sentido do Estado Democrático de Direito. O controle dos termos indeterminados passa a ser feito dentro da perspectiva lingüístico-hermenêutica, em que uma sentença não é uma sentença de verdade, mas uma sentença hermenêutica, capaz de superar os modeladores jurídicos fulcrados em uma dogmática liberal-individualista.

23. A dogmática jurídica, como base referencial de sentidos, pode ter uma função criadora, inovadora, desde que se assuma como uma instância hermenêutica, produtora não "do sentido" jurídico, mas de possibilidades significativas, tendo como material do seu labor normas jurídicas que reclamam significação. O campo jurídico dos termos indeterminados necessita de profundas modificações, deixando de calcar-se em discursos monológicos e formalismos procedimentais, sob pena de cada vez mais agravar-se a questão da falta de efetividade do Direito Administrativo, a sua desfuncionalidade como instrumental para que o Estado cumpra seus objetivos constitucionais. Faz-se mister a redução do grau de abstração, elemento este responsável pela estruturação de um método de subsunção lógica. Um sistema fechado de critérios interpretativos contribui sobremaneira para uma restrição do campo do controle jurisdicional. Este reducionismo acaba por impedir uma atividade mais crítica e funcionalizada por parte do Poder Judiciário, deixando este de ser um dos agentes de resgate das promessas da modernidade. Esta situação vem agravada quando, por exemplo, juízes deparam-se com algumas das normas da Constituição Federal de 1988, cunhadas para a implementação de um Estado Social e Democrático de Direito. Como as suas pré-compreensões foram elaboradas através de um material significativo típico de um Estado liberal-individualista, mostram-se incapazes de descortinar o simulacro da modernidade e o caráter metafísico das concepções jurídicas dominantes. O resultado é o reforço significativo de técnicas de domesticação dos conflitos sociais, na medida em que as suas produções interpretativas assim como são instituídas,

igualmente, em razão do próprio caráter simbólico da Ciência Jurídica, são instituintes.

24. Portanto, é importante a construção de uma nova base de expectativas de sentido, de novas condições de possibilidade, capazes de levar a uma razão emancipatória (Streck), uma racionalidade hermenêutica responsável pela ampliação dos espaços democráticos, funcionalizada pelas possibilidades significativas das normas constitucionais. A redução das chamadas áreas de discricionariedade técnica mostra-se como uma tendência de posturas mais voltadas para o primado do Direito. O administrador, ao aplicar um signo jurídico-administrativo, não está a exercer um poder que não esteja submetido aos pressupostos do Estado Democrático de Direito, às normas, princípios e valores constitucionalizados. O Poder Público não possui o privilégio significativo de determinar como o Direito há de ser realizado, mas tão-somente uma posição privilegiada de, num primeiro instante, construir uma base de sentido das normas jurídicas. Argumentar com o princípio a separação de poderes é dogmatizar a questão, olvidando o caráter meramente instrumental dos Poderes do Estado e que se está diante de um texto constitucional repleto de normas, princípios e valores ainda não significados.[470]

25. O controle jurisdicional dos signos jurídico-administrativos, fundamentado por uma racionalidade constitucional, passa pelo entendimento da Constituição como espaço de mediação lingüística e garantidor de uma relação ética com a sociedade, em que toda a atividade do Poder Público passa pelo cumprimento das promessas da modernidade. O texto constitucional é vislumbrado como *topos* hermenêutico (Streck), como referencial para serem alocadas as perguntas imprescindíveis no processo de fusão de horizontes.[471] O Poder Judiciário é fundamental, dentro desta perspectiva, para garantir uma efetiva democracia substancial, assumindo uma nítida posição

---

[470] Se muitas das normas constitucionais não são capazes de fornecer um material para a implementação de um Estado Social e Democrático de Direito, além de outras razões, tal, ocorre em virtude de não haver um campo jurídico capaz de concretizar dispositivos constitucionais, seja em razão do paradigma prevalecente e que alimenta o trabalho dos operadores, seja pelo predomínio da concepção metafísica do Direito. Faz-se mister que o trabalho dos juristas passe a ser estruturado por uma tarefa de reflexão hermenêutica, em que o horizonte de sentido seja a necessidade de implementar um Estado Social e Democrático que ainda não aconteceu.

[471] Dentro de uma perspectiva hermenêutica, a Constituição Federal, bem como seu conjunto de valores e princípios, pode ser um elemento de tensão entre os operadores e os signos jurídico-administrativos, na medida em que é capaz de gerar uma dialeticidade atualizadora das produções dogmáticas.

garantista (Ferrajoli), quer dizer, privilegiadora dos direitos e garantias fundamentais dos cidadãos, bem como estruturante de novas condições de possibilidade para uma (re)funcionalização dos poderes administrativos.

26. No entanto, uma nova postura hermenêutica deve ser impregnada por uma abertura constitucional (Häberle), abandonando-se o abstracionismo dos critérios interpretativos dogmáticos. Aliás, é um característica própria do *Dasein* estar aberto à manifestação de outros entes, o que também irá possibilitar a sua inserção no horizonte de sentido do Estado Democrático de Direito e a produção de novas dimensões simbólicas. Pode-se dizer que em um Estado Democrático de Direito, uma racionalidade do controle dos termos indeterminados, estruturada para ultrapassar um positivismo dogmático, apresenta como características:

a) a necessidade de reforçar a competência hermenêutica do Poder Judiciário. Como operadores do Direito, os juízes são sujeitos com autonomia significativa e que desempenham um importante papel na construção da Ciência Jurídica;

b) abertura das possibilidades significativas;

c) a intensificação do processo dialético na significação da democracia, possibilitando o surgimento de relações antes impensadas;

d) o abandono de posturas de significação generalizantes, pois os termos jurídicos devem ser entendidos como signos que necessitam ser compreendidos desde uma situação concreta e aplicados em um contexto determinado;[472]

e) doutrina e jurisprudência, dentro de uma visão hermenêutica, não representam uma restrição do horizonte dos operadores jurídicos, mas antes condição de possibilidade, inevitáveis para que se possa ter acesso à consciência efeitual jurídico-normativa. O fenômeno jurídico não se dá propriamente na norma em si, mas naquilo que se fala da norma, na compreensão do texto jurídico pelos sujeitos.[473] A dogmática jurídica, dentro de uma perspectiva hermenêutica, funciona como a possibilidade mesma de ter acesso à compreensão;

f) interpretar um termo indeterminado não é uma tarefa orientada por critérios metodológicos formais, eis que entender algo é uma

---

[472] FERNANDEZ-LARGO, Antonio Osuna. *Ob. cit.*, p. 90.

[473] FERNANDEZ-LARGO, Antonio. *Ob. cit.*, p. 93. Os sujeitos não falam das normas desconectados do seu tempo e sim atrelados a uma dada situação histórica. O Estado Democrático de Direito está a exigir novas falas, simbolizações inovadoras, capazes de resgatar as promessas da modernidade, cujo *telos* seja adotar uma facticidade dos valores e princípios constitucionais. Obviamente, não no sentido de ser a única, a definitiva, pois o texto constitucional há de ser visto como uma obra aberta, inserida em um processo dialético.

atitude de abertura. Assim como a hermenêutica envolve um pertencer a uma tradição, faz-se mister referir o seu caráter dialético e inovador, capaz de gerar sentidos democráticos, através de um processo de fusão de horizontes. O controle jurisdicional a ser exercido pelo Poder Judiciário deve ser alocado na Constituição Federal, constituindo um fator determinante da condição histórica das produções normativas;

g) o caráter de mediação da Constituição, possibilitando um leque de interrogantes para a significação dos termos indeterminados, faz com que seja possível mostrar as virtualidades dos signos jurídico-administrativos, reclamando-os e trazendo-os para um Estado Democrático de Direito. Uma postura hermenêutico-dialógica, certamente, trabalhará no sentido contrário de encerrar as normas jurídicas em sua objetividade, constituindo-se em um modo de abri-las para um devir, formado por seu significado histórico e hermenêutico;[474]

h) quando se fala que os operadores jurídicos pertencem a uma tradição, quer-se dizer que as opiniões prévias sobre os sentidos de um termo indeterminado não se encontram à disposição da consciência do intérprete. Menciona Gadamer que ele não está em condições de distinguir, por si mesmo, os prejuízos produtivos que fazem possível a compreensão daqueles outros que a obstaculizam e produzem os mal-entendidos.[475] Daí ser fundamental a interrogação, como aduz Streck, sob pena de a interpretação continuar sendo produto de uma mera *"subsunção do fato à norma amoldada pelos pré-juízos doutrinários e jurisprudenciais"*.[476]

h) uma racionalidade garantista de controle dos termos indeterminados impõe considerar que não há um mérito do ato administrativo imune de cumprir as finalidades do Estado Social e Democrático de Direito. Ademais, mesmo quando a dogmática jurídica tradicional fala em oportunidade e conveniência na aplicação de signos jurídicos, mostra-se importante admitir que a liberdade de atuação do administrador público não pode ser exercida de forma contrária aos princípios e valores constitucionais, dentro daquilo que hermeneuticamente vem sendo construído. Pode-se dizer que o dever de bom administra-

---

[474] *Idem.*, p. 98. Tem razão o autor, quando menciona que a hermenêutica jurídica não é uma teoria do livre conhecimento do Direito, pois não seria aceitável uma interpretação que prescindisse do texto jurídico. Aplicar um signo jurídico-administrativo, no momento histórico de um Estado Democrático, importa em torná-lo operante na atualidade, mantendo-se o operador jurídico em atividade de constante diálogo.

[475] GADAMER, Hans-Georg. *Ob. cit.*, p. 365.

[476] Cf. STRECK, Lenio Luiz. *Hermenêutica Jurídica e(m) Crise: uma exploração hermenêutica da construção do Direito*, p. 251.

dor impõe que a Administração Pública sempre busque respeitar e dar a máxima efetividade ao texto constitucional, cabendo ao Poder Judiciário exercer o controle sobre tais práticas;

i) O controle jurisdicional dos termos indeterminados é uma atividade hermenêutica e dialética. Encontra-se inserido em um processo de fusão de horizontes com aquilo que se diz da Constituição Federal, impondo-se, assim, um constante processo de justificação e atualização de sua prática e que acaba gerando uma nova atividade de nomeação das normas jurídicas. Este caráter é que confere à atividade interpretativa o seu papel crítico, produtivo e não meramente de reprodução.

27. No presente trabalho, desta forma, o objetivo foi exatamente questionar o modo como entende-se o controle jurisdicional dos termos indeterminados no Direito Administrativo. Propõe-se que, em vez de ser adotada uma postura formalista, os operadores busquem a construção de um controle-jurisdicional-interrogativo, funcionalizado pelo espaço constitucional-democrático e assumindo-se como uma autêntica instância de produção de sentidos. O Direito Administrativo, mais do que nunca, precisa significar a sua função social, propiciando um horizonte de sentido para os operadores jurídicos capaz de resgatar as promessas da modernidade e concretizar o universo de valores, princípios e regras da Constituição Federal. O texto constitucional, assim, funciona como um espaço hermenêutico de mediação simbólica, orientando a liberdade de conformação da Administração Pública e propiciando o controle pelo Poder Judiciário, com o objetivo de efetivar uma legitimidade substancial.

Referências bibliográficas

ADEODATO, João Maurício. *Direito: Crise e Crítica*. In: Direito e Democracia, p. 151. Katie Argüello (org). Florianópolis: Letras Contemporâneas, 1996. 237p.

ANDRADE, Vera Regina Pereira. *Dogmática Jurídica – Esforço de sua configuração e identidade*. Porto Alegre: Livraria do Advogado, 1996. 118p.

BARROS, Suzana de Toledo. *O Princípio da Proporcionalidade e o Controle de Constitucionalidade das Leis Restritivas de Direitos Fundamentais*. Brasília: Brasília Jurídica, 1996. 223p.

BLANCO, Carlos Nieto. *La conciencia lingüística de la filosofía*. Madrid: Trota, 1997. 346p.

BLEICHER, Josef. *Hermenêutica Contemporânea*. Lisboa: Edições 70, 1992. 383p.

BOURDIEU, Pierre. *O Poder Simbólico*. Rio de Janeiro: Bertrand, 1989. 311p.

BRASIL, Superior Tribunal de Justiça. Recurso Especial nº 36.611, 1ª Turma, rel. Min. Humberto Gomes de Barros, unânime, j. 21.06.94.

——. Superior Tribunal de Justiça. Mandado de Segurança nº 3.804, 3ª Seção, rel. Min. Vicente Leal, unânime, j. 19.10.95.

——. Superior Tribunal de Justiça. Mandado de Segurança nº 859, 2ª T., rel. min. José de Jesus Filho, unânime, j. 11.12.91.

——. Superior Tribunal de Justiça. Recurso Especial nº 57.614, 1ª Turma, rel. Min. Demócrito Reinaldo, maioria, j. 27.05.96.

——. Supremo Tribunal Federal. Ação Direta de Inconstitucionalidade nº 1.397, Pleno, rel. Min. Carlos Velloso, j. 28.04.97, Revista de Direito Administrativo n. 210, p. 294.

——. Supremo Tribunal Federal. Mandado de Injunção nº 20, Pleno, rel. Min. Celso de Mello, maioria, j. 19.05.94.

——. Supremo Tribunal Federal. Recurso Extraordinário nº 144.822, 1ª T., rel. Min. Ilmar Galvão, unânime, j. 07.03.95.

——. Supremo Tribunal Federal. Mandado de Segurança nº 22.538, rel. Min. Celso de Mello, j, 06.07.96.

——. Supremo Tribunal Federal. Ação Direta de Inconstitucionalidade nº 178, rel. Min. Maurício Corrêa, j. 22.02.96, Revista de Direito Administrativo n. 205, p. 165.

——. Supremo Tribunal Federal. Ação Direta de Inconstitucionalidde-Medida Cautelar nº 1.753-DF, rel. Min. Sepúlveda Pertence, j. 16.04.98.

——. Supremo Tribunal Federal. Recurso Extraordinário nº 144.822, 1ª Turma, rel. Min. Ilmar Galvão, unânime, j. 07.03.95.

——. Tribunal Regional Federal da 1ª Região. REO nº 92.01.06812-3-AM-2ª T, j. 12.03.96, rel. Juiz Antônio Sávio de Oliveira Chaves, DJU 01.07.96.

CADEMARTORI, Sérgio. *Estado de Direito e Legitimidade*. Porto Alegre: Livraria do Advogado, 1999. 188p.

CAETANO, Marcello. *Manual de Direito Administrativo*, Tomo I. 10ª ed. Coimbra: Almedina, 1991. 640p.

CAMPILONGO, Celso Fernandes. *Os Desafios do Judiciário: um enquadramento teórico*. In: Direitos Humanos, Sociais e Justiça. 1ª ed. José Eduardo Faria (org). São Paulo: Malheiros. 1998.

――. *Representação Política e Crise do Estado*. In: Representação Política e Ordem Jurídica: os dilemas da democracia liberal. Mimeo.

CÁRCOVA, Carlos Maria. *Direito, Política e Magistratura*. São Paulo: LTR, 1996. 221p.

CARILHO, Manuel Maria. *Aventuras da Interpretação*. Lisboa: Presença, 1990. 108p.

――. *Verdade, Suspeita e Argumentação*. Lisboa: Presença, 1995. 205p.

CARRIÓ, Genaro R. *Notas sobre Derecho y Lenguaje*. 4ª ed. Buenos Aires: Abeledo-Perrot, 1990. 416p.

COELHO NETO, J. Teixeira. *Semiótica, Informação e Comunicação*. 4ª ed. São Paulo: Perspectiva, 1996. 214p.

CORETH, Emerich. *Diccionario de Hermenéutica*, p. 308. Bilbao: Universidad de Deusto, 1997.

COUTO E SILVA, Almiro do. *Poder Discricionário no Direito Administrativo Brasileiro*. Revista de Direito Administrativo 179, p. 57.

CRETELLA JÚNIOR, José. *Curso de Direito Administrativo*. 13ª ed. Rio de Janeiro: Forense, 1995. 640p.

――. *Dicionário de Direito Administrativo*. 4ª ed. Rio de Janeiro: Forense, 1998. 494p.

DEZALAY, Yves e TRUBEK, David. M. *A Reestruturação Global e o Direito*. In: Direito e Globalização Econômica, José Eduardo Faria (org.). São Paulo: Malheiros, 1996.

DIAS, Elias. *La Justificación de la Democracia*. In: Ética contra política. Los intelectuales y el poder. Madrid: Centro de Estudios Constitucionales, 1990.

DI PIETRO, Maria Sylvia Zanella. *Direito Administrativo*. 10ª ed. São Paulo: Atlas, 1998. 577p.

DUGUIT, Leon. *Las Transformaciones del Derecho-Público y Privado*. Buenos Aires: Heliasta S.R.L., 1975, 268p.

ENCARNAÇÃO, João Bosco da. *Filosofia do direito em Habermas: a hermenêutica*. Taubaté. SP: Cabral Editora Universitária, 1997. 220p.

ENGISCH, Karl. *Introdução ao Pensamento Jurídico*. 3ªed. Lisboa: Fundação Calouste Gulbenkian, 1977.

ENTERRÍA, Eduardo Garcia de. *Curso de Derecho Administrativo*, Tomo I. Madrid: Civitas, 1995. 802p.

――. *Democracia, Jueces y Control de la Administración*. Madrid: Civitas, 1997. 340p.

――. *Una nota sobre el intéres general como concepto jurídico indeterminado*. Revista do Tribunal Regional Federal da 4ª Região, a.7, n. 25, p. 27-50.

ESCOLA, Hector Jorge. *El Interese Público – como fundamento del Derecho Administrativo*. Buenos Aires: Depalma, 1989. 264p.

FAGUNDES, Seabra. *O Controle dos Atos Administrativos pelo Poder Judiciário*. Rio de Janeiro: Forense, 1967.

FARACO, Plauto. *Aplicação do Direito e Contexto Social*. São Paulo: Revista dos Tribunais, 1996.174p.

──. *Direito, Justiça Social e Neoliberalismo.* São Paulo: Revista dos Tribunais, 1999. 144p.

FARIA, José Eduardo. *O Poder Judiciário no Brasil: paradoxos, desafios e alternativas.* Brasília: Conselho da Justiça Federal, 1995. 88p.

──. *O Judiciário e o Desenvolvimento Econômico.* In: Direitos Humanos, Direitos Sociais e Justiça. São Paulo: Malheiros, 1998.

──. *As Transformações do Judiciário em Face de suas Responsabilidades Sociais.* In: Direitos Humanos, Direitos Sociais e Justiça. São Paulo: Malheiros, 1998.

──. *Direitos Humanos e Globalização Econômica.* In: O Mundo da Saúde. São Paulo, ano 22, v. 22, n. 2, mar./abr. 1998.

FELIPE, Miguel Beltrán de. *Discrecionalidad Administrativa y Constitución.* Madrid: Tecnos S. A., 1995. 278p.

FERNANDEZ, Tomas R. *De la arbitrariedad de la administración.* 2ª ed. Madrid: Civitas, 1997. 253p.

FERNANDEZ-LARGO, Antonio Osuna. *La hermeneutica jurídica de Hans-Georg Gadamer.* Valladolid: Universidade de Valladolid, 1992. 138p.

FERRAJOLI, Luigi. *Derecho y Razón.* Madrid: Trotta, 1995. 991p.

FERRAZ JÚNIOR, Tércio Sampaio. *Introdução ao Estudo do Direito.* 2ª ed. São Paulo: Atlas, 1995. 368p.

──. *A Ciência do Direito.* 2ª ed. São Paulo: Atlas, 1991. 111p.

──. *Função Social da Dogmática Jurídica.* São Paulo: Max Limonad, 1998.

FERREIRA, Wolgran Junqueira. *Princípios da Administração Pública.* São Paulo: Edipro, 1995. 155p.

FIGUEIREDO, Lúcia Valle. *Curso de Direito Administrativo.* 3ª ed. São Paulo: Malheiros, 1998. 586p.

FORSTHOFF, Ernest. *Tratado de Derecho Administrativo.* Madrid: Instituto de Estudios Políticos, 1958.

FOUCAULT, Michel. *A Verdade e as Formas Jurídicas.* Rio de Janeiro: Nau, 1996. 160p.

FREITAS, Juarez. *O Controle dos Atos Administrativos.* São Paulo: Malheiros. 168p.

──. *Estudos de Direito Administrativo.* 2ª ed. São Paulo: Malheios, 1997. 200p.

──. *A Substancial Inconstitucionalidade da Lei Injusta.* Porto Alegre: Vozes, 1989. 114p.

GADAMER, Hans-Georg. *Verdad y Método,* I. 5ª ed. Salamanca: Sígueme, 1993. 663p.

──. *Verdad y Método,* II. Salamanca: Sígueme, 1992. 402p.

GARAGALZA, Luis. In: *Diccionario de Hermenéutica,* p. 252. Bilbao: Universidad de Deusto, 1997.

GARCIA-PELAYO, Manuel. *Las Transformaciones del Estado Contemporáneo.* Madrid: Alianza Editorial, 1996. 224p.

GORDILLO, Agustín. *Tratado de Derecho Administrativo,* Tomo 1. 2ª ed. Buenos Aires: Macchi, 1994.

GRAU, Eros Roberto. *Direito, Conceitos e Normas Jurídicas.* São Paulo: RT, 1988. 204p.

──. *Direito Posto e o Direito Pressuposto.* São Paulo: Malheiros, 1996. 209p.

GUERRA FILHO, Wilis Santiago. *Autopoiese do Direito na Sociedade Pós-Moderna.* Porto Alegre: Livraria do Advogado, 1997. 116p.

GUIRAUD, Pierre. *A Semiologia.* 4ª ed. Lisboa: Presença, 1993. 95p.

HÄBERLE, Peter. *Hermenêutica Constitucional – A sociedade aberta dos intérpretes da Constitucição: contribuição para a interpretação pluralista e procedimental da Constituição*. Porto Alegre: Sergio Antonio Fabris, 1997. 55p.

HABERMAS, Jügen. *Dialética e Hermenêutica – Para uma crítica da hermenêutica de Gadamer*. Porto Alegre: L&M, 1987. 136p.

———. *Pensamento Pós-Matafísico*. Rio de Janeiro: Tempo Brasileiro, 1998. 271p.

HEIDEGGER, Martin. *Ser e Tempo*. I. 5ª ed. Petrópolos: Vozes, 1995. 325p.

HESSE, Konrad. *Elementos de Direito Constitucional da República Federal da Alemanha*. Trad. Luis Afonso Heck. Porto Alegre: Sergio Antonio Fabris, 1998. 576p.

KUHN, Thomas S. *A Estrutura das Revoluções Científicas*. 3ª ed. São Paulo: Perspectiva, 1995. 257p.

LINARES, Juan Francisco. *Poder Discrecional Administrativo*. Buenos Aires: Abeledo-Perrot. 302p.

MEDAUAR, Odete. *Direito Administrativo Moderno*. São Paulo: Revista dos Tribunais, 1996. 456p.

MARDONES, José Maria. *Diccionario de Hermenéutica*, p. 693. Bilbao: Universidad de Deusto, 1997.

MARQUES, Mário Osório. *Os Paradigmas na Educação*.

———. *Conhecimento e Modernidade em Reconstrução*. Ijuí: Unijuí, 1993. 112p.

MARQUES NETO, Agostinho Ramalho. *Subsídios para pensar a possibilidade de Articular Direito e Psicanálise*. Direito e Neoliberalismo, p. 28. Curitiba: Edibeje, 1996.

MEIRELLES, Hely Lopes. *Direito Administrativo Brasileiro*. 24ªed. São Paulo: Malheiros, 1999. 749p.

MELLO, Celso Antônio Bandeira de. *Curso de Direito Administrativo*. 9ª ed. São Paulo: Malheiros, 1997. 655p.

———. *Conteúdo Jurídico do Princípio da Igualdade*. 3ª ed. São Paulo: Malheiros, 1997. 46p.

———. *Discricionariedade e Controle Jurisdicional*. São Paulo: Malheiros, 1993.

MORAIS, José Luis Bolzan. *Do Direito Social aos Interesses Transindividuais – O Estado e o Direito na Ordem Contemporânea*. Porto Alegre: Livraria do Advogado, 1996. 247p.

———. *A Subjetividade do Tempo*. Porto Alegre: Livraria do Advogado; Santa Cruz do Sul. RS: Edunisc, 1998. 124p.

MORESCO, Celso Luiz. *Conceitos Jurídicos Indeterminados*. Revista de Direito Público, p. 78.

NEF, Frédéric. *A Linguagem - uma abordagem filosófica*. Rio de Janeiro: Jorge Zahar, 1995. 172p.

NEVES, Castanheira. A. *Metodologia Jurídica – Problemas Fundamentais*. Coimbra: Coimbra Editora, 1993. 310p.

NEVES, Marcelo. *Teoria do Direito na Modernidade Tardia*. In: Direito e Democracia, p. 104. Kátia Argüello (org.). Florianópolis: Letras Contemporâneas, 1996. 237p.

NÖTH, Winfried. *A Semiótica no Século XX*. São Paulo: ANNABLUME, 1996. 281p.

ODDONE, Guillermo A. *Administración y División de Poderes*. Montevideo: Julio César Faira, 1995. 131p.

OLIVEIRA, Marcelo Andrade Cattoni de. *Tutela Jurisdicional e Estado Democrático de Direito*. Belo Horizonte: Del Rey: 1997. 208p.

OLIVEIRA, Manfredo Araújo de. *Reviravolta Lingüístico-Pragmática*. São Paulo: Loyola, 1996. 420p.

——. *Sobre a Fundamentação*. 2ª ed. Porto Alegre: EDIPUCRS, 1997. 108p.

ORLANDI, Eni Puccinelli. *Interpretação: autoria, leitura e efeitos do trabalho simbólico*. Petrópolis: Vozes, 1996. 150p.

ORTIZ, Renato (org.). *Pierre Bourdieu, Sociologia*. 2ª ed. São Paulo: Ática, 1994. 191p.

PALMER, Richard E. *Hermenêutica*. Lisboa: Edições 70, 1997. 284p.

PARANÁ, Tribunal de Justiça. Mandado de Segurança nº 4.3324-9, 1ª CC, rel. des. Pacheco Rocha, unânime, j. 18.12.95.

——. Tribunal de Justiça. Reexame Necessário nº 43324, rel. Des. Pacheco Rocha, j. 18.12.95.

PIERCE, Charles Sanders. *Semiótica e Filosofia*. São Paulo: Cultrix, 1993. 163p.

RAMOS FILHO, Wilson. *Direito Pós-Moderno: Cais Criativo e Neoliberalismo*. In: Direito e Neoliberalismo (Elementos para uma leitura interdisciplinar). Curitiba: EDIBEJ, 1996. 166p.

RIO GRANDE DO SUL, Tribunal de Justiça. Mandado de Segurança nº 594011140, 2ª GCC, rel. des. José Maria Rosa Tesheiner, unânime, j. 13.10.95, RJTJRGS 171/352.

——. Tribunal de Justiça. Apelação Cível nº 594149734, 3ª CC, rel. Des. Flávio Pâncaro da Silva, unânime, j. 09.03.95, RJTJRGS 171/352.

——. Tribunal de Justiça. Apelação Cível nº 594000655, 3ª CC, rel. Des. Flávio Pâncaro da Silva, j. 10.11.94.

——. Tribunal de Justiça. Apelação Cível nº 595046079, 3ª CC, rel. Des. Araken de Assis, j. 03.08.95, RJTJRGS 177/288.

——. Tribunal de Justiça. Apelação Cível nº 594.149247, 1ª CC, j. 09.08.95, rel. Des. Araken de Assis.

——. Tribunal de Justiça. Reexame Necessário nº 596235010, 3ª CC, rel. Des. Moacir Adiers, j. 27.02.97.

RIVERO, Jean. *Direito Administrativo*. Coimbra: Almedina, 1981. 582p.

RORTY, Richard. *Contigência, Ironia e Solidariedade*. Lisboa: Presença, 1992. 250p.

ROTH, André-Noël. *O Direito em Crise: fim do Estado Moderno*. In: Direito e Globalização Econômica, José Eduardo Faria (org.). São Paulo: Malheiros, 1996.

SALDANHA, Nelson. *O que é o liberalismo*. In: Estado de Direito, liberdades e garantias (estudos de direito público e teoria política).

——. *Crises e Expectativas: o pensamento jurídico nos finais do Século XX*. In: Perspectivas do Direito Público. Carmen Lúcia Antunes Rocha (org.), p. 23-29. Belo Horizonte: Livraria Del Rey, 1995.

SALLES, José Carlos de Moraes. *A Desapropriação à Luz da Doutrina e da Jurisprudência*. 3ª ed. São Paulo: Revista dos Tribunais, 1995. 959p.

SANTA CATARINA, Tribunal de Justiça. Mandado de Segurança nº 8.166, Pleno, rel. Des. Anselmo Cerello, unânime, j. 16.08.95, RT 729/292.

SANTAELLA, Lúcia. *A Teoria Geral dos Signos*. São Paulo: Ática, 1995. 196p.

SANTOS, Boaventura de Souza. *Introdução a uma Ciência Pós-Moderna*. Rio de Janeiro: Edições Graal, 1989. 176p.

SÃO PAULO, Tribunal de Justiça. Apelação Cível nº 225.126-1/4, 4ª CC, rel. Des. Soares Lima, j. 15.08.96, RT 734/329.

SAUSSURE, Ferdinand. *Curso de Lingüística Geral*. São Paulo: Cultrix, 1995. 271p.

SIMON, Josef. *Filosofia da Linguagem*. Lisboa: Edições 70, 1990. 244p.

SOARES, José de Ribamar Barreiros. *O Controle Judicial do Mérito Administrativo*. Brasília: Brasília Jurídica, 1999. 102p.

SOUZA, Antônio Francisco de. *Conceitos Indeterminados no Direito Administrativo*. Coimbra: Almedina, 1994. 268p.

STEIN, Ernildo. *Aproximações sobre Hermenêutica*. Porto Alegre: EDIPUCRS, 1996. 108p.

——. *Seis Estudos sobre Ser e Tempo*. Petrópolis: Vozes, 1990. 130p.

——. *Racionalidade e existência. Uma introdução à filosofia*. Porto Alegre: L&PM, 1988. 115p.

STRECK, Lenio Luiz. *Tribunal do Júri: Símbolos & Rituais*. 3ª ed. Porto Alegre: Livraria do Advogado, 1998. 173p.

——. *Hermenêutica e Dogmática: aportes críticos acerca da crise do Direito e do Estado*. São Leopoldo. Inédito, 1998. 186p.

——. *Dogmática e Hermenêutica*. Cadernos de Pesquisa nº 02, Curso de Mestrado em Direito da Unisinos, p. 26.

——.*Hermenêutica Jurídica e(m) Crise: uma exploração hermenêutica da construção do Direito*. Porto Alegre: Livraria do Advogado, 1999. 264p.

TÁCITO, Caio. *Vinculação e Discricionariedade Administrativa*. Revista de Direito Administrativo, n. 205, p.125.

VASCONCELOS, Edson Aguiar de. *Controle Administrativo e Parlamentar*. Rio de Janeiro: Lumen Juris, 1997. 206p.

VERDÚ, Pablo Lucas. *La Constitución Abierta y sus Enemigos*. Madrid: Beramar, 1993. 93p.

VIEHWEG, Theodor. *Topica y Jurisprudencia*. Madrid: Ediciones S.A., 1964. 143p.

VIEIRA, José Ribas. *Teoria do Estado (A Regulação Jurídica)*. Rio de Janeiro: Lumen Juris, 1995. 169p.

VIEIRA, José Roberto. *O Princípio da Legalidade da Administração*. Revista de Direito Público, n. 97, p.142.

WARAT, Luis Alberto. *Introdução Geral ao Direito*, II. Porto Alegre: Sergio Fabris, 1995. 392p.

——. *Introdução Geral ao Direito*, I. Porto Alegre: Sergio Fabris, 1994. 232p.

——. *Introdução Geral ao Direito*, III. Porto Alegre: Sergio Fabris, 1997. 238p.

——. *A Pureza do Poder*. Florianópolis: UFSC, 1983.

——. *O Direito e sua Linguagem*. 2ª versão. Porto Alegre: Sergio Fabris, 1995. 120p.

WITTGENSTEIN, Ludwig. *Investigações Filosóficas*. Petrópolis: Vozes, 1994. 350p.

ZIZEK, Slavoj. *O Espectro da Ideologia*. In: Um Mapa da Ideologia. Rio de Janeiro: Contraponto, 1996.

——. *Como Marx Inventou o Sintoma*. In: Um Mapa da Ideologia. Rio de Janeiro: Contraponto, 1996.

O maior acervo de livros jurídicos nacionais e importados

Rua Riachuelo 1338
Fone/fax: 0800 517522
90010-273 Porto Alegre RS
E-mail: info@doadvogado.com.br
Internet: www.doadvogado.com.br

Entre para o nosso mailing-list

e mantenha-se atualizado com as novidades editoriais na área jurídica

Remetendo o cupom abaixo pelo correio ou fax, periodicamente lhe será enviado gratuitamente material de divulgação das publicações jurídicas mais recentes.

✓ Sim, quero receber, sem ônus, material promocional das NOVIDADES E REEDIÇÕES na área jurídica.

Nome: _____

End.: _____

CEP: _____-_____ Cidade _____ UF:____

Fone/Fax: _____ Ramo do Direito em que atua: _____

Para receber pela Internet, informe seu **E-mail**: _____

_____
assinatura

135-8

Visite nossa livraria virtual na internet

www.doadvogado.com.br

ou ligue grátis
0800-51-7522

✂

DR-RS
Centro de Triagem
ISR 247/81

CARTÃO RESPOSTA
NÃO É NECESSÁRIO SELAR

O SELO SERÁ PAGO POR

LIVRARIA DO ADVOGADO LTDA.

90012-999   Porto Alegre   RS